심리학으로 읽는
손자병법

심리학으로 읽는

손자병법

싸우지 않고 이기는 심리 전략

孫子
兵法

이동연 지음

평단

손자병법을 심리학으로 읽다

소크라테스가 "너 자신을 알라"라고 했을 때 손자는 여기서 한 걸음 더 나갔다.

"너 자신도 알고 상대방도 알라. 그래야 백번을 싸워도 위험하지 않다."

역시 전략가다운 명언이다. 세상을 산다는 것은 두 가지 인간관계 속에서 산다는 말이다.

"친밀한 관계와 경쟁 관계."

친밀한 관계를 잘 유지하려 해도, 경쟁 관계에서 이기려 해도 나와 너의 심리를 잘 이해해야 한다. 인간은 생각하는 갈대다. 바람 따라 흔들리는 갈대처럼 인간은 생각 따라 움직인다는 것이다. 아무 생각도 없다면 무슨 일을 할 수 있으랴. 어떤 일을 한다는 것은 그런 심리가 있었다는 것이다. 의식적이든 무의식적이든 간에.

카를 융, 알프레드 아들러, 지그문트 프로이트 등 심리학자들이 일생 동안 '사람은 무엇을 원하는가?'를 염두에 두었다면, 손자는 평생 '어떻게 하면 상호 피해를 줄이고 이길 수 있는가?'에 몰두했다. 손자나 심리학자들이나 인간을 욕구의 유기체로 본 것은 마찬가지였다.

이러한 인간의 욕구가 상호 충돌하는 것이 경쟁이고 전쟁이다. 그런 여건에서 손자는 가능하면 싸우지 말고 이겨야 한다고 했다.

하지만 싸워야만 할 상황이라면? 속전속결로 끝내야 한다.

한 가지 예로 손자는 '상병벌모 기차벌교 기차벌병 기하공성上兵伐謀 其次伐交 其次伐兵 其下攻城'이라 하여 최상의 병법은 적의 모략을 분쇄하는 것이고. 다음이 적의 외교를 와해시키는 것이며, 그다음에야 전쟁을 벌이는 것이고, 최하책이 적의 성을 공격하는 것'이라고 했다.

벌모와 벌교가 싸우지 않고 이기는 것이며 벌병과 공성은 피 터지게 싸워야만 겨우 이기는 것이다.

이 네 가지 중 벌모와 벌교야말로 완전한 심리전이다. 그래서 손자는 1장부터 '싸우기 전에 먼저 헤아리라'고 했다.

헤아릴 때 군주와 장수, 군대를 서로 비교해보아야 한다. 그리고 그 결과에 따라 포위, 정면 공격, 분산 공격, 방어 위주, 전쟁 회피 등을 결정해야 한다. 이 결정에 맞는 작전을 세우되 여기에도 원칙이 있다.

작전의 원칙은 적을 이용하는 것으로, 그러려면 기선 제압이 중요하다. 여기서 우직지계迂直之計가 나왔다. 우迂로써 직直을 삼는다는 것으로, 적이 보기에 돌아가는 것처럼 하면서 곧바로 가는 것이다. 그러면 적은 경계심을 풀고 있다가 기습을 당해 기절초풍하게 된다.

특히 손자는 장수에게 "적의 움직임에 따르지 말고 변화의 주체자가 돼라"고 했다. 변화의 선도자가 되어야 기궤다변奇詭多變할 수 있고, 정세의 추이에 따라 병력과 물자의 집중과 분산, 은폐와 과시를 주도할 수 있기 때문이다.

손자는 왜 전쟁에서 주도권을 쥐어야 한다고 강조했을까? 이길 수 있는 상황을 만들어놓고 전쟁을 벌여야 하기 때문이다. 이 주도권은 병력의 많고 적음에만 달린 것이 아니다. 아무리 강해도 허점이 있기 마련이며 아무리 약해도 강점이 있기 마련이다. 이를 잘 파악해서 피실격허避實擊虛하면 전쟁의 주도권을 쥘 수 있다.

손자병법에는 전쟁 기술이 많이 담겨 있지만 기본적으로는 전쟁

철학서다. 전쟁의 성격이 심리, 물자, 문화 등 인간 문명의 총체적 충돌이기 때문이다.

춘추시대에 탄생한 손자병법은 수많은 명장에게 승리의 혜안을 주는 자료가 되었다. 손자병법을 활용해 고대의 조조가 삼국시대를 마무리했고, 근대의 나폴레옹이 유럽을 흔들었고, 마오쩌둥 역시 중국 대륙을 차지했다.

현대에 와서 외교, 비즈니스, 스포츠 등 모든 분야에서 앞서 나가고 있는 미국은 헨리 키신저가 외교전에 손자병법의 원리를 응용했고, 빌 게이츠, 마크 저커버그 등도 손자병법을 읽으며 경영 마인드를 가다듬었다고 한다.

그만큼 손자병법 6천여 자는 시대를 넘어 인간 사회의 작동원리에 정통해 있다. 이 책은 그러한 손자병법을 오늘 우리 일상에 적용할 수 있도록 현대학문인 심리학으로 재해석해 놓은 것이다.

차례

제12편
화공火攻

득이 없으면 나서지 마라

제13편
용간用間

첩보전의 승자가 최후에 웃는다

시계 始計

· · · · · · · · · ·

싸우기 전
먼저 헤아려라

제1편 시계에서는 전쟁하기 전 마음 자세를 이야기한다. 전쟁은 나라와 백성의 존망이 걸린 일이므로 시작하기 전 먼저 신중히 따져보라는 게 손자의 기본 생각이다. 전쟁이 불가피하다면, 반드시 이길 수 있는지 정세를 철저히 분석하라고 당부한다.

습관으로 싸우지 말라

"전쟁은 나라의 큰일로, 생사와 존망이 걸려 있으니
깊이 헤아리지 않을 수 없다."
병자 국지대사 사생지지 존망지도 불가불찰야
兵者 國之大事 死生之地 存亡之道 不可不察也

손자는 춘추시대(기원전 770~기원전 403) 말기의 손무孫武(기원전
545~기원전 470)를 말한다. 유가, 도가, 묵가 등의 제자백가 가운데
손자는 병가를 대표하지만 결코 호전론자가 아니다. 전쟁은 평화를
지키는 최후의 수단일 뿐 목표가 아니라는 것이다.

싸움도 하면 할수록 악취미로 굳어질 수 있다. 인간 심리에 삶
의 충동, 즉 에로스뿐만 아니라 죽음의 충동도 있기 때문이다. 프로
이트는 이를 타나토스라 했다. 그리스 신화에 나오는 죽음의 신 타
나토스와 사랑과 생명의 신 에로스를 차용한 것이다. 무기물로부터

심리학으로 읽는 손자병법

춘추시대

어떤 존재로 개체화되는 과정이 에로스라면 개체가 무_無로 소멸되
며 전체로 합일되는 과정을 타나토스라고 한다.

　손자가 살았던 사회는 집단 타나토스 충동에 휘둘리던 때였다.
주나라(기원전 1046~기원전 256)가 이민족의 침입을 피해 기원전
770년 호경에서 낙양으로 천도한 이후 천자의 구심력이 약해져 제
후들의 패권 다툼이 끊이질 않았다. 매일같이 전쟁이 벌어졌으며,
하루아침에 나라가 통째로 사라지기도 했다. 손자는 그 현장을 목
도했고 전쟁의 파괴적인 에너지가 얼마나 위험한지 뼈저리게 느꼈
다. 《손자병법》은 그렇게 탄생했다.

✅ 군중심리와 군중의 광기

병법의 서두에 손자는 전쟁이란 나라와 백성의 존망이 걸린 일이므로 시작하기 전 먼저 신중히 따져보라고 신신당부했다. 사회가 집단 타나토스 충동에 빠지면 전체주의적 파시스트들이 득세한다. 물론 역으로 파시스트들이 집단 타나토스 본능을 선동하며 온 사회를 치열한 대결 구도로 몰고 가기도 한다.

여하튼 이들이 득세하면, 사회 전반에 원시적 퇴행regression 욕구가 강력하게 일어난다. 그 정도가 심해지면 사회적 아노미, 즉 무규범 상태가 되는 것이다. 프랑스 사회심리학자 귀스타브 르 봉Gustave Le Bon은 이런 상태를 '군중의 광기'라는 표현으로 설명했다. 개인의 합리적 이성이 군중의 집단 무의식으로 치환되어 화산처럼 표출된다는 이야기다. 이때부터 군중은 더는 진실을 찾지 않고 자신이 믿고 싶은 환상과 이미지만 추구하게 된다.

히틀러도 그런 식으로 대중을 선동했다. 소외감과 열등감에 빠진 대중에게 광기 어린 자신의 신념을 집요하게 전파한 것이다. 거기에 길든 대중은 자동기계처럼 히틀러를 추종했다. 히틀러 같은 인물은 자기 과신과 자아도취가 정도 이상으로 강해서 때론 그런 성향이 호전성으로 나타난다. 미국의 전 대통령 부시도 비슷했다. 그와 함께 일했던 국무장관 콜린 파월은 다음과 같이 심경을 밝혔다.

심리학으로 읽는 손자병법

손자병법 죽간

"펜타곤에 있다 보면 전쟁도 하나의 웅장한 게임처럼 보일 때가 있다. 인명 피해가 있어서 그렇지만 참 흥미로운 게임 아닌가?"

자기 과신이 지나칠 때 자아도취로 이어지고 다시 자기 우상화로 발전한다. 그럴수록 호전성은 증가하지만 패배 가능성도 커진다. 왜냐하면 전쟁이 자기 과시를 위한 것일 때, 적에게 허점이 노출되기도 쉽기 때문이다.

손자는 자아도취로 전쟁을 일으키는 군주를 어리석은 자로 보았다. 《손자병법》은 총 13편으로 구성되는데, 전반적 기조는 싸워야만 하는 상황이라도 가능하면 싸우지 않고 해결하라는 것이다.

✔ 군주의 오만함으로 패망한 전진

오호십육국五胡十六國 시대 전진의 3대 왕 부견은 376년에 화북을 통일했다. 부견은 한족이 오랑캐라 멸시하던 저족 출신이었지만 재상 왕맹을 등용해 선비족의 나라인 전연과 전량, 대 등을 정복했다. 화북 통일이 마무리될 즈음 왕맹이 중병으로 쓰러지며 부견에게 다음과 같이 간곡한 유언을 했다.

> "동진을 공격하지 마십시오. 나라 안에 한족은 물론, 선비족과 여러 민족이 있어서 이들을 방치한 채 동진으로 군대가 내려가면 위험합니다."

사실 부견의 성공이란 왕맹 없이는 불가능했다. 부견도 그런 왕맹을 제갈량에 비유할 만큼 의지했다. 하지만 계속되는 전쟁의 승리로 오만해진 부견은 왕맹의 유언을 무시하고 기어이 동진을 정복하고자 했다.

사실 동진도 편치 않았다. 강북의 황족과 사대부들이 오랑캐라 부르던 오호(흉노, 선비, 강, 갈, 저)에 쫓겨나 양쯔강 아래로 내려와 세운 나라가 동진이었다. 그러니 이들의 통치를 받던 강남 원주민의 불만은 커질 수밖에 없었다. 전진이 굳이 전쟁을 일으키지 않아도 기다리기만 하면 기울기 시작한 동진을 흡수할 형편이었다.

그런데도 화북 정복 전쟁에 맛을 들인 부견은 전면전을 고집한다. 왕맹 없이도 자기 능력만으로 수월히 이기리라 본 것이다. 부견의 동생 부융, 아내, 승려 도안까지 모두 나서서 만류해도 소용이 없었다. 부견은 기어이 383년에 100만 군사를 동원해 동진으로 진군해 비수 유역에 진을 쳤다. 강 건너에 동진은 겨우 10만 군대를 몰고 와 있었다. 동진에서 사신을 보내 부견에게 다음과 같이 제안했다.

> "우리 군대가 강을 건너 당신들과 단번에 승부를 겨루고 싶소. 그러니 당신네 군대가 강변에서 조금만 뒤로 물러나 주시면, 우리가 바로 강을 건너올 테니 여기서 결전을 치릅시다."

부견은 속으로 좋은 기회라 여겼다. 물러나는 척하다가 동진군이 강을 반쯤 건넜을 때 기마병을 보내 타격을 가하려는 속셈이었다.

동진의 사신이 돌아간 후 부견은 전군에 후진 명령을 내렸다. 그런데 전진의 병사들이 먼저 도망가려고 아우성치는 게 아닌가! 이를 본 동진군이 급습하는 바람에 전진은 대패했다. 그동안 쉼 없는 전쟁으로 지쳐 있던 병사들은 부견의 후진 명령을 퇴각 명령으로 오인한 것이다.

부견은 한 나라의 전성기를 열었지만 동시에 쇠퇴를 유발한 군주였다. 깊이 헤아리지 않고 전쟁을 한 결과였다. 이를 두고 《자치통감》은 하늘이 전진을 버리고 덮어버렸다(개천기진야蓋天棄秦也)라고 기록한다.

전쟁은 집단심리의 대결이다

— 판세 분석

다섯 가지 여건을 헤아리고, 그다음 일곱 가지 계책으로 비교해보라.

이것이 정세 분석이다.

경지이오사 교지이칠계 이색기정

經之以五事 校之以七計 而索其情

전쟁이란 나라의 존망이 걸린 일이기에 전쟁을 시작하기 전에 이길 수 있는 싸움인지 정세 분석부터 먼저 해야 한다. 정세 분석은 곧 판세 분석이다. 싸움이란 이길 만한 때 하는 것이다. 그럼 판세의 유불리를 따지는 이유는 뭘까?

그래야 언제, 어떻게 싸워야 할지를 가늠할 수 있기 때문이다. '경지이오사'에서 경經은 위아래로 전체를 찬찬히 살펴보는 것이다. '교지이칠계'에서 교校는 비교하며 교정한다는 뜻이다. 즉 손자가 말하는 정세 분석이란 상대와 나를 크로스 체크하되 거기서 그치지

심리학으로 읽는 손자병법

않고 반드시 고치는 것까지 포함한다.

어떤 일이든 상황 파악도 없이 덤벼드는 것을 무지無智라 하며, 상황 파악을 하고도 그와 관계없이 덤벼드는 것을 무모無謀라 한다. 손자는 이 무지와 무모를 제일 경계했다. 전쟁에서 무지와 무모는 곧 죄악이다. 판세를 알아야 적절한 대책이 나오고, 무모하지 않아야 승기를 잡는다.

☑ 정세 분석에 빨랐던 진나라

춘추시대 초기만 해도 청동기 문명이 남아 있었다. 그러다가 전국시대(기원전 403~기원전 221)로 돌입하면서 철기가 급격히 보급되었다. 철제 농기구, 철 무기 등이 보편화했고 덩달아 농업 생산력 또한 빠르게 증가하면서 더 많은 영토가 필요하게 되었다. 그래서 전쟁은 더욱 격렬해졌고, 140여 제후국이 7개 나라, 곧 연燕, 제齊, 조趙, 위魏, 한韓, 초楚, 진秦나라로 통폐합되어 갔다.

그중 진나라는 그다지 강국은 아니었다. 당시 문명 지대는 중원이었고, 진나라는 서쪽에 치우쳐 있었다. 그래서일까? 진나라는 정세 판단이 매우 빨랐고 그에 맞춰 유연하게 전략을 조정해 나갔다. 물론 거기에는 진나라 왕들을 비롯한 정책 결정자들의 역할이 컸다.

한 나라의 혼돈과 평화는 리더 그룹이 어떻게 하느냐에 달려 있

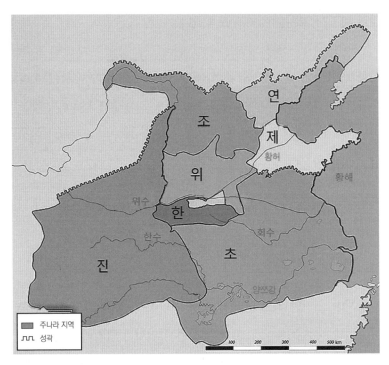

전국시대 칠웅

다. 개인에게 심리가 있듯 리더들이 모인 그룹에도 성향이 있다. 미국의 사회심리학자 플로이드 올포트Floyd H. Allport는 이를 실증적으로 체계화했다. 그는 사회심리도 개인 심리의 일부처럼 보았다.

올포트의 이론에 따르면, 한 조직의 핵심 인물들을 보면 그 조직의 상태도 이해할 수 있다. 그들에 의해 대의명분이 패턴화되고, 대중에게 그에 따른 신념을 공유하기 때문이다. 이를 리더 그룹에 의한 사회적 촉진social facilitation이라 한다.

심리학으로 읽는 손자병법

전국시대 제후들이 제각각 철기 문명에 맞춰 변혁하기 위해 발버둥 칠 때 변법 운동가 오기, 신불해, 신도, 이회, 상앙, 이사, 한비자 등이 등장했다. 이들은 각 나라의 사회적 촉진 세력이었다.

이들의 변혁 의지는 대부분 기득권층의 격렬한 저항에 부딪혀 좌절되었지만, 진나라만큼은 달랐다. 진나라는 상앙을 20년간 중용하며 철기시대에 맞는 중앙집권 법치 구조를 정착시켰다. 이로써 진나라 사회는 철기시대에 맞는 집단심리를 형성할 수 있었다.

이후 진나라는 강대국인 위나라를 제압하고 함양으로 천도했고 이로써 천하 통일의 기틀이 마련되었다. 그렇게 강철같은 사회를 만든 상앙도 자신이 만든 법에 따라 처형당하고 말았다. 이후 진시황제는 이사를 발탁했다.

이사는 중원의 정세를 분석하고 계책을 내놓았는데 바로 '이간책'이었다. 각 나라의 유력한 귀족들에게 은밀히 금은보화를 주어 진나라 편으로 만들어놓는 것이었다. 만일 거부하면 그 귀족을 죽이거나 군대를 보내 공격했다.

☑ 한비자를 빼앗기고 패망한 한나라

그럼 한때나마 황허 문명의 중심이었던 한나라는 어땠을까? 한나라는 주변 강국에 영토의 태반을 빼앗기면서도 여전히 청동 문명기의 예법과 도덕에 매여 있었다. 그나마 다행이라면 한나라에는 한비자가 있었다는 사실이다. 한비자는 상앙의 '법法'과 신불해의 '술術'과 신도의 '세勢'를 종합해 법가法家를 완성했다. 그는 인간의 이기심을 꿰뚫어보았고 특히 조직심리에 능통했다.

한비자가 한 왕을 찾아가 기우는 나라를 걱정하며 나라의 효율성을 높이는 계책을 내놓았다. 그러나 한 왕은 고개를 가로저었다. 그 후 한비자는 어디로 갔을까? 순자에게서 동문수학했던 이사가 그를 진나라로 데려갔다. 한비자가 있는 한 한나라를 정복하기 어렵다고 본 것이다.

진시황제는 한비자의 책을 읽고는 한비자를 존경하게 된다. 여기에 질투를 느낀 이사는 한비자를 궁지로 몰아 자살토록 했고, 이로써 한나라는 망하고 진나라가 중국을 통일했다.

집단 응집력을 중심으로 비교하라

"싸우기 전 헤아려야 할 다섯 가지가 있다.

첫째는 도, 둘째는 천, 셋째는 지, 넷째는 장, 다섯째는 법이다."

일왈도 이왈천 삼왈지 사왈장 오왈법

一曰道 二曰天 三曰地 四曰將 五曰法

앞에서 손자는 정세 분석의 중요성을 먼저 언급했다. 여기서 끝났다면 《손자병법》이 불후의 명작이 될 수 없었다. 오사五事, 즉 정세 분석의 도구 다섯 가지 '도천지장법道天地將法'을 내놓았기 때문에 고금을 아우르는 병서가 된 것이다. 이 다섯 가지가 없는 정세 분석으로는 상황을 오도하기 쉽고 인지 추론의 왜곡에 이르기 쉽다. "장고長考 끝에 악수"를 둘 수 있다는 소리다.

첫째, 도道는 마땅히 지켜야 할 도리다. 도는 어디서 주로 구현되는 가? 정치이다. 정치는 나라의 인재와 자원을 재분배하고 기틀을 세워 가는 일이다. 이 일이 공정하게 진행되어야 집단 응집력이 형성된다. 특히 전쟁을 앞두었다면 국력보다 더 중요한 것은 군주와 신민의 뜻이 일치하는 것이다. 여기서 균열이 생기면 적에게는 기회다.

동양에서 도는 만물의 근본원리와 같은 것이다. 공자나 맹자, 노자, 장자 등이 도를 존재론적 관점에서 파악했다면 그 전제하에 손자는 실용성을 더했다. 동양의 존재론과 서양의 존재론은 사실 차이가 크다. 존재의 궁극 기반으로 서양은 초월적 객체를 상정하지만, 동양은 만물과 인간의 내면에 깔려 있다고 본다.

도로 통치하는 군주를 유가에서는 성왕聖王이라 했고, 《손자병법》에서는 현군賢君이라 칭한다. 현군의 명령은 백성과 한뜻(영민여상동의야令民與上同意也)이 되니 백성이 군주와 생사를 같이하고(가여지사可與之死 가여지생可與之生), 어떤 위험도 두려워하지 않는 것(이민불외위而民不畏危)이다.

진나라 시황제가 그토록 만나보기 원했던 한비자는 도를 아는 군주의 특징을 두 가지로 보았다. 도를 아는 군주는 첫째, 대외적으로 원수 맺지 않고(외무원수어린적外無怨讐於鄰敵), 둘째 안으로 백성에게 덕을 베푼다(이내유덕택어인민而內有德澤於人民).

심리학으로 읽는 손자병법

그런 군주의 덕은 사회를 응집하는 힘이다. 그런 사회에서 백성은 자기 욕심보다 나라의 목표를 우선한다. 백성이 군주를 덕이 없다 여기면 희생해 봐야 나만 손해 본다는 의구심이 만연하면서 사회는 좀처럼 응집되지 않는다.

✅ 흐름, 지형, 장수

둘째, 천天은 천시天時를 가리키며 음·양·한·서·시·제陰·陽·寒·暑·時·制에 해당한다. 즉 천은 음양, 기온, 절기를 뜻한다. 천시는 불가역적인 것으로 사회적 욕구가 집약된 시대정신 또는 트렌드라 할 수 있다. 유행이 일시적이라면 트렌드는 장기적 흐름이다. 이런 흐름은 한 시대인들이 암묵적 위기나 결핍을 느끼고 어떤 변화를 추가할 때 일어난다.

그런 현상은 특정 이미지를 소비하는 형태로 표출된다. 천시를 이해하는 것으로 "바람 부는데 밀가루 팔러 갈 수 없고 비 내리는데 소금 팔러 갈 수 없다"라는 속담이 있다.

셋째, 지地는 원·근·험·이·광·협遠·近·險·易·廣·狹 등 지형 조건에 해당한다. 지금도 그렇지만 특히 고대 전쟁에서 거리의 멀고 가까움, 지세의 험하고 편안함, 넓고 좁음 등 지리 조건은 승패에 절대적이었다. 천시가 불가피한 객관적 여건이라면, 지리는 선택할 여지가 있다.

어디서 싸울 것인가? 홈그라운드인가, 적진인가? 싸우는 장소가 결정되었다면, 지세를 헤아려야 한다. 나폴레옹이 워털루에서 아서 웰링턴Arthur Wellesley Wellington이 이끄는 영국군에 패배한 이유도 지형이 워낙 불리했기 때문이다. 워털루는 지형상 웰링턴이 방어하기에 최적이었고 나폴레옹이 공격하기에는 최악이었다.

넷째, 장將이다. 정세 파악의 핵심은 '도'라 했고, 도란 조직의 응집력이라고 이야기한 바 있다. 군대라는 조직의 장은 바로 장수이다. 군대를 배에 비유하면 장수는 사공이다. 아무리 좋은 배도 사공이 산으로 노를 저어가면 무용지물이 되고 만다.

관계적 존재인 인간은 집단 속에서 항시 '대상object을 추구하는 하나의 대상'이다. 만약 그 대상이 절대적 영향력을 지녔다면, 그 대상과의 관계는 개인 심리에 크나큰 영향을 미친다. 장수와 친밀한 병사일수록 군대의 목적에 자기 의지를 용해fusion한다. 자신과 군대라는 조직을 공생symbiosis 관계로 보기에 그렇다.

만약 병사가 장수를 혐오하는 군대라면, 그 군대는 어떻게 될까? 분열schism과 자폐autism라는 두 가지 증상이 나타난다. 외향적인 병사는 분열을 일으키고, 내향적인 병사는 자폐 행동을 하게 된다. 장수와 병사의 친밀감은 안정적이며 자긍심을 인정하는 분위기

심리학으로 읽는 손자병법

에서만 형성된다. 이를 위해 장수에게 요구되는 것이 바로 '지·신·인·용·엄·야智信仁勇嚴也'이다.

✅ 장수와 병사의 결속력

지智는 지략이며 신信은 신뢰이다. 전쟁은 아군과 적군이 각기 부하들의 신뢰를 바탕으로 지략의 대결을 벌이는 것이다. 장수와 부하의 신뢰란 상호적이며 장수가 먼저 믿음직하고 용기 있는 모델이 될 때 그만큼 결속력이 강해진다.

인仁은 역지사지易地思之에서 비롯된 측은지심惻隱之心이다. 장수가 부하를 무조건 부리기보다는 먼저 돌봐주라는 것이다. 그러면 부하는 장수의 고뇌를 헤아리며 그에게 충성을 바친다. 용勇은 용기 있는 결단력이다.

전쟁은 아무리 잘 준비한다 해도 불확실한 것이므로 무조건 용맹한 것을 용기라 하지 않는다. 진정한 용기는 불확실한 상황에서 선택적으로 책임 있는 결단을 내리는 것이다. 《삼국지》에서 여포도 당대 최고의 무술 소유자였지만 무모한 용맹을 과시하며 이용만 당하다가 천하를 떠도는 객장客將 신세로 전락했다. 그런 용맹을 가리켜 필부지용匹夫之勇이라 한다.

엄嚴은 위엄이다. 위엄은 신상필벌信賞必罰이 분명할 때 생겨난다.

인이 심리적 순종을 불러온다면 엄은 의지적 복종을 심리적으로 강제한다. 인만으로 위험한 전쟁을 수행할 수 없고 엄만으로 자발적 충성을 끌어낼 수 없다. 따라서 인과 엄, 이 두 가지를 어떻게 사용하느냐가 곧 통솔력의 관건이다.

다섯째, 법은 조직을 작동시키는 공적 원리로 이를 손자는 곡제·관도·주용曲制·官道·主用이라 했다. 곡제는 조직 구조, 관도는 인사 정책, 주용은 군수물자의 공급과 배분이다. 이런 공적 원리가 사사로운 이해관계에 휘말리지 않도록 공정하게 작동되어야 한다.

이상 '도천장지법'의 다섯 사항을 깊이 파악하면 이기는 것이고 그렇지 못하면 지는 것이다. 다섯 가지 사항으로 전반적인 정세를 파악했다면 다음으로 일곱 가지 조건을 비교·교정해 나가야 한다.

미국이 월남전에서 패망한 이유는 여럿이지만 전쟁 준비 부족이 제일 컸다. 미국은 월맹에 대해 워낙 무지한 상태였다. 월맹은 월남에 많은 고정간첩을 두고 있었던 데 반해 미국이 심어둔 간첩은 거의 없다시피했다. 미국은 제2차 세계대전에서 승리하면서 동방의 자그마한 나라를 무시했다고 봐야 한다.

아무리 전력 차이가 많이 나도 상대에 대해 무지하면 이기기 어렵다. 강자는 정세 파악 없이 힘으로만 싸우려는 유혹을 떨쳐내야 한다. 어차피 약자는 힘이 아닌 모략으로 싸워야 하기 때문에 약자의 실체를 잘 알아야만 당하지 않는다.

전쟁 수행 역량 체크리스트

— 로크 법칙

"어느 쪽 군주가 민심을 얻고 있는가? 장수는 어느 쪽이 더 유능한가?

날씨와 지형 조건은 어느 쪽이 유리한가? 법령은 어느 쪽이 공정한가?

어느 쪽 군대가 더 강한가? 사졸의 훈련은 어떠한가?

상벌은 어느 쪽이 공정한가?"

주숙유도 장숙유능 천지숙득 법령숙행

主孰有道 將孰有能 天地孰得 法令孰行

병중숙강 사졸숙련 상벌숙명

兵衆孰強 士卒孰鍊 賞罰孰明

이번에는 싸우기 전 양측을 비교할 수 있는 일곱 가지 계책을 말한다. 싸우기 전에 이 칠계七計로 양측을 비교해보면, 어느 쪽이 더 유리하고 불리한지 가늠해볼 수 있다. 앞에서 다룬 오사五事와 칠계는 다음 표처럼 연결되어 있다.

오사칠계 비교

오사	칠계	비교 내용
도	주숙유도	군주와 민심
장	장숙유능	양측 장수의 능력
천, 지	천지숙득	시대정신과의 적합도
법	법령숙행	준법 정도
	병중숙강	군사력
	사졸숙련	훈련 수준
	상벌숙명	상벌의 공정성

이 표대로 적군과 아군을 비교하되, 불리한 항목이 있다면 서둘러 교정해야 한다. 그러면서 승리를 향해 합리적 열정을 쏟을 동기 부여가 된다. 싸워야 할 상대의 장단점을 알 때 잠재능력 또한 최대한 발휘된다.

이와 관련해 심리학자 에드윈 로크Edwin A. Locke는 합리적인 목표 설정 이론을 제기했다. 그 이론은 이후 '로크 법칙'으로 알려지는데, 요컨대 목표는 너무 어려워도 안 되고 너무 쉬워도 안 된다는 것이다. 로크 법칙에 따르면, 목표는 농구 골대처럼 보통 사람의 키보다는 높지만, 뛰어오르면 골을 넣을 수 있어야 한다. 이처럼 목표는 미래 지향적이면서도 충분히 도전할 수 있어야 도달할 가능성이 높다.

전쟁에서도 적이라는 공격 목표를 잘 알지 못하면 너무 어렵게 느껴져 포기하기 쉽다. 그러나 적의 장단점까지 잘 안다면 어느 정도 이길 수 있는 목표 설정이 가능하다.

적과 아군을 오사칠계로 측정하면 어떻게 이겨야 할지 방안이 나온다. 피터 드러커Peter F. Drucker는 "측정할 수 없으면 관리할 수 없고 관리할 수 없으면 달성할 수 없다"라고 강조했다.

전쟁은 규모와 관계없이 피아의 실체를 잘 파악해야 정확한 방향을 설정할 수 있다. 이를 통해 조직 내부의 심리적 불확실성도 최소화할 수 있다. 만약 상대가 워낙 강하다면, 경계심을 불러일으키지 않으면서 조용히 준비해야 한다. 그런 자세를 가리키는 고사성어로 와신상담臥薪嘗膽이 있다.

춘추시대 오나라 합려闔閭는 손자와 오자서의 도움으로 초나라를 원정하는 등 강력한 나라를 만들어 패권을 쥐었다. 그 후 합려는 재물에 욕심을 내고 여색에 빠지며 폭정을 시작했다. 합려는 '도', 즉 민심을 버린 것이다. 그러더니 손자가 만류해도 합려는 월나라 구천勾踐을 공격하다가 상처를 입고 죽는다. 합려의 후계자 부차夫差는 복수를 위해 수년간 장작 위에서 자면서 손자와 오자서의 도움으로 강군을 만들었다. 그 뒤 월나라 도성까지 포위하고 구천을 생포했다.

오나라로 끌려간 구천은 3년간 부차의 종노릇을 한 끝에 신임을 얻어내 겨우 월나라로 돌아갈 수 있었다. 그때부터 구천은 매일 식사 때마다 곰의 쓸개를 핥으며 설욕을 다짐했다. 무엇보다 민심, 즉 나라의 '도'를 세우기 위해 백성과 더불어 검소하게 살며 약자를 돕고 인재를 등용했다. 그러면서도 부차에게 공물과 경국지색 서시西施를 보내 환심을 샀다. 그런 한편 구천은 오나라 재상 백비伯嚭를 매수했다. 백비는 서시와 함께 오자서를 모함해 그가 자결하게 했다.

그런 세월만 무려 20여 년을 보낸 끝에 구천은 부차를 꺾고 춘추시대 마지막 패자가 되었다. 오나라 부차가 망하기 직전 손자는 이렇게 말하며 오나라를 떠났다.

> "장수가 오사칠계를 헤아린다면 승리할 수 있으니 머물렀을 것이지만(장청오계將聽吾計 용지필승用之必勝 유지留之), 거절했기 때문에 반드시 패할 것이니 떠나는 것이다(장불청오계將不聽吾計 용지필패用之必敗 거지去之)."

주도권은 동조 현상을 일으키는 형세다

"계책의 이로움을 듣고 따르면 세를 형성해 전쟁에 큰 도움이 된다.
왜냐하면, 형세란 유리한 조건을 만들어 주도권을 쥐는 것이기 때문이다."

계리이청 내위지세 이좌기외 세자 인리이제권야

計利以聽 乃爲之勢 以佐其外 勢者 因利而制權也

오사칠계는 전쟁을 준비하며 계책을 세우는 단계이다. 이 단계가
잘 진행되면 아군에게 유리한 형세를 만들 수 있다. '인리이제권야'
에서 권權은 무게에 따라 움직이는 저울추라는 뜻도 있다. 형세가
유리하면, 싸움이 벌어졌을 때 상황에 따라 필요한 임기응변도 가
능하다는 것이다.

무엇보다 형세가 유리해지면, 아군들 사이에 동조 현상conformity
effect이 일어 기세가 급상승한다.

군중 심리학자 스탠리 밀그램Stanley Milgram은 뉴욕의 번화가에

서 이런 실험을 했다. 바람잡이 셋이 한 빌딩을 보고 서 있게 했더니, 길 가던 행인 60%가 멈춰서 그 빌딩을 바라보았다. 바람잡이 숫자를 늘릴수록 더 많은 사람이 멈췄고 결국 군중이 되었다. 이 실험으로 고금을 막론하고 개인의 심리는 집단 사고에 쉽게 지배당한다는 것을 알 수 있었다.

2천 년 전 전국시대 위나라 혜왕에게 방공이 찾아와 말했다.

"지금 한 사람이 시장에 호랑이가 나타났다고 말하면 믿으시겠습니까?"

"하하하! 믿지 않지."

"두 사람이 와서 말하면 믿으시겠습니까?"

"그래도 안 믿지."

"그러시면 세 사람이 달려와 아뢰면 믿으시렵니까?"

"오! 그때는 믿지."

"왕이시여! 번화한 시장에 호랑이가 나타나지 않는다는 것은 명백합니다. 그런데도 여러 사람이 말하면 호랑이가 출현한 것으로 됩니다."

이 이야기는 삼인성호三人成虎라는 고사로 전해진다. 세 사람이 호랑이를 만든다는 뜻으로, 거짓말도 여러 번 되풀이되면 참인 것처럼 여겨진다는 말이다. 나치의 선전장관 파울 요제프 괴벨스Paul Joseph Göbbels도 이런 동조 심리를 이용해 군중을 선동했다.

군중심리에는 동조 외에도 순종compliance과 복종obedience이 포함된다. 구성원들이 조직의 방향에 자기 생각이나 행동을 자발적으로 일치시키는 것이 동조라면, 순종은 권위에 따르는 것이고, 복종은 개인적으로 반대하지만 처벌이 두려워 따르는 것이다. 조직관리의 고수는 동조를 일으키고, 하수는 복종을 강요한다.

군중 속의 개인은 소외당하지 않으려 한다. 그런 자기 방어기제가 동일성에 대한 압박으로 작용한다. 이 압박을 받으면 뒤처지지 않고 싶다는 충동으로 판단력이 떨어지면서 무조건 동조하는 현상이 나타난다.

레닌과 트로츠키 등이 1917년 러시아 혁명을 일으키며 러시아는 좌파 전체주의가 집권했다. 1933년에 히틀러는 선거로 독일에 우파 전체주의인 나치즘 시대를 열었다. 이때 트로츠키는 히틀러가 내전을 겪지 않고 무혈 집권한 것을 보고 큰 충격을 받았다. 히틀러가 군중의 동조 심리를 이용해 박수를 받으며 독재혁명을 이루어낸 것이다.

동조화 현상은 개인주의보다 집단주의가 강한 곳에, 조직과 구성원의 유대가 원만할수록 잘 일어난다. 이런 심리를 군주가 선용할 수도, 악용할 수도 있다. 그래서 손자가 정세 분석의 첫 번째로 '도'를 언급한 것이다.

군주가 도가 있어 민심을 얻어야 한다. 그래야 그 조직에 바람직한 방향으로 동조가 일어나며 그 기세로 경쟁에서 주도권을 쥐는 것이다.

병법은 기만술이다

"병법은 속임수다."

병자 궤도야

兵者 詭道也

《손자병법》은 솔직하다. 전쟁에서 병법은 속임수라고 밝히는 것을 보라. 상대의 판단력을 흐리게 하고 아군에게 유리한 형세를 만드는 것이야말로 승전의 기본이다. 전쟁은 상호작용이며 전략이란 상대의 저항 강도를 낮추는 것이다.

당태종도 병법서에 관한 수많은 책을 읽어본 후 이렇게 결론을 내렸다. "적의 판단력을 흐리게 하는 것이 모든 책략의 기본이로다."

전쟁은 인간의 가장 기초적 욕구인 생존을 놓고 다투는 것이다. 인간은 생존 욕구가 채워진 후에야 안전 욕구, 소속과 애정의 욕구,

존경 욕구, 자아실현 욕구 등을 갈망하게 된다. 소속과 애정, 존경 등은 모두 사회적인 것으로 생존이 담보된 다음에야 나타나는 것이다.

이런 인간 심리의 기본을 무시한 제후가 춘추시대에 있었는데, 당시 중원의 문명국인 송나라 양공이었다. 미개한 남방에 자리한 초나라의 대군이 쳐들어와 양측이 강을 사이에 두고 대치한 가운데 초나라 군대가 강을 건너오기 시작했다.

양공의 부하가 "적이 강을 반쯤 건넜을 때 공격하면 이길 수 있습니다"라고 건의했다. 그러나 양공은 "도덕군자는 적이 곤궁할 때 괴롭히는 것이 아니다"라며 거절했다. 그러는 사이 초나라 군대가 강을 건너 진을 치기 시작했다. 다시 부하가 건의했다.

"이번이 마지막 기회입니다. 적이 진을 치기 전에 공격해야 합니다."

또 양공이 고개를 저었다.

"군자는 전열을 가다듬지 않은 적을 공격하지 않는 법이니라."

기가 막힌 양공의 부하는 이 말을 남기고 떠났다.

"전쟁은 승리가 예의이다. 양공의 말대로라면 처음부터 노예가 될 일이지 왜 싸우려 하는가?"

결국 진용을 갖춘 초나라와 벌인 싸움에서 송나라는 대패했으며 양공도 다리에 화살을 맞아 죽었다. 양공이 전쟁에서 유가의 인仁을 고집하다가 망했다 하여 이를 송양지인宋襄之仁이라 한다.

1502년에 제작된 스트라스부르 버질의 목판화 트로이 목마

청동기 시대의 최고 대전인 트로이 전쟁을 보면, 전쟁이야말로 기만술인 것을 여실히 드러낸다. 스파르타의 왕비 헬레네를 트로이의 왕자 파리스가 납치하자 그리스 도시 국가들이 원정대를 결성해 트로이를 공격했다. 이 원정대에 그리스의 영웅 아킬레우스, 오디세우스 등이 참여했다.

그러나 원정대는 10년이 넘도록 트로이를 정복하지 못했다. 더 버티기 어려운 상황이 되자 오디세우스는 해변에 거대한 목마까지 버려둔 채 급하게 철수한다. 그리고 간첩을 이용해 트로이 사람들에게 이 목마는 그리스군이 전쟁의 여신 아테네에게 승리를 기원하기 위해 만든 것으로, 성안으로 들여놓기만 하면 트로이는 어떤 침략에도 난공불락의 성이 된다는 말을 퍼트렸다.

여기에 속은 트로이인들이 목마를 성안으로 들여놓았다. 모두가 잠든 한밤중에 목마 안에 있던 그리스 원정대원들이 기어 나와 순식간에 트로이 성을 정복했다. 이후 전쟁사에서 트로이 목마를 가장 위대한 위장 전술이라 부른다.

승리를 위한 7가지 기만술

"능히 공격할 힘이 있어도 없는 것처럼,
계략이 있어도 없는 것처럼 하라."
능이시지불능 용이시지불용
能而示之不能 用而示之不用

전쟁과 스포츠는 다르다. 스포츠는 심리적 욕구 중 존경과 자아실현의 차원이라면 전쟁은 생존의 차원이다. 스포츠는 룰에 따른 페어플레이가 생명이다. 그러나 전쟁에 룰이란 없다. 전쟁에서는 오직 패배와 승리만 있고 대립하는 쌍방의 무수한 상호작용만 있을 뿐이다. 어떤 행동을 하든 상대는 그 기회로 승리를 거머쥐려 한다.

전쟁에서 가장 어리석은 전략은 자신의 계책으로 상대에게 유리한 형세를 만들어주는 것이다. 반대로 가장 좋은 전략은 상대의 행동이 아군에게 기회를 창출해주도록 하는 것이다. 따라서 전략의 기본은 아군은 모호하게 감추고 적군을 드러낸 후 공격하는 것이다. 그 방법을 손자는 일곱 가지로 분류했다.

첫째, 공격력이 있고 전략이 서 있어도 없는 것처럼 행농하는 것이다. 아군에 관해서는 어떤 것으로도 떠벌리지 말라는 것이다. 그래야 적이 방심한다. 조선 말기 홍선대원군이 그랬다. 홍선대원군은 파락호 행세를 하며 안동 김씨의 견제를 피했다. 그리고 아들 고종을 왕으로 세운 후에야 본색을 드러냈다.

둘째, 가까이 있으면서도 멀리 있는 것처럼, 멀리 있어도 가까이 있는 것처럼 해야 한다(근이시지원近而視之遠 원이시지근遠而示之近).

가까운 곳을 공격할 것이면서도 먼 곳을 공격할 것처럼, 먼 곳을 공격할 것이면서도 가까운 곳을 급습할 것처럼 해야 한다. 그래야 적이 방심과 긴장 사이를 오락가락하며 판단에 혼선을 일으킨다. 시각 심리를 이용한 전술이다.

눈에서 멀어지면 마음에서도 멀어진다Out of sight, out of mind. 이는 달리 말해, '단순 노출 효과mere-exposure effect'와 같다. 자주 접하게 되면 익숙해지고 익숙해지면 마음이 놓이며 그만큼 좋아진다. 전쟁 상황처럼 적대적 관계에서 노출과 은폐를 보여주며 상대의 긴장과 방심을 유발해야 한다.

사회심리학자 로버트 자욘스Robert Zajonc는 단순 노출 효과를

심리학으로 읽는 손자병법

인간의 사회적 행동을 이해하는 단서로 보았다. 그런 사회적 촉진 과정은 무의식적이다. 누가 무엇을 좋아할 때 어떤 장점이 있어서라 기보다 자꾸 보면서 좋아할 어떤 부분을 찾게 되고 그것을 장점으로 보게 되는 것과 같다.

셋째, 미끼로 유인하고 혼란에 빠트려 공략한다(이이유지利而誘之 난이취지亂而取之). 인간의 뇌는 골치 아픈 것을 싫어한다. 그냥 놓아두면 저절로 근시안이 되며 현재에만 집중하려 한다. 미래를 보고 큰 그림을 그리거나 전체 상황이나 맥락을 파악하기 위해 노력하는 것은 귀찮은 일이기 때문이다.

하지만 장수라면 현상에서 거리를 두고, 사건의 맥락을 살피며 문제의 근원을 들여다보려는 노력을 기울여야 한다. 그래야 단기적 시각short-termism에서 벗어나 소탐대실하지 않게 된다. 즉자적 반응에 민감한 사람일수록 미끼를 덥석덥석 잘 문다.

중국 산둥성에서 시작한 당랑권螳螂拳이라는 무술이 있다. 먹이를 노리는 사마귀의 동작을 본뜬 것으로 홍콩의 스타 청룽(성룡)이 이 권법으로 세계 영화를 주름잡았다. 당랑권과 연결된 춘추시대의 고사가 있다. 오나라 왕 수몽이 초나라 침공을 앞두고 이른 새벽에 산책하다가 이슬에 젖은 채 화살을 들고 서 있는 시종을 보았다.

시종이 왕에게 나뭇가지를 가리켰다. 매미 한 마리가 노래하느라 여념이 없었고, 그 매미를 사마귀가 노리고 있었다. 사마귀는 참새가 노리고 있었고, 그 참새를 오나라 시종이 화살로 겨누고 있었다. 이것이 "당랑포선, 황작재후螳螂捕蟬, 黃雀在後"로, 초나라를 침공하려는 왕을 시종이 설득하는 장면이다. 왕의 시종은 만일 오나라가 눈앞의 초나라를 공격하면 배후의 나른 나라가 오나라를 삼킬 것임을 암시한 것이다. 눈앞의 미끼에 팔려 장차 더 큰 위험을 방치하지 말라는 메시지다.

넷째, 적이 충실할 때 방비하고, 적이 강할 때 피하라(실이비지實而備之 강이피지强而避之). 기울어진 운동장 아래에 서 있는 세력은 그 판을 흔들어야만 한다. 적이 확실히 강할 때 상황을 유동적으로 만들어야만 공격할 틈을 찾을 수 있다는 것이다.

수나라 양제가 612년 1월, 113만의 수륙 양군을 편성해 고구려를 공격했다. 먼저 요동성을 공격했으나 교착상태에 빠지자 우중문이 30만 별동대를 편성해 평양을 직접 공격하기로 한다.

을지문덕은 이들과 직접 부딪치는 척하면서 우중문을 자극했다. 일곱 번 부딪쳤는데 매번 고구려군이 패배하는 척했다. 그러면서 고구려군은 주변 들판의 곡물을 모두 불태웠다. 청야전술로 수나라군이 군량을 확보하지 못하도록 한 것이었다. 우중문은 범으로, 을지문덕은 강아지로 보이게 했고 을지문덕은 그 범을 기진맥진하게 하는 전략을 썼다.

그런데도 우중문은 을지문덕이 비겁해서 도망간다고 보고 정신

없이 그를 쫓아갔다. 수나라는 추격전을 벌이며 전력을 소진했으며 굶주림에 시달리기 시작했다. 그런 상태로 살수薩水(청천강)를 넘어 평양성 외곽 30리 지점까지 겨우 질주했는데 바로 그 순간, 을지문덕이 현존하는 최고의 한시를 읊었다.

> 그대의 신기한 계책이 하늘을 꿰뚫고(신책구천문神策究天文)
> 기발한 계산은 땅을 꿰뚫었네(묘산궁지리妙算窮地理).
> 이미 전공이 많으니(전승공기고戰勝功旣高)
> 이쯤 만족하고 그만두시게나(지족원운지知足願云止).

을지문덕이 보낸 시를 읽던 우중문은 얼굴이 새파래지면서 퇴각하라고 명했다.

"속았다. 후퇴하라!"

을지문덕이 우중문 군대를 자극하며 유인할 때는 다 생각이 있었던 것이다. 강력한 수나라 강병을 약병으로 만들려는 책략이었는데, 우중문은 이도 모르고 뒤를 쫓다가 기진맥진한 채 황급히 퇴각하기 시작했다. 결국 수나라군은 살수에서 고구려의 수공을 받아 30만 병사 중 태반이 죽고 겨우 수천 명만 돌아갈 수 있었다.

다섯째, 분노를 돋구어 혼돈에 빠트리고 비굴하게 보여 교만하게 만들어라(노이요지怒而撓之 비이교지卑而驕之). 자기 과시적인 사람은 충동질과 오만에 취약하다. 이 점을 이용한 격장법激將法이라는 계략이 있는데, 적장의 화를 돋우거나 오만하게 하여 판단력을 잃게 만드는 것이다.

이 계략에 말려든 대표적 인물이 바로 여포였다. 《삼국지》에는 말 중에 적토마가 으뜸이고 사람 중에서는 여포가 으뜸이라며 "마중적토 인중여포馬中赤兎 人中呂布"라는 말이 있을 정도로 여포의 무공은 대단했다. 유비, 관우, 장비 세 명이 달라붙어야 겨우 여포 한 사람을 당해낼 정도였다.

이런 여포를 동탁이 양아들로 삼고 천하를 움켜쥐었다. 이때 왕윤이 자신의 수양딸 초선을 이용해 여포와 동탁을 이간질해서 여포가 동탁을 제거하게 만들었다. 그 후 외곽에 있던 동탁의 부하들 이각, 곽사, 장제, 번조 등이 반란을 일으켰다. 이들의 10만 대군에 비해 장안을 지키는 군사는 2만에 불과했다. 하지만 천하무적 여포가 버티고 있어 정면 대결로는 승산이 없었다.

난감해하는 이각과 곽사에게 책사 가후가 여포의 불같은 성미를 이용한 책략을 내놓았다.

"군대를 둘로 나누고 여포를 유인해내 약을 올리십시오."

먼저 이각의 군대가 여포의 군대를 정면공격하며 성질을 건드렸다. 아니나 다를까! 여포가 발끈하며 군대를 몰고 달려왔다. 도망치는 이각의 뒤를 여포가 한참 쫓아가는데 곽사가 여포의 후미를 공격했다. 이에 여포가 곽사를 공격하려 군대를 돌리자 다시 이각이

쫓아왔다. 이각과 곽사가 여포를 가운데 놓고 '나 잡아봐라'는 식으로 약을 올린 것이다.

여포가 곽사와 이각 사이를 오가다가 지쳐버린 사이 장제와 번조가 장안으로 난입해 그곳을 점령했다. 이로써 외톨이가 된 여포는 적토마에 초선을 태우고 기나긴 방랑의 길을 떠났다.

여섯째, 적이 쉬고 있으면 수고롭게 하고 단합되어 있으면 갈라 놓아라(일이노지佚而勞之 친이이지親而離之). 인간은 생리적으로나 심리적으로 항상성Homeostasis을 유지하려 한다. 그래야 평정심을 유지할 수 있기 때문이다.

이 여섯 번째 기술은 바로 그 평정심을 깨도록 정서적 불안을 불러오는 계략이다. 야구에서 투수가 베이스에 가 있는 타자가 도루하지 못하도록 견제구를 던지는 것과 같은 것이다. 뛰어난 투수는 투구 없이 견제구만으로도 아웃을 끌어내 승리 투수가 되는 경우도 있다.

일곱째, 대비가 안 되는 곳을 공격하고 생각지 못한 곳으로 출격하라(공기무비攻其無備 출기불의出其不意). 게임의 룰을 바꾸라는 것이다. 이미 정해진 방식대로 이길 수 없다면 다른 방식을 모색해야 한다. 철통같이 수비하는 곳을 공략하기는 불가능하다. 계란으로 바위를 치는 격이다. 이럴 경우 철통 수비를 하고 있는 바로 그곳을 지킬 가치가 없는 곳으로 만들라는 것이다.

제2차 세계대전 때 미 태평양 함대 사령관 체스터 니미츠Chester W. Nimitz 제독의 바이패스 전략도 그와 같았다. 니미츠 제독은 당시 강력한 일본군이 점령하고 있던 트럭섬을 놓아두고 주위 섬을 모조리 점령했다. 그 후 트럭섬을 지키던 일본군은 종전 때까지 섬에 갇혀 있어야 했다.

이는 기존의 기준과 질서와 방식을 순식간에 무너뜨린 계략이었다. 비즈니스에서 말하는 '파괴적 혁신'이란 바로 그런 것이다. 파괴적 혁신으로 변방에만 머물던 기술, 제품, 인재 타입이 기존에 각광받던 기술, 제품, 인재 타입을 밀어낸다.

파괴적 혁신은 시작은 미미하지만, 블루오션이기 때문에 고객의 숨겨진 니즈를 제대로 건드리기만 하면 게임 체인저로 우뚝 선다. 코닥이 디지털카메라를 처음 개발하고도 기존 필름시장만 고집하다가 몰락했고, 스마트폰을 먼저 개발한 노키아 역시 기존 휴대전화 시장의 왕좌를 유지하는 데만 급급하다가 애플의 아이폰 돌풍에 무너졌다. 공고한 기득권은 기존 게임의 룰에 기초해 있다. 파괴적 혁신은 그 게임의 룰에 따라 만들어진 승리 방정식을 깨는 것이다.

손자는 전쟁을 결심했을 때 염두에 둘 일곱 가지 계책을 내놓은 다음, 다시 한번 다음과 같이 권고했다.

심리학으로 읽는 손자병법

"전쟁 전 회의에서 승리를 확신하는 경우는 이길 계책을 보았기 때문이며(미전이묘산승자未戰而廟算勝者 득산다야得算多也), 승리를 예측하지 못하는 경우는 이길 계책을 찾지 못했기 때문이니(미전이묘산불승자未戰而廟算不勝者 득산소야得算少也), 전략이 많으면 이기고 전략이 적으면 지는 것이다(다산승多算勝, 소산불승少算不勝)."

여기서 '묘산廟算'은 어전 회의로, 전쟁 전 군주와 장수들이 모여 전쟁의 가부와 기본 전략을 논의하는 것을 뜻한다.

작전 作戰

∙ ∙ ∙ ∙ ∙
∙ ∙ ∙ ∙ ∙
∙

전쟁은
오래 끄는 것이 아니다

제2편 작전에서는 싸움을 각오했을 때를 이야기한다. 전쟁이 벌어졌을 때 전쟁을 너무 오래 끌면 병사들이 스트레스를 받아 사기가 꺾이고 적에게 공격받을 위험이 커지니 속전해서 속결하라고 한다. 전쟁의 이득과 폐해를 통찰하고 전쟁에서 승리하겠다는 의지를 다지도록 내집단의 분노를 자극하라고 한다.

군대의 사기와 스트레스

"기왕 벌어진 전쟁에서 승리가 제일 귀하지만,

오래 끈다면 병사들도 둔해지고 사기가 꺾인다."

기용전야귀승 구즉둔병좌예

其用戰也貴勝 久則鈍兵挫銳

전쟁은 엄청난 물자를 준비한 후에야 군사를 일으켜 싸움을 시작해야 한다. 전쟁이 터진 후에도 준비했던 물자보다 더 많은 전비가 들어가고 무수한 사람이 죽는다. 그러므로 전쟁이 길어질수록 부담은 더욱 커진다.

손자는 '작전편'에서 계속해서 속전속결을 강조한다. 전쟁에서 속전속결처럼 귀한 것이 없다는 것이다. 세상에 미룰 것이 따로 있지 전쟁을 지연해서는 안 된다. 전쟁이 장기화되면 패자뿐만 아니라 승자도 엄청난 후유증에 시달릴 수밖에 없다.

임진왜란 7년 후 조선과 일본, 명나라가 그랬다. 우선 일본은 임진왜란 후 도요토미 히데요시 정권이 무너지고 도쿠가와 이에야스의 에도 막부로 교체되었다. 에도 막부도 임진왜란의 영향으로 260년간 쇄국 정책을 펼쳤다. 그 바람에 일본은 유럽 열강보다 발전이 뒤졌다.

명나라 역시 임진왜란의 후유증에 시달리다가 1644년 여진족이 세운 청나라에 멸망했다. 명나라가 1592년 임진왜란이 터지자 15만 군사를 보내느라 여진족을 관리하지 못했던 탓이다. 조선 역시 전란으로 국토가 황폐해졌고 경제적 기반도 완전히 무너졌다. 그런 사이 조선에 눌려 지내던 북방의 여진족이 후금後金을 세워 활개를 쳤다.

다행히 광해군이 1608년 집권한 후, 전후 복구에 혼신을 다하는 한편, 명나라와 후금 사이에 등거리 외교를 펼치며 북방을 안정시켰다. 그러나 1623년 인조반정 이후 조선은 반금친명 정책을 폈고, 이에 후금은 1636년 국호를 청으로 바꾸고는 12만 대군을 이끌고 조선을 공격했는데 이것이 병자호란이다.

이 병자호란으로 조선은 임진왜란의 상처가 치유되기도 전에 또다시 엄청난 화를 입게 되었다. 결국 조선은 임진왜란의 후유증을 100여 년간이나 겪었다. 임진왜란의 승자는 조선도, 일본도, 명나라도 아닌 여진족이었다. 여진족은 피폐해진 조선의 굴복을 받아내고 중국을 점령했다.

손자는 두 나라가 너무 오래 다투면 주변 제후국의 먹이가 되

며, 병사들은 좌절한다고 했다. 그것이 병좌예兵挫銳인데 여기서 '예銳'
는 똑똑하다는 뜻이지만, 좌예挫銳는 일종의 외상후 스트레스 장애
PTSD 같은 것이다.

스트레스가 전혀 없는 것보다는 어느 정도 있는 것이 주의 집중
에 도움이 된다. 점령지에 꽂을 승리의 깃발을 상상하며 어지간한
스트레스는 날려보낼 수 있다. 그러나 전쟁의 끝이 보이지 않고 장
수까지 이기적이라면 그때 병사가 받는 스트레스는 정도를 초월한
다. 그런 좌절성 스트레스를 장기간 겪다 보면 깊은 심리적 트라우
마가 생긴다.

손자가 언급한 둔병좌예鈍兵挫銳는 스트레스성 집단트라우마이다.
이런 상태가 되면 그 집단의 지성은 물론 감성도 무뎌지고, 집단 폭
력 증세나 집단 무기력 증세가 만연하게 된다. 이를 미연에 잘 방지
한 장수가 칭기즈칸이었다. 칭기즈칸은 장기전을 치르면서도 병사
들의 기세를 최고조로 유지했는데, 그 비결은 다음 세 가지였다.

첫째, 연전연승할 때마다 노획물을 병사들에게는 물론 고국의
병사 가족들에게까지도 충분히 나누어주었다. 둘째, 한곳에 오래
주둔하지 않고 바람처럼 이동했다. 셋째, 병사들은 말을 타고 달릴
때 전방과 좌우를 쉼 없이 주시했다. 그게 바로 행동 치료의 일종인
안구운동 요법Eye Movement Desensitization and Reprocessing, EMDR이다.

물론 칭기즈칸이 EMDR 요법을 알았을 리 만무하지만 그의 속
도전이 병사들의 트라우마를 줄여준 것만큼은 틀림없는 사실이다.

사기가 꺾이면 공격받는다

"병사들이 둔해지고 사기가 꺾이며 재정이 고갈되면

다른 나라가 그 틈에 쳐들어온다."

부둔병좌예 굴력탄화 즉제후승기폐이기

夫鈍兵挫銳 屈力殫貨 則諸侯乘其弊而起

여기서 부夫는 '무릇' '대저'라는 뜻으로 전쟁이 만성화되면 벌어질 상황에 대한 설명이다. 당연하다. 아무리 싸워도 끝이 안 보인다면 사기士氣가 꺾일 수밖에 없다.

희망찬 비전에서 추진력이 나오고 지속적인 생존력이 생긴다. 반면 집단에 좌절이 만연할 경우 구성원들의 열정은 사라지고 불신만 깊어간다. 집단 좌절감이 무모한 집단 공격, 집단 이탈로 나타나며 자멸로 가는 경우도 많다.

항우의 말로가 그랬다. 초한 전쟁 초반에 항우는 초패왕이라 불리며 승승장구했다. 초인적인 힘으로 전쟁에 앞장서서 부하들의 용기를 견인해내며 부하들에게 무자비한 살육을 허용했다. 칭기즈칸이 부하들의 전쟁 스트레스를 긍정적 방식으로 해소했다면, 항우는 부정적 방식인 살육으로만 해소해준 것이다.

항우는 항복한 진나라 군사 20만을 생매장했고, 진나라 도성 함양에 입성한 후에도 무고한 백성들까지 도륙했다. 어쨌든 항우의 군대는 이런 부정적인 해소책에만 길들여진 데다가 패배를 모르고 연승했다. 그러다 한번 유방의 한나라군에 사면초가四面楚歌에 몰리자 곧 사기가 떨어져 병사들이 집단 탈영하고 말았다. 그 허무한 광경 앞에 항우는 애첩 우희와 마지막 이별주를 마시는 일 외에 할 수 있는 게 없었다.

스페인의 철학자 호세 오르테가 이 가세트José Ortega y Gasset는 사회의 관점에서 인간의 관념론을 연구한 뒤, "세계란 고독한 존재인 인간이 드라마를 써가며 인간화하려는 곳"이라고 했다. 그럴 때 세계 내에서 존재감을 확보한 사람은 군주처럼 현실을 장악하려 하고, 박탈과 소외를 느낀 사람은 그 세계를 부정하거나 항우의 병사처럼 기존 조직에서 이탈한다.

군중은 정상적 질서가 작동할 때 참여적 순응주의에 머물지만, 기존 질서의 허구성이 드러날 때 원시 공산사회로 회귀하려는 성향이 나타난다. 그런 군중의 이중 심리를 잘 조절하는 사람이 그 시대의 영웅이 되는 것이다. 전쟁의 영웅은 아군의 사기는 높이고 적의

심리학으로 읽는 손자병법

시기는 떨어뜨릴 줄 안다.

수나라가 양제 이후 혼란에 빠졌을 때 훗날 당태종이 된 이세민은 아버지 이연을 도와 군대를 일으켰다. 그 후 아군의 사기를 높여 적의 사기가 약화될 때 공격하는 전략으로 천하를 통일했다.

이세민이 왕세충과 혈전을 벌이며 낙양을 포위하고 왕세충의 항복을 기다리고 있었다. 이때 농민 봉기군 두건덕이 왕세충을 구하려 움직이기 시작했다. 자칫하면 이세민이 앞뒤로 포위될 형국이었다. 이세민은 병력을 둘로 나눠 일부는 낙양을 포위하고 기다리게 했고, 나머지 병력은 자신이 데리고 두건덕보다 먼저 달려가 요충지인 무뢰관을 선점했다. 두건덕의 10만 병사는 뒤늦게 도착했지만 기세가 등등했고, 이세민의 진영은 매우 피로한 상태였다.

두건덕이 싸움을 걸었지만 이세민은 무시했다. 그렇게 한 달 동안 이세민이 무뢰관 안에 웅거하며 두건덕을 무시하자 책사 능경이 두건덕에게 무뢰관을 놓아두고 우회해서 당나라의 산서를 치자고 했다. 그러면 낙양의 포위가 풀린다고 설득했다. 그러나 두건덕은 무시했고, 두건덕 진영의 날카로웠던 기세도 차츰 무뎌졌다.

어느 날 이세민이 바라보니 두건덕의 병사들이 무기를 내려놓고 앉아 있거나 양지바른 쪽에 누워 있었다. 이세민은 준비해두었던 기병대에게 명령을 내렸다.

"적의 사기가 바닥이다. 폭풍처럼 몰아쳐라."

이세민이 직접 이끄는 소수 정예 기병대가 나태해져 있던 두건덕 진영을 헤집었다. 두건덕이 포로로 잡혔고 얼마 후 낙양성의 왕세충도 항복했다. 이 공로로 이세민은 천책상장天策上將이라는 칭호를 받았다.

서양의 손자라 불리는 카를 폰 클라우제비츠Carl von Clausewitz는 승리 확률 공식을 다음과 같이 정했다.

아군의 물자 × 사기 : 적의 물자 × 사기

군대의 사기와 물자를 승패의 요인으로 보고, 양측을 이항 구도로 대비해보면 승패를 예측할 수 있다는 것이다. 물론 큰 쪽이 승자가 된다. 이외에도 전쟁에 예측 불가능한 요소가 많긴 하지만 이 공식은 대체로 맞아떨어진다.

여하튼 전쟁이란 빨리 끝내야지, 길어지면 양측 다 사기가 추락하고 자원도 고갈되어 공식에 대입해보면 양측 모두 제로에 수렴한다. 여기서 양측이 아닌 제삼자가 승리를 거머쥐는 어부지리漁父之利가 일어난다. 지난했던 임진왜란이 끝난 후 여진족이 어부지리를 차지했던 것처럼.

나른한 봄, 강변의 조개가 속살을 내놓고 일광욕을 즐기고 있었다. 황새가 날아와 쪼아 먹으려 하자 놀란 조개가 입을 꽉 다물었다. 황새가 조개를 타일렀다.

"너 그렇게 버티다가 말라 죽는다."

조개가 벌컥 화를 냈다.

"웃기는 소리 작작 해라. 내가 놓아주지 않으면 너야말로 굶어 죽는다."

그렇게 서로 죽기 살기로 버틸 때, 지나가던 어부가 "웬 횡재야!" 하며 황새와 조개를 한꺼번에 잡았다.

이 고사는 전국시대 연나라의 신하인 소대가 연나라를 정벌하려는 조나라 혜문왕을 설득하면서 나왔다.

"두 나라가 오래 싸우다 보면 백성들이 지칠 텐데, 그때 진나라가 어부지리를 할 것입니다."

손자가 활동하던 춘추시대는 170여 제후국이 쟁패를 다투고 있었다. 강대국끼리 헤게모니 다툼이 길어질 때마다 다른 제후국이 부상하는 사례가 부지기수였다.

양자의 다툼이 아닌 다자의 각축전일수록 전쟁의 장기화는 당사자를 다 망가뜨린다. 그리되면 전쟁 당사자가 아닌 제3의 세력이 득세한다. 뒷일은 아무리 유능한 장수가 나서도 수습하기가 어렵다 (수유지자雖有智者 불능선기후의不能善其後矣).

속전해서 속결하라

"병가에서 조금 서툴러도 속전속결해야 한다는 말은 들어봤지만,

이리저리 전쟁을 끄는 경우는 본 적이 없다.

또한 장기전으로 나라가 이익을 보았다는 경우도 없다."

병문졸속 미도교지구야 부병구이국리자 미지유야

兵聞拙速 未睹巧之久也 夫兵久而國利者 未之有也

개전하기 전까지는 서두르지 말고 신중해야 하지만, 일단 결정한 후에는 우유부단하지 말라는 것이다. 돌다리도 건너기 전에 두드려보아야 하고, 건너기로 했으면 신속히 건너야 한다. 속전속결이란 무모하게 공격부터 하고 보라는 뜻은 아니다.

속전해야 속결이 된다. 속전이라는 군사 행동은 지금 적이 무엇을 하고 있는지, 아군이 속공하면 어떻게 반응할지를 간파하고 시작해야 한다. 인간관계도 그렇지만 전쟁도 대상관계object relations에 따

심리학으로 읽는 손자병법

라 다른 전략을 구사해야 한다. 속전이 좋다고 천편일률적으로 적용하면 곤란하다.

손자가 말하는 속전이란 형식이 아니라 내용이다. 아군과 적군, 그리고 그 관계에서 일어나는 일들을 고려해 속전하는 것이다. 그래야 속결이 보장된다.

속전의 전제 조건을 클라우제비츠는 한마디로 이렇게 정의했다. "적이 예상하지 못한 때와 장소." 이 조건이 충족된 속전이어야 적의 저항 가능력이 아군의 속공 앞에 무력해지는 것이다.

미완의 책사 사마의가 228년 초나라의 제갈량과 내통하던 맹달을 공격할 때도 위나라에서 상용성까지 1,200리 길을 9일 만에 주파했다. 전광석화와 같은 속도로 달려가 맹달의 모든 퇴로를 차단했다. 맹달은 사마의가 상상도 못했던 속도로 다가오자 속수무책으로 독 안에 든 쥐 꼴이 되었다. 맹달이 험준한 지세를 의지해 버텨보려 했지만 소용없었다.

그로부터 10년 후인 238년 봄, 요동 태수 공손연이 반란을 일으키자 위나라에서 사마의가 4만 군사로 토벌에 나섰다. 하지만 가을비가 내릴 무렵에야 공손연의 근거지인 양평성을 포위했다. 그러고도 공격하지 않고 오히려 20리를 물러났다.

그때부터 성 주민들이 벌목과 방목을 하기 위해 성을 들락거리기 시작했다. 사마의의 참모 진군이 맹달 때처럼 속전속결로 끝내지 않는다고 궁금해했다. 사마의는 다음과 같이 대답했다.

"과거 맹달의 병력은 우리보다 훨씬 적고 식량은 많았지만, 지금 공손연은 그 반대다. 병력은 많지만 식량은 바닥이다. 그러나 우리는 후방으로부터 충분한 양곡을 공급받고 있다. 그러니 지금 공격하면 병력이 많은 적군이 더 유리하다. 적군이 더 굶주린 후 공격해야 우리가 유리하다. 내가 성에서 물러선 것도 적들이 도주하도록 길을 열어준 것이다."

그렇게 한 달을 지나니 성안 15만 병사가 식량이 부족해 우마를 모두 잡아먹고 인육까지 먹을 정도가 되었다. 그때까지 기다렸던 사마의가 즉각 맹공에 나서 일거에 점령했다.

사마의는 방심하던 맹달은 바로 급습했고, 방어 준비를 한 공손연에 대해서는 승전할 기회를 만들어 순식간에 가격했다. 이것이 속전속결의 요체이다.

전쟁의 이득과 폐해를 통찰한다

"전쟁의 폐해를 알지 못하는 자가 전쟁의 이득을 제대로 알 리 없다.
그러므로 지장은 적에게서 식량을 취한다."
부진지용병지해자 즉불능진지용병지리야 고지장무식어적
不盡知用兵之害者 則不能盡知用兵之利也 故智將務食於敵

손자는 균형 감각을 갖춘 장수를 지장智將이라 했다. 매사에 좋은
면이 있으면 나쁜 면도 있다. 전쟁에도 이득과 폐해가 같이 있다. 그
중 지장은 전쟁의 폐해를 먼저 고려한다. 장수는 승리 후 얻을 전리
품에만 들뜨지 말고 전쟁 준비와 과정, 종료 후에 나타날 폐해를 염
두에 두어야 한다.

메시아 콤플렉스Messiah Complex에 빠진 장수는 전쟁의 이득에
만 몰두한다. 케임브리지대학 조셉 맥커디Joseph MacCurdy 교수는 히
틀러가 메시아 콤플렉스에 빠져 있었다는 사실을 발견했다. 자신이

'선의 화신'이라는 종교적 환상에 사로잡혀 전쟁을 일으켰다는 것이다. 그러다가 전쟁이 불리해지니 유대인을 '악의 화신'으로 규정했다. 유대인 때문에 독일이 고전할 뿐만 아니라 세계가 위협받는다며 '유대인 공포증Jew-phobia'을 확산시켰다. 그리하여 히틀러는 6천만 유대인을 독가스실로 보냈다.

주술사적 기질이 있을 경우 메시아 콤플렉스에 잘 빠지며, 세상을 자신에게 맞추어가려고 한다. 엉뚱한 일에도 깊이 집착하고 매사에 결정권자가 되려는데 방해받으면 폭발적으로 화를 낸다. 이런 사람은 전쟁을 결심하면 폐해보다 이득에만 주목한다.

만일 장수가 메시아 콤플렉스에 빠졌다면, 그는 자신의 신념에 반하는 어떤 조언도 듣지 않는다. 사실 전쟁은 수행 과정에서부터 엄청난 희생을 치르는데, 그 희생의 대부분을 누가 감당하나? 병사와 백성이다.

그래서 지장은 전쟁 중에도 두 번 징집하지 않고 군량미를 전쟁 시작과 중간, 귀국할 때 두 번만 본국에서 조달받을 뿐이다(역불재적役不再籍 양불삼재糧不三載). 그러고도 모자라면, 병사는 본국에서 충당하고 식량은 적지에서 구한다(취용어국取用於國 인량어적因糧於敵).

베트남전 때 베트콩이 그랬다. 전투 현장에서 미국의 최첨단 무기와 식량을 헐값으로 구하거나 노획물 등으로 전쟁에 필요한 물자를 충당하기도 했다. 칭기즈칸의 몽골 기병대도 개별 약탈을 금지한 가운데 현지 조달을 원칙으로 했다. 그 때문에 병참 부대의 별도 보급을 받지 않고도 하루 100km 이상 달릴 수 있었다.

카르타고의 영웅 한니발은 적진인 이탈리아반도에서 16년간 후방 보급 없이 로마와 싸웠다. 삼국시대 초기를 주름잡은 백제도 매해 가을이면 고구려를 침략했다. 천고마비의 계절을 이용해 현지에서 식량을 조달하기 위해서였다.

만일 본국에서 전쟁 물자를 두 번 이상 수송하기 시작하면 운반 과정에서도 적의 공습을 받을 위험이 크지만, 결국 본국의 경제가 망가지는 게 더 큰 문제다. 최악의 인플레가 일어나 나라 경제는 무너지고 빈집이 늘고 유랑걸식하는 자가 폭증한다. 본국이 망가지면 설령 전쟁에서 이기더라도 돌아갈 곳이 없게 된다.

따라서 적지에서 조달한 물자는 본국에서 수송하는 물자보다 가치가 20배 높다(식적일종食敵一鐘 당오이십종當吾二十鐘 기간일석萁稈一石 당오이십석當吾二十石).

내집단의 분노를 자극하라

"적을 제거하려면 적개심을 불러일으켜야 하고,
적의 물자를 뺏으려면 물자를 상으로 주어야 한다."

살적자 노야 취적지리자 화야

殺敵者 怒也 取敵之利者 貨也

전쟁에서 기필코 승리하고야 말겠다는 의지보다 중요한 것은 없다. 의지는 기대심리에서 나온다. 시간은 내 의지대로 할 수 없지만, 이 시간의 흐름 속에 무언가를 성취하는 것은 의지의 몫이다. 이런 개인의 의지가 모여 집단의 사기가 된다.

적의 사기를 떨어트리고 적장의 심리를 해이하게 만들되, 아군의 사기는 높이고 아군 장수가 각성해야 승리가 가능하다.

사회심리 측면에서 아군은 내집단in-group, 적군은 외집단out-group으로 분류할 수 있다. 이 이론을 처음 발견한 윌리엄 섬너

William G. Sumner는 사람들은 내집단에 대해서는 친밀감을 느끼지만, 외집단에 대해서는 적대감을 느낀다고 했다.

여기에 내집단의 사기를 높일 중요한 포인트가 있다. 자신의 가치관과 행동의 기준이 내집단의 가치관과 맞으면 자긍심을 갖는다. 반대로 이것이 외집단과 맞을 때 내집단에 대해 불만을 품거나 내집단에서 이탈한다.

쉽게 말해 내집단인 우리 집, 우리나라를 본받고 싶어야지 엉뚱하게 다른 나라, 다른 가정이 본받고 싶고 부럽다면 어떻게 되겠는가? 외집단에는 친밀감을 품게 되고 도리어 내집단에는 적개심을 품게 된다.

그래서 집단 내에서 우리는 누구인가의 정체성을 확인하고 무엇을 해야 하는가 하는 공동의 비전을 공유할 필요가 있다. 전쟁 중일 때는 주적이 누구이고 왜 주적을 물리쳐야 하는지가 선명해야 한다. 그러면 자연히 외집단에 대한 적개심이 일어난다. 내집단에 대한 기대심리가 크면 클수록 내집단을 방해하는 적에 대한 분노는 동반 상승한다.

시장을 움직이는 힘, 즉 상품 구매욕도 기대심리에 따라 움직인다. 하버드 비즈니스스쿨의 데이비드 모스David A. Moss 교수는 고객에게 기대심리를 어떻게 불어넣느냐에 따라 시장의 판도가 달라진다고 보았다. 기대심리를 지속적으로 높여주는 것이 인센티브이다.

칭찬이든 물질이든 승진이든 인센티브야말로 동기부여의 최고 수단이다.

손자는 전차전을 예로, "전차를 10대 이상 노획한 자에게 먼저 상을 주고(거전득거십승이상車戰得車十乘已上 상기선득자賞其先得者) 노획한 전차의 깃발을 아군의 깃발로 바꾸어 아군 전차 부대에 편입하며(이경기정기而更其旌旗 거잡이승지車雜而乘之), 포로는 잘 대해 아군으로 만들어야 한다(졸선이양지卒善而養之)"라고 했다.

조직의 사기는 곧 필승에 대한 의지인데, 이 의지 역시 적절한 인센티브가 제공될 때 지치지 않고 발휘될 수 있다. 필승에 대한 의지는 달리 말해 파이팅 정신이다. 파이팅 정신이 없으면 자포자기하기 쉬우며, 파이팅이 강하면 최적의 각성 상태Optimal Level of Arousal를 유지한다(여키스-도슨 법칙 참조).

특히 상대가 있는 팀플레이라면 최적의 각성 수준이야말로 중요한 승리 요인이다. 조직에도 각성 수준이 너무 낮으면 태만해지고, 너무 높으면 초긴장 상태가 되어 마치 주의력결핍 과잉행동장애ADHD와 비슷한 증세가 나타난다. 산만한 조직은 결코 경쟁에서 이길 수 없다.

태만과 산만 사이에 자기 역량을 최고조로 발휘하는 최적의 상태가 있다. 이를 위해 적을 이기고야 말겠다는 파이팅 정신과 전리품의 분배가 동시에 필요하다.

800년 전 칭기즈칸도 몽골 부족의 각성 수준을 상황에 맞게 최

심리학으로 읽는 손자병법

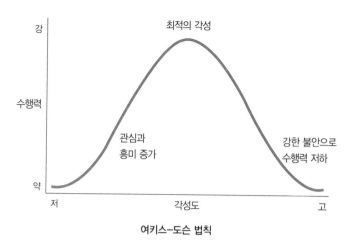

여키스-도슨 법칙

적으로 유지하며 세계 최대 제국을 이룩했다. 황량한 몽골고원에 별 희망도 없이 여러 부족이 다투며 살고 있을 때 몽골인을 하나로 결집해 그들의 눈을 고원 외부로 돌리게 했다. 더는 내부에서 다투지 말고 더 넓은 세계로 나가자는 것이었다.

고원 밖의 광활한 대지를 질주하면서 그동안 몽골인을 오랑캐라 무시하던 금나라와 남송을 제압하며 서역까지 진출할 때 수많은 나라의 항복을 받아냈다. 그때마다 쏟아지는 전리품을 모든 몽골인에게 공동으로 분배했다. 물론 공을 세운 사람에게는 더 주었다. 그러자 선발대도 후진도 불만이 없었다. 이래서 몽골의 병사뿐만 아니라 일반 사람들까지 승부욕이 끓어올라 지구적 제국을 이룰 수 있었던 것이다.

긍정적 승리의 경험

"승리하면서 더 강해지는 것이다.

전쟁에서 빠른 승리만 소중할 뿐 지구전은 중요하지 않다.

또한 군대를 잘 아는 장수가 백성을 수호하고 국가를 주도할 수 있다."

승적이익강 병귀승 불귀구 지병지장 민지사명 국가안위지주야

勝敵而益强 兵貴勝 不貴久 知兵之將 民之司命 國家安危之主也

기가 죽어 있다는 말이 있다. 동화작가 프랭크 바움Frank Baum이 쓴
《오즈의 마법사》에 나오는 사자가 그랬다. 외모는 밀림의 황제였으
나 강아지에게도 뺨을 맞고 울 만큼 겁쟁이였다.

　도로시는 이런 기가 죽은 사자, 허수아비, 양철 로봇을 데리고
오즈를 찾아간다. 사자에게 용기를, 허수아비에게 두뇌를, 양철 로
봇에게 심장을 주기 위해서였다. 동화의 결말에서 원래 사자가 용감
했다는 것이 밝혀진다. 단지 기가 죽어 있을 뿐이라고⋯. 기죽은 사

자에게는 강력한 이빨과 날카로운 발톱도 장식용에 불과하다.

사람들은 왜 기가 죽을까? 긍정심리학자 마틴 셀리그먼 Martin E. Seligman에 따르면 학습된 무기력learned helplessness 때문에 그렇다. 좌절이 반복되면서 자아가 극도로 위축되는 것이다. 《오즈의 마법사》에 나오는 사자도 항거 불능의 외상적 경험을 반복해서 했을 것이다.

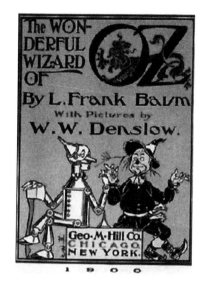

오즈의 마법사 표지

그 경우 유사한 환경에 직면할 때 지레 겁을 먹고 자포자기하기가 쉽다. 설령 극복할 방안이 있어도 그 방안을 학습하고 실행하려는 데 어려움을 겪는다. 이런 일이 반복되면 만성 불안이 나타나며 정서적 평형도 깨진다.

이런 무력감을 어떻게 극복할까? 과거에 무력감을 느꼈던 상황에 조금씩 직면해 스스로 통제할 수 있다는 것을 확인하면서 차츰 노출 정도를 늘려간다. 이를 '행동 면역Behavioral Immunization'이라 한다. 긍정적인 경험을 쌓아가면서 무기력에서 벗어나는 것이다. 이를 셀리그먼은 학습된 낙관주의Learned optimism라 했다. 무기력과 낙관주의도 결국 학습의 결과이다.

손자가 '승적이익강'을 주장하는 것도 같은 맥락이다. 이순신 장군의 명량대첩도 승적이익강의 결과였다. 명량대첩 직전 조선 수군은 원균과 함께 칠천량 해전에서 완패한 후라 사기가 바닥을 기고 있었다. 이때 이순신은 이미 전시한 적장 구루시마의 시체가 바다에 떠다닌다는 보고를 받고, 이를 건져내어 참수한 후 머리를 조선 수군의 돛대에 높이 매달았다. 왜군은 이를 보고 겁을 먹었고, 조선군은 승전의 기억이 떠올라 용기를 냈다.

지혜로운 장수라면 병사들을 억압만 할 것이 아니라 용기를 주어야 한다. 평소 자신감을 갖도록 고무하고 성과에는 충분한 보상을 해야 한다. 이런 자존감이 모여 큰 성공의 디딤돌이 된다.

평소 주눅 들어 있는 군대가 어떻게 적과 싸워 이기겠는가! 작은 승리가 모여 결국 큰 승리를 가져온다. 이를 승자효과Winner Effect라 하는데, 어떤 성취를 경험하면 주도적 행동이 강화되어 더 큰 성취를 하게 된다는 의미다. 물론 그렇게 해서 위대한 업적을 이룬 후에는 상황 변화를 무시하거나 과거의 성공 방정식에 매몰되지 않도록 유의해야 한다.

심리학으로 읽는 손자병법

모공謀攻

· · · · · · · · ·

적을 알고
나를 알아야 한다

제3편 모공에서는 이기기 위한 꾀를 말한다. 여기서 지피지기가 나오는데 싸우지 않고 이길 수 있으면 가장 좋으며 전쟁은 오히려 차선책이라고 제시한다. 그릿 지수 높이기, 순서를 잡아서 공략하기, 용병술, 군주와 장수의 효율적인 역할 분담과 군주 리스크, 피터팬 신드롬과 아무리 싸워도 위태롭지 않은 비결을 알려준다.

최선은 싸움 없는 승리, 전쟁은 차선일 뿐

"용병술 중 최선은 적국을 온전히 굴복시키는 것이고,

적국을 깨는 것은 차선이다."

범용병지법 전국위상 파국차지

凡用兵之法 全國爲上 破國次之

경영학 박사 헨리 민츠버그Henry Mintzberg 교수는 전략을 5P로 정의했다. 5P는 계획Plan, 책략Ploy, 위치Position, 유형Pattern, 관점 Perspective을 말한다.

계획은 상품의 기획을, 책략은 경쟁사 극복 방안을, 위치는 특정 시장에서 상품의 배치를, 유형은 자사와 경쟁사의 일관된 행동 패턴을 뜻하며, 이에 따라 관점을 정립하는 것이 곧 경영전략이다.

앞의 세 가지, 즉 계획, 책략, 위치는 누구나 시행하고 있다. 정작 중요한 부분은 뒤의 두 가지, 즉 유형 파악과 이에 따른 관점 변

심리학으로 읽는 손자병법

화다. 이 두 가지가 있어야 낡은 관성을 변화에 맞게 고칠 수 있다. 시장은 늘 변한다. 확실한 것은 오직 불확실성뿐Nothing is certain but uncertainty.

민츠버그는 "높은 성과를 창출한 전략 중 리더가 미리 수립한 전략이 아니라, 현장 실무자나 우연한 시행착오로 나타난 것도 많다"라고 했다. 나폴레옹도 같은 견해였다. 그만큼 전투 현장에서는 기존에 인지했던 것과 다른 왜곡 현상이 많이 나타난다.

아무리 전략이 탁월해도 싸우기보다 할 수 있다면 적을 그대로 두고 항복을 받아내는 것이 최선이다. 전쟁은 투자다. 서로 전부를 걸고 다투는 것이다. 전쟁이 일어났다면 치열할수록 종전 후 소득은 급감한다.

칭기즈칸의 뒤를 이은 오고타이칸은 금나라 수도 개봉을 함락한 후 도성의 130만 백성을 절멸하고자 했다. 이때 몽골의 학자 야율초재가 다음과 같이 말하며 그를 만류했다.

> "나라마다 목숨 걸고 싸우는 이유는 백성과 땅을 얻기 위해서입니다. 설령 땅을 얻어도 경작할 백성이 없으면 황무지에 불과합니다."

야율초재는 여진족 출신이기는 했지만, 몽골 황제라도 잘못한

게 있으면 과감히 비판하는 신하였다. 따라서 칭기즈칸은 그를 귀히 여겼으며, 아들 오고타이에게도 그를 하늘의 보배처럼 여기라는 유지를 남길 정도였다. 야율초재 덕분에 도성의 백성들이 살 수 있었다고 해도 지나친 말이 아니다.

손자는 만일 석국과 싸워야 한다면, "적의 군단을 온전히 굴복시키는 것이 최상이며, 깨트리는 것은 차선이다"라고 전제한 후 이 같은 원칙을 예하 부대까지 적용한다. 즉 적의 여단과 싸워야 한다면, 적의 소대를 온전히 굴복시키는 것이 최상이며, 깨트리는 것은 차선이다(전졸위상全卒爲上 파졸차지破卒次之).

그다음 적의 소대와 싸워야 한다면 적의 분대를 온전히 굴복시키는 것이 최선이며 깨트리는 것은 차선이다(전오위상全伍爲上 파오차지破伍次之).

이처럼 손자의 보편적 원칙은 가능하면 싸우지 않고 적을 굴복시키는 것이다.

현재 미국의 국가 부채는 해마다 폭증하고 있는데, 그 기점은 부시 대통령 때였다. 그는 전임 클린턴에게서 사상 최대 흑자 예산인 2,360억 달러를 물려받았다. 당시 적체되어 가던 군수물자 해소 방안을 찾던 중 회교 강경파 탈레반이 9·11테러를 일으켰다. 이를 기회로 부시는 이라크를 상대로 아프가니스탄 전쟁을 개시했다. 하지만 이라크 파병 명분인 대량 살상무기는 허구인 것으로 드러났다.

부시는 무리한 전쟁으로 집권 8년 만에 추산 1조 2천억 달러가 넘는 적자를 기록한다.

일찍이 손자는 10만 군사로 천 리 떨어진 나라와 전쟁할 때 소요되는 군비를 일비천금日費千金이라 했다. 전쟁이 지속되면 국가 재정은 당연히 파탄 난다. 따라서 전쟁에서 속전속결처럼 귀한 것은 없다.

인간은 습관의 동물이다. 1편에서 언급한 대로 전쟁이 지속되면 타나토스 욕구에 길들여진다. 그 타나토스가 타인을 향하면 가학증sadism으로 나타나고 자신을 향하면 자학증masochism으로 나타난다.

손자는 누구든 전쟁을 치르다가 매몰되어 전쟁광이 되는 것을 제일 우려했다. 전쟁은 살려는 방편일 뿐 그 자체가 목적이 되어서는 안 되며, 싸워야 할 때는 니체의 교훈처럼 괴물과 싸우더라도 자신이 괴물이 되지 않도록 조심해야 한다.

그릿 지수를 높여라

"백전백승이 최선이 아니다.
최선은 싸우지 않고 이기는 것이다."

백전백승 비선지선자야 부전이굴인지병 선지선자야
百戰百勝 非善之善者也 不戰而屈人之兵 善之善者也

2006년 4월, 중국의 후진타오 주석은 미국을 방문해 부시 대통령
과 참모들에게 비단에 명주실로 수놓은 《손자병법》을 선물했다. 《공
자》《노자》《장자》도 아니고 왜 《손자병법》이었을까?

당시 미국은 이라크 전쟁의 수렁에 빠져 허우적대고 있었다. 바
그다드에 주둔 중인 미군은 수니파 극단주의자들 혹은 테러 단체
등의 자살 폭탄 공격에 악몽의 나날을 보내고 있었다. 그런 정황에
서 후진타오 주석은 미국에 손자의 교훈인 '부전이승不戰而勝'을 참고
하라는 뜻으로 《손자병법》을 선물했을 것이다.

레이건이 제2차 세계대전 후 세계를 양분한 냉전체제를 종식하고 팍스 아메리카나를 연 것도 '부전이승' 전략의 결과물이었다. 그 전략에 필수적인 지능은 바로 그릿Grit이다. 그릿이란 성장Growth, 회복Resilience, 내적 동기Internal Motivation, 집념Tenacity의 합성어이다. 성장과 회복에 대한 내적 동기가 강해 어떤 일이 있어도 *끈기 있게* 나아가는 힘을 그릿이라 한다.

그 그릿을 처음 세상에 내놓은 사람은 펜실베이니아대학 심리학 교수 안젤라 더크워스Angela Duckworth였다. 더크워스 교수는 불확실한 현실을 헤쳐나갈 때 재능이나 지능보다 *끈기*가 더 중요하다는 사실을 연구로 밝혀내 저서《그릿》에 담았다. 이를 악물고 *끈기* 있게 투지를 발휘하는 그릿이 가장 강력한 능력임을 주장한 것이다.

레이건은 그릿 지수가 매우 높았다. 미소 경쟁이 격화되던 1982년 레이건은 '소련 붕괴 작전(NSDD-66)'에 서명했다. 당시 소련은 수출의 60% 이상을 차지하던 원유의 가격이 폭등함에 따라 엄청난 부를 축적했는데, NSDD-66의 핵심 내용은

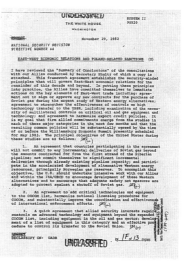

소련 붕괴 작전(NSDD-66) 문서

그 상황을 역전시키는 것이었다.

미 국무부는 중동의 주요 산유국과 접촉해 원유 생산량을 4배 가량 증산하도록 했고, 선진 7개국G7이었던 독일, 영국, 일본, 캐나다, 프랑스, 이탈리아도 공동보조를 취하게 했다. 물론 그 과정은 은밀히 진행되있다.

결국 30달러까지 치솟던 유가는 7달러로 급전직하했다. 이에 견디지 못한 소련은 물론이고, 동구권 경제까지 무너졌다. 반면 1986년부터 한국은 저유가, 저금리, 저환율의 3저 호황으로 최초로 대외 무역 흑자를 기록했다. 레이건의 부전이승 전략이 낳은 결과였다.

부시는 이 전략을 뒤집어 미국의 국력이 떨어지게 했다. 레이건 이후 허버트 부시와 클린턴을 지나 워커 부시에 이르러 미국의 일국주의는 극에 달했고, 부시는 미국에 도전적인 나라를 모조리 악의 축으로 규정했다. 그리고 전쟁을 예방한다는 명분으로 이라크 등을 선제공격했다.

공략에도 순서가 있다

"최상의 싸움은 적의 모략을 깨는 것이고, 그다음이 적의 외교를 깨는 것이다.
그다음이 적의 군대를 깨는 것이다. 최하책이 적의 성을 공략하는 것이다."

상병벌모 기차벌교 기차벌병 기하공성

上兵伐謀 其次伐交 其次伐兵 其下攻城

다 망해가던 크라이슬러를 살려낸 리 아이아코카Lee Iacocca는 미국 자동차업계의 전설로 남아 있다. 그가 어렸을 때 덩치 큰 아이들과 싸우는 모습을 본 아버지가 말했다. "얘야, 너보다 더 센 상대와 싸울 때는 힘이 아니라 머리를 써야 해."

'상병벌모'에서 벌모伐謀는 물리적 충돌 이전에 상대의 심리를 탐색한 후 그 의도를 미리 깨트리라는 뜻이다. 적의 의도를 미리 봉쇄해버리면 적의 모든 도발은 무력화되기 때문이다. 적의 모략을 알려면 간첩, 반간계 등이 동원된다. 이때 셜록 홈스의 이 말을 기억할 필요가 있다. "보이는 것만 보지 말고 관찰하라."

'기차벌교'에서 벌교伐交는 적을 외교적으로 고립시키는 것이다. 벌모가 적의 아이디어를 무력화하는 것이라면 벌교는 적의 사회적 지지와 연대 제거에 해당한다.

진나라의 천하통일도 벌교 전략이 큰 역할을 했다. 진나라의 외교 전략인 '연횡連橫'이 초나라의 외교 전략인 '합종合從'을 깨면서 중원의 판세를 주도할 수 있었다.

벌모와 벌교 둘 다 싸우지 않고 이기는 것이며, 강자만의 전용책도 아니다. 오히려 약자가 약점을 극복하기 좋은 전략이다. 이 두 전략이 여의치 않을 때 비로소 벌병伐兵, 즉 적을 치는 전략을 택한다. 이는 적군과 아군이 전쟁터에서 맞부딪치는 일반적 전쟁 전략에 해당한다.

가장 최후의 방법은 성안에 들어앉은 적을 치는 공성攻城이다. 공성전은 방패와 공성용 수레, 사다리 등 준비에만 3개월 걸린다(수로분온修櫓轒轀 구기계具器械 삼월이후성三月而後成). 성에 도착해 흙산을 쌓으며 또 3개월을 보내야 한다(거인距闉 우삼월이후이又三月而後已).

그 후에도 장수가 화를 못 참고 성벽에 병졸을 개미 떼처럼 오르게 한다면(장불승기분將不勝其忿 이의부지而蟻附之), 병력의 3분의 1을 잃고도 성을 함락하지 못한다(살사삼분지일殺士三分之一 이성불발자而城不拔者). 이것이 공성전에서 흔한 재앙이다(차공지재야此攻之災也).

심리학으로 읽는 손자병법

그러므로 용병에 능한 장수는 싸우지 않고 적을 무찌르고, 적의 성을 공격하지 않고 함락한다(굴인지병이비전야屈人之兵而非戰也 발인지성이비공야拔人之城而非攻也 훼인지국이비구야毁人之國而非久也).

가능하면 "싸우지 말고 이겨라." 이것이 《손자병법》의 대원칙이다.

전력 차이에 따른 용병의 원칙

"아군의 전력이 적보다 열 배면 포위하고, 다섯 배면 공격하고, 두 배면 분리해서 공격하고, 우세하면 싸우고, 적으면 물러나고, 아주 적으면 피해야 한다."

십즉위지 오즉공지 배즉분지 적즉능전지 소즉능도지 불약즉능피지
十則圍之 五則攻之 倍則分之　敵則能戰之 少則能逃之 不若則能避之

일본의 전통적인 전법으로 옥쇄玉碎 전법이 있다. 죽더라도 체면만은 지키겠다는 일본인 특유의 기질에서 나온 전법으로, 사무라이들이 항복하느니 차라리 할복한다는 것과 비슷하다.

　일본인의 그런 기질은 제2차 세계대전 때 가미카제 특공대로 표출되었다. 미국이 히로시마 등에 원자폭탄을 투하해 항복해야 할 상황에서 일본 군부가 '1억 총옥쇄'를 부르짖었던 것도 그런 기질에서 기인한다.

　1억 총옥쇄는 내지에 있건 외지에 있건 모든 일본인이 분연히

맞서 싸우다가 옥가루처럼 부서지겠다는 뜻이었다. 그런 분위기에서 정작 옥쇄한 자들은 주로 일선에서 싸운 병사들이었고 장수들은 대체로 끝까지 살아남았다.

지느니 차라리 싸우다 죽고야 말겠다는 이런 옥쇄 전법은 《손자병법》에는 없다. 손자는 질 것 같으면 일단 후퇴해서 다음을 기약하라고 한다.

세상은 내 눈에 보이는 대로만 돌아가지 않는다. 보이지 않는 것은 마음으로 들여다볼 수밖에 없다. 이런 관점을 가지려면 정서 조망 수용affective perspective taking 역량을 길러야 한다. 권력을 가질수록 정서 조망 수용 능력은 상대적으로 감소한다. 따라서 장수는 의도적으로라도 아군 외에 적군의 관점까지 고려할 필요가 있다. 그래야 적의 계략을 우회하거나 회피함으로써 혁파할 수 있다. 사냥꾼이 맹수를 잡을 때 육박전을 하는 게 아니라 덫을 놓거나 저격하는 것처럼 말이다.

먼저 피아를 비교 분석한 후 아군의 전력 한도 내에서 용병 방식을 택해야 한다. 약세일 때 전면전을 피하고 산발적인 게릴라전 등으로 도발하며 적을 혼란에 빠트려야 한다. 월맹 또한 20년 (1955~1975)간 계속된 베트남전 동안 절대 우세인 미군을 그런 식으로 상대했다.

1964년 베트남 통킹만에서 미국의 군사 개입에 빌미가 되는 사건이 벌어졌다. 월맹이 미국의 구축함을 공격한 것이었다. 이 사건 이후 미군은 50만 군사를 열대 정글에 투입했다. 미 공군은 정글에 네이팜탄, 고엽제 등 최첨단 무기로 융단 폭격을 가했다. 그러고도 미국은 월맹의 게릴라 전술을 제압하지 못하고 도리어 4만여 명의 사상자를 냈다.

이에 닉슨은 국내 반전여론을 이용해 재선에 성공한다. 그리고 1973년 월남, 월맹, 미국 3국은 휴전 협정을 맺었고 미국은 곧바로 철수했다. 미군 철수 후에도 월맹과 월남 간 전쟁은 계속되었고, 1976년 월맹이 사이공을 점령하면서 통일 베트남공화국이 출범했다.

이 전쟁에서 월맹의 호찌민이 구사한 전략은 '적즉능전지敵則能戰之, 소즉능도지少則能逃之'였다. 이때 적敵이라는 말은 '대등하다'라는 뜻도 있다. 적보다 전력이 약할 때는 굳세게 버티기만 하면 결국 강한 적의 포로가 되고 만다(소적지견小敵之堅 대적지금야大敵之擒也).

호찌민의 최측근인 보응우옌잡 장군도 《손자병법》에 기초한 다음의 3불 원칙을 구사했다.

　　"적이 싸우기 원하는 시간을 피한다."
　　"적이 싸우기 원하는 장소를 피한다."
　　"적이 생각하는 방식으로 싸우지 않는다."

　　　　　심리학으로 읽는 손자병법

군주와 장수의 역할 효율성

"장수는 군주를 보좌하는 자이다. 서로 긴밀하면 나라가 강할 것이며
서로 틈이 있으면 나라가 약해질 것이다."
장자 국지보야 보주즉국필강 보극즉국필약
將者 國之輔也 輔周則國必强 輔隙則國必弱

'국지보야 보주즉국필강 보극즉국필약'에서 보輔란 수레바퀴를 보강
하는 나무를 뜻한다. 보와 바퀴 사이가 벌어져 있거나 보가 약하면
수레의 짐이 무거울 때 수레는
무너진다.

수레

사람은 나라, 기업, 가족 등
여러 조직에 속해 있는 사회적
동물이다. 조직마다 목적이 다
르고 실행을 위한 역할 분담

도 제각각이다. 일반적인 기업의 경우 회장부터 사장, 전무이사 따위 임원이 있고 그 밑에 본부장, 실장, 팀장 등의 간부가 있으며, 그 다음으로 대리, 주임, 사원, 인턴 등의 무리가 있다. 이들 각각의 역할 효율성Role Efficacy의 총합이 조직의 효율성에 해당한다.

손자는 직급 간 의사소통을 중시하는데, 먼저 임원 사이가 긴밀해야 한다는 것을 역설했다. 조직 내 직무 중 임원의 권한과 역할이 제일 크기 때문이다.

고대 제국에서는 왕과 장수가 현대 기업의 임원과 역할이 비슷했다. 왕과 장군들의 호흡이 얼마나 잘 맞느냐에 따라 나라의 흥망성쇠가 달려 있었다. 그렇다면 장군들은 누가 선발했을까? 바로 군주다.

어떤 조직이든 대표가 할 일은 크게 인사관리Human Resources, 투자관리Investor Relations, 홍보관리Public Relation 세 가지다. 그중 가장 어려운 것이 인사관리다. 인사관리의 두 축은 인재 채용Talent Acquisition과 인재 유지Talent Retention다.

군주는 업무에 최적화된 인재를 선발해야 한다. 만약 지도부에 불협화음이 생기면 그 첫 책임은 군주에게 있다. 인재의 선발 기준으로 중요한 두 가지는 '조직 융화력'과 '창의력'이다. 임원급의 조직 융화력은 개인적인 사회성보다는 여러 부서와 소통 가능한 조직력을 가리킨다. 창의력은 정해진 답을 넘어 독창적인 해법을 찾는 능력이다.

인간의 지능을 연구한 J. P. 길퍼드J. P. Guilford는 창의력을 확산적 사고divergent thinking라고 했다. 한편, 수렴적 사고convergent thinking는 기존 정보나 아이디어 중에서 가장 바람직한 대안을 도출하는 것이다. 창의력은 기존 경험이나 아이디어에 국한하지 않고 다른 각도에서 주어진 사물과 현상에 대해 해결책을 내놓는 힘이다. 창의력은 한마디로 상자 밖에서 생각해내는 능력이다.

영재교육학자 폴 토랜스E. Paul Torrance의 창의력 테스트 등을 참조하면 창의력은 유창성fluency, 독창성originality, 정교성elaboration, 융통성flexibility으로 구성된다. 구체적으로 이야기하면 다음 질문들에 해당한다.

"어떤 과제에 대해 얼마나 새로운 아이디어를 내놓을 수 있는가?" "그 아이디어는 독특한가?" "중심 아이디어를 세부 사항까지 정교화할 수 있는가?" "과제를 다각도로 보며 융통성 있는 해결책을 찾아낼 수 있는가?"

군주의 주요 과제는 어떻게 필요한 인재를 채용하고 그 인재가 이탈하지 않도록 붙잡느냐인 것이다. 인재 채용과 인재 유지의 성공 타율에 조직의 미래가 달려 있다.

위나라 문후는 《오자병법》을 쓴 오기를 중용해 강국을 만들었다. 그런데 그의 아들 무후가 오기를 의심하는 바람에 문후와 오기의 사이가 벌어졌다. 그 틈에 초나라 도왕이 오기를 등용했고, 이에 초나라는 강국이 되었다. 도왕이 죽자 그동안 오기를 질투하던 초의 귀족들이 오기를 사살했다. 그때부터 초나라는 다시 국력이 하락했다.

이런 사례는 과거에도 많았고, 현재에도 무수히 많고, 미래에도 많을 것이다. 나라뿐만 아니라 기업 등 모든 조직에 무수히 많이 나타날 것이다.

군주 리스크 3가지

군주가 군대에 해를 끼치는 세 가지 상황이 있다.

첫째, 공격이 불가능할 때 돌격 명령을, 후퇴가 어려울 때 후퇴 명령을

내리는 것은 속박이다. 둘째, 삼군의 내부를 모르면서 행정에 간섭하는

것은 미혹이다. 셋째, 전장에 필수적인 권모를 모르면서

작전에 간섭하면 병사들이 의심한다.

부지군지불가이진 이위지진 부지군지불가이퇴 이위지퇴 시위미군

不知軍之不可以進 而謂之進 不知軍之不可以退 而謂之退 是謂縻軍

부지삼군지사 이동삼군지정자 즉군사혹의

不知三軍之事 而同三軍之政者 則軍士惑矣

부지삼군지권 이동삼군지임 즉군사의의

不知三軍之權 而同三軍之任 則軍士疑矣

앞장에서 군주와 장수의 팀워크를 강조했다면, 이 장에서는 군주가

패하는 원인 세 가지를 언급한다.

전선의 상황은 전장의 장군이 가장 잘 안다. 군주가 이를 무시하고 원격에서 군대의 진퇴를 명령한다면 군대를 옴짝달싹 못하게 하는 것이다. 이를 손자는 미군縻軍이라 했다. 군주가 군대를 고삐로 얽어맸다는 뜻이다.

그다음 군주가 군 내부의 실정을 알지 못하면서 인사, 행정, 상벌 등에 관여하는 경우다. 이런 경우를 손자는 사혹士惑이라 했다. 지휘 계통이 무너져 병사들이 헷갈린다는 뜻이다.

마지막으로 전쟁 상황에서 군대에는 권도, 즉 임기응변이 필요한데, 군주가 원칙만 강요하면 군대는 전략 전술이 약화되고 병사들은 두려움에 빠진다. 손자는 이를 사의士疑라 했다. 이 세 경우에 군대는 약화되어 이웃 나라들의 침략을 받으면 그냥 무너진다.

한마디로 군주가 제일 높은 곳에 앉아 명령만 남발해서는 안 된다는 것이다. 그런 군주야말로 나라의 골칫덩어리이다. 기업의 CEO가 촉발하는 전형적인 리스크 사례도 모두 미군縻軍, 사혹士惑, 사의士疑에 해당한다.

군주에 의해 군대가 미혹되면 주변국들의 공격을 받아 무너진다(즉제후지난지의則諸侯之難至矣 시위난군인승是謂亂軍引勝).

회사에서도 직원의 실수는 만회해볼 수 있지만 경영진의 잘못된 결정은 만회하기 어려울 수 있다. 그런데도 경영진의 리스크가 발생

심리학으로 읽는 손자병법

하는 까닭은 현장을 모르면서 단지 고위층이라는 이유만으로 사사건건 간섭하기 때문이다. 현지 사정은 실무자가 제일 잘 안다. CEO는 정치꾼들이 유능한 실무자를 공격하기 위해 간섭하는 것을 막아줘야 한다. CEO가 정치꾼들의 계략에 휘둘리면 현장의 실무 작업은 엉망이 된다.

조선시대 선조도 그랬다. 임진왜란 초 선조가 도성을 버리고 북쪽으로 도망친 가운데 이순신은 옥포, 율포, 한산대첩 등에서 연전연승하며 백성의 영웅이 되었다. 선조는 그런 이순신을 질투해 일일이 간섭하기 시작했다. 그러던 중 1597년, 선조는 이중 첩자 요시라로부터 기요마사가 대군단을 끌고 부산포로 건너온다는 첩보를 받았다. 이를 철석같이 믿은 선조는 이순신에게 부산 앞바다로 출전하라고 압박을 가했다.

이순신은 '한산도에서 부산까지 가는 뱃길에 왜군이 복병을 숨겨두고는 거짓 첩보로 유인하는 것'이라며 출전하지 않았다. 당시 왜군은 이순신 때문에 남해와 서해의 뱃길이 막혀 물자 보급을 받지 못해 후퇴해야 하는 상황이었다. 만일 이순신이 서남해를 비우고 부산포로 간다면 다시 왜군에게 승기를 내주는 꼴이었다.

그때 원균이 이순신을 탄핵하는 상소를 올렸다. 이에 선조는 이순신을 파직하고는 한양으로 압송했다. 차마 그를 죽일 순 없어서 모진 고문을 가한 뒤 백의종군하게 했다. 이순신을 대신해 삼도수군통제사가 된 원균은 '칠천량 해전'에서 일본의 주력 수군에 대패해 조선 최악의 해전을 기록한다. 상황이 그렇게 되자 선조는 하는 수 없이 이순신을 삼도수군통제사에 재임명했다.

조선 수군은 이미 궤멸당한 상태였다. 선조는 이순신에게 "수전이 어려우면 육지로 가서 도원수 권율을 도우라"라고 했다. 이처럼 변덕스러운 선조에게 이순신은 그 유명한 장계를 올렸다. 내용은 다음과 같았다.

'금신전선상유십이(今臣戰船尙有十二)'
"아직도 신에게는 열두 척의 배가 남아 있습니다."

명량해전도

장계를 읽은 선조는 이순신이 자기를 거역한다며 화를 냈다. 이순신은 1597년 10월 26일 명량해전에서 배 13척으로 일본 전함 133척을 격퇴하며 세계 해전사에 유례없는 승전을 기록했다.

이후 조선이 제해권을 장악하며 보급로가 끊긴 왜군은 한양 진격을 멈추고 남해안 일대에서 농성을 이어나갔다. 그리

심리학으로 읽는 손자병법

고 1년 2개월 후 이순신은 노량해전에서 철수하던 왜군에게 최후의 일격을 가하고 순국했다. 선조는 뒤늦게나마 사제문賜祭文에 다음과 같이 후회의 심경을 밝혔다.

"내가 그댈 버렸어도 그댄 날 버리지 않았으니(여실부경予實負卿 경불부여卿不負予)

이승에 이어 저승까지 맺힌 한을 어찌해야 하는가(통결유명痛結幽明 운하기우云何其吁)."

승리의 조건과 피터팬 신드롬

승리를 예측하는 데는 다음 다섯 가지가 있다. 첫째, 싸워야 할 때와
싸우지 말아야 할 때를 아는 자가 이긴다. 둘째, 병력의 많고 적음에 맞춰
지휘할 줄 아는 자가 이긴다. 셋째, 위아래가 하나 되면 승리한다.
넷째, 미리 준비한 자가 준비하지 못한 자를 이긴다.
다섯째, 장수가 유능하고 군주가 간섭하지 않으면 이긴다.
지가이전여불가이전자승 식중과지용자승
知可以戰與不可以戰者勝 識衆寡之用者勝
상하동욕자승 이우대불우자승 승장능이군불어자승
上下同欲者勝 以虞待不虞者勝 勝將能而君不御者勝

어느 편이 이길까? 타이밍, 관리 역량, 팀워크, 사전 준비, 역량 있는
장수 등 다섯 가지를 구비한 측이 이긴다. 그중 손자는 시기의 중요
성을 가장 먼저 언급했다.

심리학으로 읽는 손자병법

만사는 타이밍이다. 칭찬, 거절, 용서, 화해, 사랑 등도 그렇듯 전쟁에서도 적절한 시간을 놓치면 아무것도 이룰 수 없다. 타이밍이 맞지 않으면 오히려 역효과가 난다. 질투, 분노 따위 기분에 좌우되지 말고, 지금 해야 할 일을 어떻게 하느냐가 중요하다는 말이다.

지상전뿐만 아니라 공중전에서도 그렇다. 라이트형제가 최초로 비행한 지 10년쯤 후에 일어난 제1차 세계대전 때부터 공중전이 시작되었다. 당시 비행기는 주로 정찰기였다. 제2차 세계대전 때 전투기들의 공중전이 본격적으로 전개되었다. 그야말로 지구의 창공에서 전투기 수만 대가 생사를 겨루었다. 그때부터 하늘을 지배하는 자가 세상을 지배한다는 말이 나왔고 미국, 영국, 독일, 일본 등 나라별 격추왕들이 탄생하기도 했다.

제2차 세계대전 당시 일본의 에이스는 연합군 비행기 64대를 격추한 사카이 사부로였다. 비행기는 자동차처럼 후진이 안 되기 때문에 무엇보다 선제공격이 제일 중요하다고 본 그는 대낮에도 하늘의 별을 찾는 훈련을 할 정도로 시력 강화 훈련에 공을 들였다. 사카이 사부로의 격추 비결은 바로 타이밍이었다. 적보다 먼저 적을 발견하는 타이밍을 놓치지 않았기에 적기를 완벽하게 격추시킬 수 있었다.

그다음 관리 역량은 리더십의 유연성에 관한 것이다. 상황이 변했는데도 특정 리더십만 고집하면 안 된다는 말이다. 팀원 수가 적을수록 리더의 업무 스킬은 중요한 비중을 차지하는 반면, 큰 조직으로 갈수록 리더는 업무 스킬보다 인재 활용, 부서별 조율, 비전 제시의 역량이 더욱 필요해진다.

사령관과 소대장의 리더십이 같을 수 없다. 조직의 규모와 여건이 달라졌는데도 특정 리더십만 고집하는 경우를 '피터팬 신드롬 Peter Pan Syndrome'으로 규정할 수 있다.

조직이 커졌는데도 여전히 작았을 때처럼 행동하는 리더가 있다. 이는 새로운 단계가 주는 불안을 직면하지 않으려는 일종의 방어기제일 수 있다. 리더는 변화에 책임 있게 응답해야 한다. 그래야 리더의 업무 추진력과 관리 역량도 신장된다. 고착화된 리더십은 조직의 경직을 불러오고 전체에 신경증적 무드가 형성된다.

셋째, 팀워크를 유지하면 승리할 수 있다. 팀이란 무엇일까? 공동의 목표를 위해 모인 것이다. 팀원 각자의 역할분담을 통한 상호작용이 원활해야 팀의 목표를 이룰 수 있다. 이때의 상호작용이 곧 팀워크이다.

팀워크가 좋으면 시너지 효과synergy effect가 나타나고 팀워크가 나쁘면 링겔만 효과Ringelmann effect가 발생한다. 팀워크 심리학에서 시너지 효과는 다다익선과 같은 뜻으로 집단이 클수록 상승효과가 나타난다. 링겔만 효과는 그 반대로 집단이 클수록 개인의 성과가 저하되는 경우이다. 어떻게 그런 현상이 나타날까?

심리학으로 읽는 손자병법

팀 내에서 개인의 존재 가치가 보잘것없다고 여겨지거나 개인의 아웃풋에 대한 정당한 평가가 결여될 때, 팀원들은 조직의 목표를 방관한다. 이는 곧 사회적 태만이다. 하나의 팀이 꾸준히 최상의 팀워크를 유지하기는 어렵지만, 무너지기는 쉽다.

좋은 팀워크를 이루려면 팀의 목표는 물론이고 개인의 목표도 명확해야 하며, 팀 내 개인의 역할과 아웃풋에 대한 평가와 보상도 적절해야 한다. 이와 더불어 팀의 응집력을 위해 팀별 역할 분담과 평가, 보상관리도 필요하다. 그래야 팀원 각자의 성과가 상호작용해 공동의 목표를 달성한다.

넷째, 사전에 대비가 잘돼 있으면 승리한다. 준비의 중요성은 《손자병법》 곳곳에서 일관되게 언급되고 있다. 준비한다는 것은 주의 집중Attention을 기울인다는 것이다. 주의는 관심 대상을 선정하는 것이고, 집중은 그 대상에 대한 정보를 이성적으로 인지하는 것이다.

생물체의 뇌는 주의 집중하는 일과 관련된 자극에 선택적으로 주의 집중Selective Attention을 하고 다른 자극을 무시하는 경향이 있다. 따라서 무언가를 성취하기 위해서는 목표가 명확해야 한다. 주의 집중이란 준비성의 다른 이름이다. 평소 준비가 잘된 사람은 루틴routine이 형성되어 있어 돌발상황 등 외부 변수가 개입해도 흔들리지 않고 대처한다.

모든 경쟁에서 주의 집중보다 더 중요한 것은 없다. 우수한 전력을 가지고도 방심하면 패배한다. 주의가 산만하면 불안이 싹트고 불안하면 불필요한 생각이 떠오르면서 문제 해결의 길과는 더욱 멀어진다.

각 개인이 하나의 과제에 함께 초점을 맞추는 것을 공동체적 집중Joint attention & shared attention이라 한다. 사기가 높은 집단일수록 공동체적 집중이 이루어진다고 볼 수 있다. 여기서 리더의 역할이 가장 중요하다. 리더는 주의를 끌어야 할 과제와 관련해 언어 및 비언어적 행위, 시선 처리를 지속적으로 해야 한다. 그렇지 않으면 집단의 결집력은 현저히 떨어진다. 기업도 군대도 이는 마찬가지다.

끝으로, 장수의 역량과 군주의 위임에 관해서는 손자가 직접 제시한 사례로 살펴보자.

춘추시대 오나라의 합려는 《손자병법》을 읽고는 저자인 손무를 불러서 궁녀 180명을 내주며 시범을 보여달라고 했다. 손무는 궁녀를 두 편으로 나눠 왕이 총애하는 두 후궁을 각 편의 대장으로 임명하고는 훈련을 시작했다. 우향우, 좌향좌 등 행군 훈련을 하는데 궁녀들은 키득거리기만 했다. 손무는 북을 치며 행진 명령을 내렸다. 그렇게 삼령오신三令五申, 즉 세 번 명령하고 다섯 번까지 설명해도 소용이 없었다.

"군령이 명확하지 않으면 장수의 죄이고, 군령이 엄정한데도 따르지 않으면 대장의 죄이다."

손무는 그렇게 말하고는 곧바로 양측 대장의 목을 베려 했다. 깜짝 놀란 오왕이 그를 만류하며 말했다.

"내가 가장 아끼는 후궁이니 목숨만은 살려주구려."

그러나 손무는 "장수가 작전 중일 때는 왕명을 받지 않아도 됩니다"라며 그들을 참수했다.

그랬더니 다른 후궁들이 일사불란하게 훈련에 따르기 시작했다. 애첩을 둘이나 잃었으니 오왕의 섭섭함이 오죽했으랴! 그런데도 오왕은 손무를 군사軍師로 세웠다. 그래서 오왕은 중원을 제패할 수 있었다. 현장 지휘자의 재량권이 그만큼 중요하다. 물론, 지휘자가 유능해야 한다는 전제조건이 충족되었다면 말이다.

아무리 싸워도 위태롭지 않은 비결

"나를 알고 적을 알면 백 번을 싸워도 위험하지 않다."

지피지기 백전불태

知彼知己 百戰不殆

나와 네가 모여 무리가 되면 그룹 다이내믹스가 발생한다. 이를 집단역학group dynamics이라고 한다. 전쟁에서는 집단역학이 충돌한다.

집단의 힘을 알려면 우선 그 집단을 구성하고 있는 사람을 알아야 한다. 그래서 손자는 싸우기 전 먼저 나를 알고 너를 알라고 한 것이다. 피아에 대해 파악할 때 유효한 분석 도구로 조하리의 창Johari's Windows을 소개한다.

조하리의 창은 두 심리학자 조셉 루프트Joseph Luft와 해리 잉햄Harry Ingham이 개발한 대인 관계 이해도 모델이다. '조하리'는 두 학

자신이 아는 부분　　　자신이 모르는 부분

다른 사람이
아는 부분

1 열린 창

2 보이지 않는 창

다른 사람이
모르는 부분

3 숨겨진 창

4 미지의 창

조하리의 마음의 창문

자의 이름을 합친 것이다.

조하리의 창에서 가로 방향은 내가 알거나 모르는 부분이며 세로 방향은 남이 알거나 모르는 부분이다. 1번 열린 창Open Area은 나도 알고 남도 아는 내 모습으로 이름, 성별 등이 포함된다. 사람들과 자주 만나면서 이 부분은 확대된다. 인간관계가 서로 긍정적일 때 열린 창이 확대되지만 부정적일 때는 축소된다.

2번 보이지 않는 창Blind Area은 남은 나를 아는데 정작 나는 나를 모르는 부분에 해당한다. 여기서 '내가 아는 나'와 '남이 아는 나'가 구분된다.

3번 숨겨진 창Hidden Area은 나만 알고 남은 모르는 부분으로 자신의 희망, 욕구, 아이디어, 꿈 등이 있다. 4번 미지의 창Unknown Area은 나도 모르고 너도 모르는 심층적 무의식의 영역이다.

조하리의 창은 대인 관계로 자신을 객관적으로 알려는 도구이지만 이를 집단으로 대체해볼 수 있다. 나를 아군으로, 너를 적군으로 놓으면 양 집단의 역학관계를 이해할 수 있다.

아군을 알고 적군을 파악하려 할 때 상호 병력의 수, 물자 상황, 인재 배치도 등을 알아야 한다. 물론 조하리의 창에서 보듯, 보이는 게 다가 아니다. 특히 전쟁에서 위장 전술은 기본이기 때문에 상대를 드러난 통계로만 파악해서는 곤란하다. 그들의 성향, 숨겨둔 모략 등을 파악해야 한다. 그러면 아무리 싸워도 지지 않는다.

전국시대 유세가 소진은 췌마지술揣摩之術에 능했다. 췌揣는 본심을 헤아린다는 뜻이고, 마摩는 마음을 어루만진다는 뜻이다. 소진은 천하를 유람하기 전 오랫동안 먼저 자신의 심리를 깊이 탐구한 다음 상대의 심리를 주무르는 법을 터득했다.

프랑스의 세계적 유통기업인 까르푸는 비교적 초기에 한국 시장에 진출했다. 그러나 성공하지 못하고 곧 철수했는데 현지화에 실패했기 때문이다. 한마디로 까르푸는 한국인의 속내도, 손자의 지피지기도 몰랐던 것이다. 당시만 해도 한국인은 까르푸의 투박한 창고형 매장에 어색해했다. 게다가 까르푸가 판매하던 식재료도 한국인이 선호하는 채소류보다 유럽식 가공식품 위주였다. 맞춤식 마케팅에 실패한 것이다.

일본의 진주만 기습 공격이 성공할 수 있었던 것도 철저한 사전 준비가 있었던 덕분이다. 당시 중국을 침략하던 일본은 인도차

심리학으로 읽는 손자병법

이나까지 아우르는 대동아 공영권을 추구하고 있었다. 하지만 미국이 일본의 야망을 가로막고 있었다. 미국은 장제스의 국민당 정부를 지원하는 한편, 일본에 대해서는 석유, 철강 등 전쟁 물자 수출을 금지했다.

일본은 미국과의 전쟁이 불가피하다고 보고 진주만 습격을 결정했다. 그러고는 하와이 진주만에 첩보원을 보내 미 함대의 배치도와 항구 출입 시간, 함대의 비행기와 화력 등을 조사하고 항구의 풍향과 조수간만의 차이까지 조사했다. 미국 정보기관도 일본의 동정을 수상하게 여겼지만, 물증이 부족하다며 별다른 대책을 세우

일본의 진주만 공격

지 않았다.

일본은 1941년 12월 7일 일요일, 미 해군이 대부분 휴가를 떠나는 것까지 미리 알고 항공모함 등 전함 31척, 항공모함에 탑재한 비행기 360대를 동원해 고요한 휴일 아침의 진주만을 파상 폭격했다.

미국이 자랑하던 태평양 함대의 항공모함들은 대부분 두 동강 났다. 일본군 통신사는 그 장면을 보며 사령부에 "도라, 도라, 도라"라는 암호를 타전했다. 기습이 성공했음을 알리는 암호였다.

손자는 곳곳에서 지피지기의 중요성을 거듭 강조했다.

"적을 모르고 나만 알면 한 번 승리하고 한 번 패한다(부지피이지기不知彼而知己 일승일부—勝—負)."

"적도 모르고 나도 모르면 싸울 때마다 위험하다(부지피부지기不知彼不知己 매전필태每戰必殆)."

심리학으로 읽는 손자병법

제4편

군형 軍形

· · · · · · · · ·

승리의 형세를
갖추어라

제4편 군형에서는 군대의 형태를 이야기한다. 전쟁을 시작하기 전에 먼저 형세를 유리하게 갖추면 전투에서 져도 전쟁에서 승리할 수 있다고 한다. 하지만 승리를 예측해도 장담하지 말고 공격뿐 아니라 수비도 주도적으로 하라고 요청한다. 명예욕을 버리고 승패의 다섯 가지 요소를 따져보라고 한다.

형세의 심리학, '이겨놓고 싸운다'

"적이 이길 수 없는 형세를 만들고,

기다렸다가 싸워 이긴다."

선위불가승 이대적지가승

先爲不可勝 以待敵之可勝

전략은 언제, 어디서, 무엇으로, 어떻게 싸울 것인가에 관한 것이다. 적군의 약점이 최대한 노출되는 시간, 장소, 무기, 방법을 찾아 사전에 적군이 승리할 조건을 미리 제거하는 한편, 아군이 승리할 조건이나 기회를 만들어야 한다.

따라서 "적이 이기지 못하는 것은 내게 달려 있고(불가승재기不可勝在己), 내가 이기는 것은 적에게 달려 있다(가승재적可勝在敵)."

전국시대는 칠웅七雄이 승리의 형세를 만들기 위해 치열한 암투를 벌이던 때였다. 칠웅은 수많은 제후국 중 강대국이었던 일곱 국가, 즉 진, 한, 초, 연, 조, 제, 위나라를 가리킨다.

진나라는 서쪽을 차지했지만 동쪽을 분할 점령하던 6국에 비해 후진국이었다. 이들 칠웅이 피아가 없이 하루가 멀다 하고 피비린내 나는 싸움을 벌이고 있을 때 귀곡자의 제자 소진과 장의가 세 치 혀로 천하를 휘저으며 돌아다니기 시작했다. 먼저 소진이 동부 여섯 나라를 찾았다.

"진나라가 최강국으로 부상하고 있습니다. 동쪽 여섯 나라가 힘을 합해야 중원을 지켜낼 수 있습니다."

이른바 합종책合從策이었다. 세로로 늘어선 나라들이 동맹을 맺자는 것이었다. 이후 소진이 여섯 나라의 재상이 되어 합종의 형세로 진나라를 견제하기 시작한다. 그런 상황에서 장의는 진나라 혜왕을 찾아가 연횡책連橫策을 내놓았다.

"진나라는 여타 6국과 개별 동맹을 맺어 합종책을 깨트린 후 각개 격파해야 합니다."

장의는 진 혜왕의 동의를 얻은 후 6국을 일일이 찾아가 약한 나라끼리 남북으로 연대하는 것보다 강국인 진나라와 동서로 화친하는 것이 더 유리하다는 논리를 폈다. 이것이 가로축으로 연대하는 연횡책이었다. 이렇게 하여 6국 동맹이 하나씩 깨지며 진나라가 전국을 통일하는 시대로 나간 것이다.

형세를 유리하게 만들어놓고 싸우면 혹 전투에서 져도 전쟁에서는 이길 수 있다. 그러나 형세가 불리하면 전투에서 이기고도 전쟁에서 질 수 있다. 제2차 세계대전 때 일본이 그랬다. 일본은 진주만 전투에서는 이기고 전쟁에서는 지는 우를 범했다. 일본의 기습으로 진주만은 불바다가 되었다. 미군의 수많은 전함은 물론 항공기 400여 대가 박살 나고 사상자가 3,500여 명 발생했다. 일단 일본의 대승리였다. 미국 본토는 충격에 빠졌고, 루스벨트 대통령은 1941년 12월 11일 일본과 동맹국인 독일, 이탈리아에도 선전포고를 했다. 미군이 참전하면서 제2차 세계대전의 양상은 바뀌었다.

일단 초반전에는 일본이 유리했다. 일본은 말레이반도와 필리핀, 싱가포르, 자바섬 등을 지배하며 제해권을 장악했으니 거칠 것이 없었다. 한편, 진주만 패전 수습에 바빴던 미국은 루스벨트 대통령이 나서서 일본 본토를 직접 타격할 구상을 했다. 작전명 "둘리틀 공습Doolittle Raid."

작전 책임자가 제임스 해럴드 둘리틀James Harold Doolittle 중령이었다. 미국의 자부심이었던 태평양 함대는 일본의 진주만 폭격 당시 항해 중이던 항공모함 3척 외에 모두 폭파당했으므로 일본 주력 함대를 공격하기가 어려웠다. 그래서 항공모함 두 대를 극비리에 일본 해안 1,100km까지 근접하게 한 후 1942년 4월 18일 B-52 폭격기 16대가 대원을 80명 싣고 각기 도쿄, 나가사키, 나고야, 히로시마를 향해 발진했다.

진주만 폭격을 당한 지 4개월 만이었다. 그나마 다행히 둘리틀

둘리틀 공습

폭격대가 일본 도시를 강타하는 동안 일본 전투기의 대응은 없었다. 그만큼 극비로 진행되었다.

폭격대는 무사히 임무를 마쳤다. 원래 계획처럼 15기는 중국 본토나 영해에 불시착했고, 1기는 블라디보스토크에 착륙했다. 대원 중 11명이 일본군의 포로가 되거나 처형되었고 나머지는 귀환했다.

이 공습으로 일본이 큰 피해를 당한 것은 아니었지만, 일본인이 받은 심리적 타격은 상상을 초월했다. 여몽 연합군이 두 차례(1274년과 1281년) 일본을 정벌하려 했으나 실패한 이후 그때까지 한 번도 본토가 외부의 공격을 받은 적이 없었기 때문이다.

기세등등하던 일본 군부도 비로소 미국의 역량을 과소평가했음을 자각했다. 당시 일본의 공산품 생산력은 미국의 10분의 1에 불과했다. 하버드대학에서 수학했던 일본 연합함대 사령관 야마모토 제독은 다음과 같이 이야기하며 미국과의 개전을 반대했다.

"만일 미국과 싸운다면 1~2년 정도만 우세할 뿐 그 후는 확신하기 어렵습니다."

그러나 군부 총사령부인 대본영의 실권을 쥔 육군은 그의 의견을 무시했다. 대본영 집단의 심리에는 일본은 천황이 다스리는 신神의 나라라는 강한 믿음이 있었다. 이런 신념이 집단 동조 추구 concurrence seeking 현상으로 나타나 현실에 대한 판단력 저하를 초래했다.

국제사회처럼 여러 집단이 있을 때, 그중 한 집단의 신념이 여타 집단으로부터 소외를 당하면, 그 집단은 자신들의 신념을 위해 모든 것을 던지려고 한다. 이런 경우 모험주의가 기승을 부리며 야마모토 같은 의견이 무시당한다.

과연 야마모토의 말처럼 1942년 6월 미드웨이 해전에서 미군은 일본군을 전멸하다시피 했다. 이후 일본은 제2차 세계대전의 패전국이 되는 길로 향한다. 전반적인 형세를 무시하고 눈앞의 승리에 집착한 결과였다.

승리를 예측해도 장담은 하지 말라

— 더닝 크루거 효과

"승리를 예측할 수는 있으나

장담하지는 못한다."

승가지 이불가위

勝可知 而不可爲

전쟁을 앞두고 예측 불허의 상황도 있고, 승패가 예견되는 상황도
있다. 그러나 어떤 경우도 장담해서는 안 된다. 전쟁에는 돌발 변수
가 많기 때문이다. 아무리 전쟁을 잘하는 자도 "적이 이기지 못하게
할 수는 있지만, 아군이 필승하도록 적을 강요할 수는 없다(능위불
가승能爲不可勝 불능사적필가승不能使敵必可勝)." 긍정적인 마인드도 중요하지만
어떤 전쟁도 장담해서는 안 되는 이유이다.

다음의 더닝 크루거 효과Dunning-Kruger effect 도표에는 그 점이
잘 나타나 있다. 더닝 크루거 효과는 코넬대학의 데이비드 더닝David

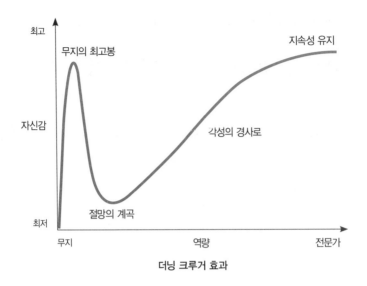

최고

무지의 최고봉

지속성 유지

자신감

각성의 경사로

최저

절망의 계곡

무지

역량

전문가

더닝 크루거 효과

Dunning과 저스틴 크루거Justin Kruger 교수가 학부생을 대상으로 실시한 실험 결과로, 능력과 확신의 상관관계를 나타낸 것이다.

완전한 무지 상태에서 자신감은 제로였으나 조금씩 알아가면서 자신감이 치솟고 있다. "무식하면 용감하다"라는 말에 해당하는 단계다. 그러다가 경력을 쌓으며 치솟았던 자신감이 절망의 계곡까지 내려간다. 이것이 소크라테스가 말한 무지無知의 지知이다. 그때 이런 말이 나올 것이다.

"야, 내가 무식하게 용감했구나. 이 바닥도 보통이 아니네. 알면 알수록 모르는 것투성이이구나."

그렇게 절망될 때 포기하지 않고 노력하면 다시 자신감이 서서

심리학으로 읽는 손자병법

히 올라간다. 사람들은 무지할수록 현장에 필요한 역량이 무엇인지 모르기 때문에 무모한 결정을 내리고서도 깨닫지 못한다. "하룻강아지 범 무서운 줄 모른다." 속담과 같다. 상대가 어떤지도 전혀 모르면서 철없이 덤비는 것이다.

사람은 알면 알수록 자신의 능력을 과소평가하는 대신 타인의 능력을 인정하고 자기 실력을 더 쌓으려 한다. 반대로 무능한 데다 현장 경험까지 없으면 자신의 역량을 과대평가하며 상대 역량은 과소평가하는 경우가 많다. 이런 원리를 과학적으로 밝혀낸 것이 바로 더닝 크루거 효과다.

손자도 백전백승한 전술 전략의 달인이었지만, 아군이 만용에 빠져 상대를 무시하고 실속 없는 정신승리에 만족해하는 것을 극도로 경계했다. 상대가 있는 전쟁에서 허세와 만용만큼 위험한 것은 없기 때문이다. 더구나 상대가 백전노장이라면, 빈틈이 생길 때까지 기다려야 한다. 그래야만 비로소 승리를 거둘 수 있다. 이 때문에 손자는 "승리를 예측할 수는 있지만 미리 승리를 장담할 수는 없다"라고 한 것이다.

공중전 역사상 최고의 격추왕에 독일의 에리히 하르트만Erich Hartmann 소령이 꼽힌다. 그는 제2차 세계대전 동안 무려 전투기 352대를 격추했다. 심지어 하루 동안 소련기만 11대를 격추한 적도 있었다.

에리히 하르트만

하르트만은 산이나 구릉 등을 활용한 매복 공격의 달인이었다. 적기가 나타나면 근접하기를 기다렸다가 뛰쳐나가 짧은 시간에 명중시키고 재빨리 물러났다. 특히 적기 부대와 뒤엉켜 치르는 혼전은 전력 낭비라 보고 그런 상황일 때는 유유히 기수를 돌렸다.

그는 언제나 매복 관측과 공격, 그리고 회피의 원칙을 지켰다. 적기를 발견했다고 무조건 공격하지 않았다. 기습이 가능한 경우에만 사격을 가했다. 경험 없는 조종사일수록 적기만 보면 격추하려고 덤벼들다가 오히려 격추당한다.

심리학으로 읽는 손자병법

공격뿐만 아니라
수비도 주도적으로 하라

"이길 수 없으면 수비하고, 이길 수 있으면 공격하라.
수비는 약할 때 하는 것이고 공격은 여력이 있을 때 하는 것이다."
불가승자 수야 가승자 공야 수즉부족 공즉유여
不可勝者 守也 可勝者 攻也 守則不足 攻則有餘

언제나 공세적 입장만 유리하다는 생각은 버려야 한다. 위세를 좋아하는 장수들일수록 공세적 상황이어야 직성이 풀린다. 그런 성격은 간특한 적에게 이용당하기 딱 좋다. 인간의 두뇌는 모든 정보를 인지하고 처리하기에 한계가 있다. 따라서 전략도 결과를 숙고하기보다 자기 직성대로 채택하는 경우가 많다.

인공지능 창시자인 허버트 사이먼Herbert A. Simon은 이를 인간의 '제한된 합리성bounded rationality'이라 했다. 아무리 유능한 장수도 합리성의 제한을 받는다. 그 덫에 걸리지 않으려 주의했기 때문에 승자가 되는 것이다.

공격이든 방어든 주도적으로 진행하는 것이 중요하다. 공격은 월등할 때 하는 것이지만 공격이 어려우면 수비를 주도적으로 해야 한다. 수비 또한 공격의 다른 방법이기 때문이다. 공격하러 오는 적을 유리한 지섬에서 방어하고, 적의 허점을 노려 역공할 수 있기에 그렇다.

고조선은 한 무제의 침략을 받고 1년 만인 기원전 108년 왕검성을 빼앗기며 무너졌다. 그런 한나라와 싸워 영토를 확장한 나라가 고구려였다. 172년 한나라가 고구려를 멸망시키려는 각오로 쳐들어 왔다. 고구려 조정에서는 "맞공세를 펴 기선을 제압하자"라는 의견이 우세했다. 그때 106세의 재상 명림답부가 '청야전술淸野戰術'을 내놓았다. 청야전술이란 적군의 군수물자 보급로를 끊고 들판을 비워서 적군을 지치게 만들어 승리를 쟁취하는 수비 위주의 전술이다. 아군의 세력이 약할 때는 공격보다는 수비가 필요하다는 이야기였다.

명림답부의 제안이 받아들여졌다. 고구려군은 도성인 국내성의 보루를 높이고 주위에 도랑(해자垓子)을 깊이 판 후, 들판의 우물을 메우고 곡식을 없앴다. 천 리 먼 길을 강행군 끝에 원정 온 한나라 군사들은 식량을 조달할 수 없던 데다 추위를 견디다 못해 두 달 만에 퇴각해야 했다. 좌원 평야에서 이들을 기다리던 명림답부의 기병대는 "말 한 필도 돌아가지 못하게 했다(한군대패漢軍大敗 필마불반(匹馬不反)."

이것이 그 유명한 좌원대첩이었다. 한나라는 좌원대첩으로 군사력이 급격히 약화되었다. 이에 요동에서 공손탁(공손도)이 독립을 선언했고, 급기야 184년에 '황건적의 난'이 일어나며 한나라는 위, 촉, 오 삼국으로 분열된다.

공세든 수세든 이길 수 있는 방식을 택해야 한다. 공수 전환에 능한 사람이 이길 확률이 높다. 생사가 촌각에 달린 전쟁터에서 공수 전환을 자유자재로 구사하기란 쉬운 일이 아니다. 상황이 급박할수록 터널시야tunnel vision에 빠지기 쉽기 때문이다.

평소 폭넓게 세상을 보던 사람도 불안하거나 흥분하면 터널 속에 있는 것처럼 시야가 좁아져 주변을 보지 못하게 된다. 이런 심리 상태가 되면 주의력은 물론이고 정보 처리 능력도 급감한다. 이른바 '눈에 뵈는 게 없다'는 식으로 행동하기가 쉽다.

터널시야에 빠지지 않기 위해서는 균형 감각을 유지하는 것이 중요하다. "수비에 능한 자는 가장 깊은 곳에 숨고(선수자善守者 장어구지지하藏於九地之下), 공격에 능한 자는 가장 높은 곳에서 움직인다(선공자善攻者 동어구천지상動於九天之上)"라고 손자는 말한다. 약할 때는 수비하며 기회를 찾으라는 뜻이다.

전쟁을 하다 보면 공세를 취했다가 수세에 몰리기도 하고, 궁지에 몰렸다가 공격 기회를 잡기도 한다. 그럴 때 공수 전환이 잘 안 되면 낭패다. 수비할 입장일 땐 구지九地에 숨어야 하고 공격할 상황이 되면 구천九天에 올라서야 한다. 여기서 구九는 숫자의 끝으로, 가장 낮거나 가장 높은 극한의 경지를 뜻한다. 수세적일 때 철저히 자신을 은폐한 채 아래서 위를 올려다보듯 적의 내밀한 약점을 파악하고, 반대로 공세적인 때는 적진을 내려다보며 적의 활동 범위를 파악하고 관리하라는 말이다.

명예욕을 버리면
어려운 싸움도 쉽게 이긴다

"잘 싸우는 자는

쉽게 이기는 자이다."

선전자 승어이승자야

善戰者 勝於易勝者也

잘 싸우는 것이란 무엇일까? 사자와 강아지의 싸움처럼 누가 봐도 사자의 승리가 뻔한 경우, 사자가 잘 싸웠다고 하지 않는다. 그런 경우를 손자는 다음과 같이 표현했다.

"가을철에 가늘어진 털을 든다 해서 힘이 세다 하지 않고(거추호불위다력擧秋毫不爲多力), 해와 달을 본다 하여 밝은 눈이라 하지 않으며(견일월불위명목見日月不爲明目), 우레 소리를 듣는다 하여 좋은 귀라 하지 않는다(문뢰정불위총이聞雷霆不爲聰耳)."

누가 봐도 이길 수밖에 없는 싸움에서 이겼을 때, 그 승자에게 최선을 다했다고 말하지 않는다. 어려운 싸움도 당황하지 않고 신선한 발상으로 쉽게 풀어내는 사람이 진정한 승자이며 최선을 다한 사람이다. 어려운 문제도 쉽게 푸는 사람이 있고 쉬운 문제도 어렵게 만드는 사람이 있다. 무슨 말인가? 싸움에 능한 자는 억지가 아니라 쉽게 승부를 낸다는 뜻이다.

"잘 싸우는 자는 어려운 싸움도 쉽게 이기기 때문에 그의 이름이나 공적은 크게 드러나지 않는다(무지명無智名 무용공無勇功)." 잘 싸우는 사람은 명예나 공적을 남겨보려고 일부러 표나게 싸우지 않는다는 뜻이다.

평소 해야 할 일을 명예욕이나 과시욕 없이 묵묵히 수행하는 자가 전쟁에서도 틀림없이 승리한다. 틀림이 없다는 것은 "승리를 위한 사전 준비를 철저히 했다(불특자不忒者 기소조필승其所措必勝)"라는 뜻이다. 여기서 특忒은 착오이다. 전쟁에서 착오가 나지 않도록 미리 준비한 자가 필승한다. 승리는 명예욕이나 업적 쌓기에서 나오는 것이 아니다. 평소에 조직 운영을 잘하는 사람이 큰 싸움에서도 착오가 없다.

무엇을 준비해야 하는가? "평소 도와 법으로 조직을 운영해 승패를 다스릴 능력을 보유하고 있어야 한다(수도이보법修道而保法 고능위승패지정故能爲勝敗之政)."

《손자병법》의 1편 '시계'는 오사칠계에 대해 말하고 있음을 앞서 보았다. '수도이보법'에서 '수도修道'는 그중 오사, 즉 도천지장법道天地將法 가운데 도道에 관한 것이다. 도는 조직의 기강과 도덕을 말한다. '수도이보법'에서 보법保法은 법에 관한 것으로 편제, 행정, 보급, 관리 등을 가리킨다. 이 준비가 평소 잘되어야 큰 싸움에서 승패의 주도권을 가질 수 있다.

사전 준비 없이 큰소리만 치는 것을 만용이라 한다. 만용을 부리는 사람들의 심리에는 허세나 허영심이 있다. 허세는 권력 욕구와 관련되어 있는데, 실제보다 더 센 것처럼 행동하는 모습으로 나타난다. 허영은 인정 욕구와 연결된 것으로 자신이 최고인 것처럼 보이고 싶어 하는 것이다. 허세가 실제보다 과장된 자아 연출이라면, 허영은 자아도취이다.

전쟁에서 나타나는 만용은 허세가 원인이다. 만용이 해로운 이유는 실제보다 부풀려 과시하는 데 집중하느라 실제로 부족한 부분을 보완할 의지와 기회를 놓쳐버려서이다. '빈 수레가 더 요란한' 법이다.

한국전쟁 직전 신성모 국방부 장관은 "점심은 평양에서 먹고, 저녁은 신의주에서 먹을 수 있다"라며 북진통일을 장담했다. 주도면밀하게 전쟁 준비를 하던 북한과 달리, 남한의 군대는 절반 가까이가 휴가 중이었고, 군 수뇌부는 전쟁이 일어난 새벽에도 댄스파티에 취해 있었다.

1950년 6월 25일 새벽 4시, 남한은 북한의 기습공격을 당했다.

이승만 대통령은 창덕궁 연못에서 낚시하던 중 남침 보고를 받고는 비상 국무회의를 소집했다. 신성모 장관은 '크게 걱정할 것 없다'라고 했고 육군 참모총장 채병덕도 "북한이 이주하와 김삼룡을 탈취하려는 책략이지 전면 공격은 아닌 것 같다"라고 보고했다. 우리 군이 반격하면 전황은 곧 우리에게 유리해진다며 둘 다 큰소리쳤다.

그러나 이들의 호언장담과 달리 상황은 악화되었다. 6월 27일 새벽 3시 이승만은 서울을 빠져나갔고 예고도 없이 한강교를 폭파해 수많은 피란민이 수장되었다. 어떻게 전쟁 3일 만에 그리 쉽게 서울을 빼앗긴 것일까?

영어엔 능통했지만 용병술에 무지했던 신성모 국방부 장관, 공부에는 수재 중 수재였으나 전투 경험도 없고 전략적 판단력이 미흡했던 채병덕 육군 참모총장, 그리고 이들을 군 최고 장수로 등용한 이승만 대통령의 책임이 컸다. 이승만을 가리켜 '외교는 귀신, 내치는 등신'이라는 말이 나돌 정도였다.

이들은 '북진통일'을 주장하면서 3일이면 평양을 점령할 수 있다고 수시로 큰소리를 쳤다. 전쟁 초기 북한이 남한을 종횡무진할 수 있었던 것은 그들의 전쟁 수행 능력이 탁월했다기보다는 남한의 전쟁 대비가 지나치게 허술했기 때문이다.

심리학으로 읽는 손자병법

승패의 5요소

"전쟁의 승패는 다섯 가지에서 갈린다. 첫째 지형, 둘째 자원,

셋째 병력, 넷째 전투력, 다섯째 승패 전적이다."

일왈도 이왈량 삼왈수 사왈칭 오왈승

一曰度 二曰量 三曰數 四曰稱 五曰勝

전쟁에서 승패는 다섯 가지 요인으로 결정된다. 첫째는 국토의 크기와 지세地勢요, 둘째는 경제력이며, 셋째는 인구수이고, 넷째는 전투력의 우열優劣, 다섯째는 그동안의 전적戰績이다. 이 다섯 가지는 모두 연결되어 있다. "국토에서 경제력이, 경제력에서 인구가, 인구에서 전투력이, 전투력에서 승패율이 나온다(지생도地生度 도생량度生量 양생수量生數 수생칭數生稱 칭생승稱生勝)."

'일왈도'에서 도度는 위치를 가리킨다. 양국 간 전쟁에서 국토의 크기는 물론, 지세가 중요하다는 의미다. 승패의 5요소를 저울로 재

듯 비교해보아야 한다.

"이기는 자는 '일鎰(800g)'로 '수銖(1.5g)'를 재는 것과 같고, 지는 자는 수로 일을 재는 것과 같다(승병약이일칭수勝兵若以鎰稱銖 패병약이수칭일敗兵若以銖稱鎰)." 여기서 칭稱은 저울을 가리키고, 일鎰과 수銖는 각각 무게 단위인데 일이 수보다 500배 무겁다. 그래서 일을 무거운 저울추, 수를 가벼운 저울추라고도 한다.

이기는 자는 대大로 소小를 취하고 지는 자는 소로 대를 취하려 한다. 만약에 체급이 낮다면, 인수 합병이나 전략적 제휴 등으로 우선 역량을 확보해야 한다. 이런 준비가 되어 있으면 큰 싸움에서도 쉽게 이길 수 있다. 이것이 행동주의 학습이론에서 중시하는 준비성의 법칙이다. 내용은 다음과 같다.

만약 공부할 준비가 되었다면, 새로운 지식의 자극을 쉽게 수용하지만, 그렇지 않다면 지식의 자극 중 이미 알고 있는 지식만 변별해서 받아들이게 된다.

중국 역사상 최장 기간 존속했던 나라는 주周(기원전 1046~기원전 256)나라로 790년간 왕조를 이어갔다. 주 무왕이 은나라 주왕을 무너뜨리고 상나라를 이어 기원전 1046년에 주를 세웠다. 주 무왕은 드넓은 영토를 통치하기 위해 공신과 왕족을 각지의 제후로 임명했다. 제후들 중 유력한 제후들이 체급을 키워 중원의 패자가 되려고 무한 경쟁을 벌인 때가 춘추시대였다.

제후들의 힘이 커지자 주 왕실은 더는 제후들을 통제할 힘이 없었다. 한때 주나라는 제후국 수만 200개가 넘었지만, 제후국이 강성해지면서 천자인 왕을 대신해 회맹을 주도하는 제후들이 등장하기 시작했다. 이들을 패자覇者라 했는데 패자들의 득세로 제후국은 유명무실해지기 시작했다.

기원전 344년, 급기야 위나라는 제후를 버리고 왕 칭호를 사용하기 시작했고, 다른 제후국들도 뒤따라 왕을 칭하면서 주왕을 무시해버렸다. 전국시대, 제후들이 각자 동원하는 군사도 수십만 명이 넘었다. 이에 비해 주 왕실의 체급은 너무 초라했다. 기원전 256년, 진나라가 주 왕실을 병합했다. 당시 주 왕실의 직할지는 36개에 인구 3만에 불과했다. 이처럼 주 왕실이 제후국에 흡수당한 것은 자체적으로 체급을 키우지 않고 오직 제후들의 선처만 바랐기 때문이다.

이기는 싸움을 하려면 일단 체급을 키워야 한다. 체급과 파워는 비례하기 때문이다. UFC 같은 격투기에서도 키가 아니라 체중을 기준으로 등급을 정하지 않나! 체급을 키우면서 동시에 근력운동을 해야 한다. 그렇지 않으면 체중만 늘고 근력이 약해져 약한 상대에게도 패한다.

아무리 체급을 올려도 입지 등 제반 여건 때문에 상대를 넘어설 수 없다면 좌절해야 할까? 아니다. 체급과 더불어 중요한 변수인 속도로 승부를 볼 수 있다.

물체의 운동량$_P$은 질량$_m$과 속도$_v$에 비례한다(P=mv). 아무리 노력해도 아군의 체급이 적군을 따라잡지 못한다면? 속도전에 해법이 있다. 손자도 《손자병법》에서 먼저 체급의 중요성을 언급하고, 다음 장에서 속도의 필요성을 강조했다.

심리학으로 읽는 손자병법

승자의 형세는 이것

"승자의 형세란 마치 깊은 계곡에 막아둔 물을
일거에 쏟아내는 것과 같다."
승자지전 약결적수어천인지계자 형야
勝者之戰 若決積水於千仞之溪者 形也

이번 장에서 손자는 수공水攻의 비유로 이야기를 펼치고 있다. 손자
는 제12편 '화공'에서도 수공을 잠시 언급한다. 그는 거기서 수공의
한계를 지적하는데, 화공은 잘하면 적을 섬멸하지만 수공은 적을
고립시키는 데 그친다고 한다. 따라서 '승자지전 약결적수어천인지
계자 형야' 이 문장은 수공이 최선이라는 뜻이 아니며 공세의 형태
를 그저 수공에 비유한 것일 뿐이다. 그렇다면 무슨 뜻으로 수공의
비유를 든 것일까?

아무리 체급이 높아도 행동이 느리면 패배하고, 체급이 낮아도

상대보다 속도가 빠르면 이길 수 있음을 말하고 있다. 아무리 덩치가 커도 허공에 주먹질하면 자기 체력만 소모하는 것이다. 속도가 규모를 이긴다. 정확도와 타이밍을 갖추고 있는 조건이라면 말이다. 때에 맞춰 과녁을 정조준하면 승리는 따 놓은 당상이다.

위치, 속도, 순간적인 응집력에서 터져 나오는 파워가 중요하다. 그 세 가지가 갖추어졌을 때 영토나 군사력 자원에서 뒤져도 전광석화처럼 승리를 쟁취할 수 있다. 위치가 어떠냐에 따라 속도와 응집력의 크기가 달라진다. 위치는 형세이다. 이길 수 있는 형세를 만들어나가면 아군의 응집력과 공격 속도의 강도가 더 강해진다.

주원장도 원나라 말기에 유리한 형세를 만들어 명나라를 세웠다. 그는 원래 부랑자였으나 홍건적의 난에 가담한 이후 37세 때인 1364년에 처음으로 자립한다. 그즈음 서쪽에서는 진우량이, 동남쪽에서는 장사성이 맹위를 떨치고 있었다. 주원장과 측근들은 둘 중 누구를 먼저 칠 것인지를 의논했다. 진우량은 군사력이 강했고 장사성은 소금 밀매업자 출신으로 고려 등과 무역을 해서 재정이 풍부했다. 군사력이 약한 장사성을 먼저 병합한 후 이를 기반으로 진우량과 결판내자는 의견이 다수였다. 그러나 주원장의 생각은 달랐다. 그는 다음과 같이 이야기했다.

"장사성이라는 인물은 그릇이 작아 멀리 보는 안목이 없다. 진우량은 오만한 인물로 무슨 일이든 참견하기를 좋아한다. 내가 만일 장사성을 공격하면 진우량이 반드시 전군을 몰아 장사성을 구하러 올 것이다. 그러나 장사성은 내가 진우량을 공격해도 그를 구하러 오지 않는다."

기가 막힌 안목이었다. 과연 주원장이 진우량을 공격했지만, 장사성은 지켜만 볼 뿐이었다. 사실 장사성과 진우량은 주원장의 공격에 맞서기로 서로 약속까지 한 상태였다. 하지만 장사꾼 출신 장사성은 진우량이 파양호 전투에서 완전히 파멸할 때까지도 참전하지 않았다. 이후 장사성이 주원장에게 접수되는 것은 당연한 수순이었다.

주원장은 하나를 쳐서 그 나머지를 취하는 형세를 만든 것이다. 그는 반간계에 능했을 뿐만 아니라, 탁월한 정세 파악력을 바탕으로 전투 개시와 진행 방식을 주도하는 능력이 뛰어났다. 반간계는 뒤에서 자세히 이야기하겠지만, 두 당사자 사이에서 서로를 멀어지게 하는 이간책과 비슷하다.

전략의 천재들이 내놓았던 책략의 요체가 바로 타이밍에 맞는 정확한 속도전이었다. 거기서 나오는 파괴력은 천 길 되는 계곡에 쌓인 물이 골짜기 아래로 일거에 쏟아지는 것 같다고 손자는 비유하고 있다.

축적되었다가 터져 나오는 물은 그 기세가 엄청나면서도 모든 것을 유연하게 휩쓴다. 그런 기세로 칭기즈칸은 유라시아를, 나폴레옹은 유럽을, 광개토대왕은 만주 벌판을 평정했다. 그중 고구려 19 대 광개토대왕을 살펴보자. 광개토대왕은 12세 때인 386년에 태자 가 된 이후 39세에 사망할 때까지 28년간 전쟁터를 누볐지만 한 번 도 패한 적이 없었고, 적군에 비해 늘 소수 정예부대로 폭포수처럼 적진을 교란하는 작전을 펼쳤다. 자로 잰 듯한 전략으로 국력을 크 게 소모하지 않고 승리를 쟁취했는데, 백성들조차 광개토대왕이 전 쟁 중인지 모르는 경우가 많았다고 한다.

광개토대왕은 즉위 직후 거란을 공격해 백성 1만 명을 구출하고 북방을 안정시킨 후 바로 백제를 공격했다. 당시 백제는 삼국시대의 주도권을 쥐고 있었을 뿐만 아니라, 근초고왕이 요서를 경략해 요 서 백제라 불릴 만큼 전성기를 누리고 있었다. 게다가 근초고왕이 평양성을 침략해 광개토대왕의 조부인 고국원왕이 전사하며 고구 려는 존립마저 위태로울 지경이었다. 그러나 광개토대왕은 즉위 후 관미성에서 백제에 도전장을 내밀었다. 관미성은 백제의 북쪽에 위 치한 성으로, 수도 한성을 지키는 최고의 전략적 요충지였다.

391년 10월 광개토대왕은 관미성을 공격해 20일 만에 함락했 다. 광개토대왕은 태자 시절에도 한강 유역의 여러 마을을 점령했 다. 백제인들은 담덕談德(광개토대왕의 이름)이 용맹하다며 혀를 내둘렀 는데, 사방이 절벽인 관미성(현재 강화군 교동도로 봄)을 점령당한 후부 터는 광개토대왕의 기세에 완전히 눌리게 된다.

심리학으로 읽는 손자병법

백제 아신왕은 억눌린 분위기를 만회하려고 393년 가을, 고구려 침공 준비에 들어간다. 각지에서 병사와 말을 징발하는데 백성들은 신라로 도망가는 등 반발했다. 광개토대왕과 싸워서는 승산이 없다고 본 것이다. 이에 아신왕도 고구려 침략을 포기해야 했다.

고구려의 전성기를 연 광개토대왕은 낙동강에서 요하 북쪽의 광활한 초원까지 직접 누비고 다녔다. 그는 사전에 보급로를 충분히 고려한 후에 사자 같은 기세로 상대의 급소를 가격했다. 결국 기세는 유연하게 순간적으로 집중하는 파워인 것이다.

병세兵勢

기세를 타라

제5편 병세에서는 병사의 기세를 이야기한다. 원칙과 변칙을 병용해 융통성 있게 운용하고 강점으로 약점을 치며 대결할 때는 정면으로 하되 승리는 기습으로 이뤄내라고 한다. 공격할 때는 격류처럼, 사나운 매처럼 하며 이미지에 현혹되지 말고 외부 자극과 내면의 반응 사이에 공간을 두어 합리적으로 판단하라고 한다.

파레토의 법칙, 롱테일 법칙

"큰 무리를 소수를 다루듯 하는 것을
분수라 한다."

범치중여치과 분수시야

凡治衆如治寡 分數是也

손자는 여기서 분수分數를 이야기하는데, 즉 조직을 정비하라는 말이다. 두 사람 이상이 모이면 조직이 된다. 수학에서 1+1은 늘 2가 되지만 조직에서는 다르다. 100이 될 수도, 마이너스가 될 수도 있다. 그만큼 조직관리와 운용이 중요하다는 이야기다.

조직의 역량을 극대화하기 위해서는 네 가지가 필요하다. 첫째 분수分數, 조직 편성을 뜻한다. 둘째 형명形名, 명령 계통에 해당한다. 셋째 기정奇正, 전략의 시의성과 다양성이다. 넷째 허실虛實, 조직의 전술을 말한다.

심리학으로 읽는 손자병법

첫째 분수는 수數를 나눈다는 말이다. 조직을 두리뭉술하게 방치하지 않고 개인, 소집단, 중집단, 대집단으로 정비하라는 이야기다. 예를 들어, 전통적인 군대 조직은 군단, 사단, 연대, 대대, 중대, 소대, 분대식으로 나눈다.

분수는 곧 구분區分이다. 예나 지금이나 다수의 무리를 한마디 명령으로 움직이게 하려면 지휘 계통이 확립되어야 한다. 그래야 방대한 조직이 한눈에 들어오고 역할도 단위별로 분담할 수 있다. 기업도 마찬가지로 분수가 필요하다. 그래야 경영 방침이 누락이나 오류 없이 전 사원에게 전달되어 모두가 일사불란하게 움직일 수 있다. 그때 조직의 성과가 극대화된다.

보통 조직 성과의 80%는 구성원 중 20%가 만든다. 이런 현상을 발견한 경제학자 파레토는 이를 '80:20의 법칙'이라 했다. 한때 이 파레토의 법칙Pareto's principle이 경영계에 퍼지자 인재경영이라는 명분으로 그 20%에게 과도한 인센티브와 권한이 주어졌다. 나머지 80%는 조직에 공헌할 동기나 기회를 잃게 되었다.

그러나 이런 현상은 디지털 사회에 이르러 다시 역전되었다. 즉 20%만이 아니라 나머지 80%의 역할도 조직의 성공에 큰 비중을 차지한다는 주장이 힘을 얻었다. 2004년 미국 인터넷잡지 〈와이어드〉의 편집장 크리스 앤더슨Chris Anderson은 이를 바탕으로 '롱테일 법칙Long tail theory'을 발표했다. 나머지 80%가 핵심 인재 20%보다 더 많은 가치를 창출한다는 내용이었다(Anderson, C.(2006). *The long tail: Why the future of business is selling less of more*, Hachette Books).

파레토의 법칙이나 롱테일 법칙 모두 조직 구성원을 80:20으로 구분한다. 파레토는 20이 업무 권한과 역량뿐만 아니라 전체 부의 80을 가져간다고 주장한다. 조직의 배분 구조를 방치하면 그렇게 된다는 것이다. 집중화 시대인 산업사회 때까지는 그런 법칙이 자연스럽게 적용되었다. 그러나 분산화 시대인 지금은 인위적인 재분배로 파레토의 법칙을 교정해주어야 조직이 유지된다.

롱테일 법칙은 주로 디지털 마케팅에서 활용되고 있다. 개개 상품이 히트 상품이 아니더라도, 다품종 소량 생산으로 틈새시장을 공략하면 전체 매출의 합이 히트 상품을 능가한다는 논리가 적용된다. 현재 IT업계, 일부 출판사 등이 이런 전략으로 매출과 브랜드 인지도를 함께 높여가고 있다.

조직을 인위적으로 정비하지 않으면 파레토의 법칙이 적용되고 수익 배분의 왜곡과 함께 80%의 잉여 인력이 생긴다. 롱테일 법칙에 따라 조직을 유동적으로 재정비하고 인센티브 배분 구조를 교정할 때, 아무리 많은 군사도 단 몇 사람이 작전하듯 일사불란하게 움직일 수 있다.

시각적 신호, 청각적 신호

"대규모 병력으로 일사불란하게
싸우게 하는 것이 형명이다."
투종여투과 형명시야
鬪衆如鬪寡 形名是也

'형명시야'에서 형形은 깃발 따위 시각적 신호에 해당하며, 명名은 북
소리나 징소리 따위 청각적 신호에 해당한다. 사람이 인지하는 정
보의 90%는 눈으로 들어온다. 인류는 역사의 95%를 시각, 청각,
촉각에 의존해 살았다. 인류가 문자를 사용하기 시작한 시기는 대
략 5천 년 전에 불과했다.

적과 동지, 양식과 독의 여부는 모두 시각, 청각, 촉각 이 세 가
지 감각이 구분했다. 그중 시각이 제일 중요했고 다음이 청각이었
다. 현대인도 시청각을 통한 인지 반응이 제일 빠르다. 전투 현장에

서도 형명, 즉 시청각을 통해 전진과 후퇴를 명령한다. 이 소통 체계가 무너지면 결코 승리할 수 없다.

군대 조직도 다수가 모여 있는 만큼 군중심리가 작용하는데 거기에는 상반된 두 가지 속성이 공존한다. 노벨문학상을 수상한 엘리아스 카네티Elias Canetti는 '군중 현상'에 몰두한 작가로 평가되고 있다. 군중에게는 심판자와 순교자의 속성이 있다고 그는 보았다. 군대의 장수가 그런 군중의 속성을 얼마나 어떻게 자극하느냐에 따라 군대는 순종적으로 희생하거나 반대로 심판관이 되어 하극상을 벌이기도 한다.

2001년 9월 11일 오전, 미국에서 끔찍한 테러가 세 차례나 잇달아 발생했다. 자살테러범이 항공기를 총 4대 납치해 미국 뉴욕의 세계무역센터와 워싱턴D.C.의 펜타곤을 폭파한 사건이었는데, 그 테러범은 다름 아닌 이슬람 근본 세력 오사마 빈 라덴을 수장으로 한 알카에다 테러 집단이었다. 이것이 사실로 판명되자 세상은 발칵 뒤집혔다.

그다음 달인 2001년 10월 미국은 알카에다를 후원하는 아프가니스탄에 침공해 집권 세력인 탈레반 정권과 전쟁을 개시했다. 그후 20년간 2조 2,610억 달러라는 엄청난 재정을 쏟아붓고 사상자를 수천 명 내고도 미국은 탈레반을 소탕하지 못했다. 그러는 사이 중국은 탈레반보다 미국에 더 위협적인 존재로 부상했다.

미군은 2021년 5월 철군을 시작했다. 탈레반은 이를 기다렸다는 듯이 파죽지세로 아프간을 점령했다. 아프간 군경은 왜 탈레반 정권을 막지 못했을까? 그동안 아프간의 30만 병력은 7만 명에 불과한 탈레반에게 속수무책으로 당하고만 있었다. 심지어 아프간 군대는 미군의 훈련을 받아왔고 탈레반과 비교가 안 될 현대식 무기로 무장하고 있었는데도 말이다.

물론 그중에는 아프간 정부군에게 월급만 받던 유령 군인도 있었다. 그러나 객관적 정황만으로는 아프간군이 탈레반보다 압도적인 우위였다. 그런데도 아프간 군경이 탈레반에 속수무책으로 당한 이유는 지도층의 부패와 분열로 군 내부의 지휘체계가 무너져서였다. 반면, 탈레반은 민간과 섞여 있다가 적의 거점을 습격한 뒤 산속 동굴이나 민가로 피신하기를 반복하면서 수도 카불을 고립시켜 나갔다.

전쟁터에서 지휘부와 전선 사이에 소통이 안 되는 군대는 아무리 물자가 많고 대군이라도 오합지졸에 불과하다.

원칙과 변칙의 병용

"설령 적의 공격을 받더라도 패하지 않는 것은

기奇와 정正 때문이다."

가사필수적이무패자 기정시야

可使必受敵而無敗者 奇正是也

기奇와 정正은 각각 변칙과 원칙을 가리킨다. 군대 편성에서 정병正兵은 적을 정면공격해 포위하는 부대이며, 기병奇兵은 적을 기습적으로 타격하는 부대라 할 수 있다. 작전 측면에서, 정은 전략의 원칙을 뜻하고 기는 돌발 상황에 따라 임기응변하는 변칙이라 할 수 있다.

손자가 이 같은 '기정'을 언급한 이후, 동아시아의 전통적인 전술·전략에서 기와 정의 융통성 있는 운용이 중시되고 있다. 서양에도 변칙 전략이 없지 않지만, 동양만큼 변화무쌍한 임기응변으로 발달하지는 못했다. 미인계, 반간계, 거짓으로 항복하는 사항계詐降計,

심리학으로 읽는 손자병법

성동격서聲東擊西 등이 기병奇兵에 속한다.

아무리 장수나 조직이 탁월해도 현실적으로 인지 부조화 cognitive inconsistency가 있기 마련이다. 이 때문에 완벽한 자기 객관화가 어렵다. 인간은 누구나 자신이 매력적이고 지적으로 보이길 원한다. 이런 자기 정당화가 스스로에게도 희망과 용기를 주기 때문이다. 이를 자가당착이라고도 하는데, 이른바 '헛똑똑이'들이 흔히 빠지는 오류이다. 평소 잘난 척은 혼자 다 하면서 정작 중요한 걸 놓치거나 중요한 판단 오류를 범하는 것이다.

이는 특정인만의 현상은 아니다. 타인은 객관적으로 보면서 정작 자기 문제에 대해서는 어리석은 판단을 할 개연성이 누구에게나 있다. 손자는 이런 개연성을 간파하고는 기정의 유연한 활용을 권한 것이다.

《손자병법》에 주석을 달 만큼 이 병법을 애용했던 조조는 기병을 절묘하게 구사한 지략가 중 한 명이었다. 조조는 정병과 기병을 자유자재로 구사하면서 원소, 유비, 손권 등 중원의 영웅들을 농락했다.

조조가 남양의 완성에 웅거한 장수를 공격할 때였다. 그는 허술한 동쪽 성은 놓아두고 견고한 서쪽 성을 맹공하면서 주력부대를 은밀히 동문으로 보냈다. 이른바 '위격전살僞擊轉殺'이었다. 그러나 누가 알았으랴! 완성에 조조보다 탁월한 지략가가 있었다는 사실을.

그 탁월한 지략가는 바로 장수의 책사 가후였다. 가후는 조조의 속내를 간파하고는, 동문 근처에 군사를 매복해두었다가 조조군을 궤멸했다. 성을 비어 있는 것처럼 위장해 적을 유인한 뒤 제거한 전술로 이른바 '허유엄살虛誘掩殺'이었다. 그야말로 허를 찌르는 공격이었다.

조조는 여기서 참패하고 다시 허도로 물러나야 했다. 그런데도 조조가 중원의 강자로 군림하자 가후는 결국 조조에게 귀순한다. 조조가 천하를 제압할 만한 자신의 주군임을 확신한 것이다. 가후는 그런 조조를 도와 자신의 지략을 맘껏 펼치고 싶었다. 조조는 사적으로 가후에게 원한이 깊었다. 이전 전투에서 가후의 책략 때문에 조조가 아끼던 경호실장 전위와 아들 조앙이 죽었기 때문이다. 그랬지만 조조는 가후를 흔쾌히 받아들여 중용한다. 바로 그런 점 때문에 조조는 삼국 통일의 위업을 세울 수 있었다.

강점으로 약점을 친다

"숫돌로 계란 치듯 공격하는 것을
허실이라 한다."

여이하투란자 허실시야

如以碬投卵者 虛實是也

'여이하투란자'에서 하碬는 숫돌을 뜻한다. 숫돌로 계란을 친다는
것은 강점으로 허점을 친다는 의미다. 강점끼리 혹은 약점끼리 부딪
치면 승패를 알 수 없지만, 강점과 약점이 부딪치면 승부는 정해져
있다. 나의 강점으로 상대의 약점을 공략하려면 우선 나와 상대를
정확히 분석해야 한다.

이때 흔히 사용되는 대중적인 분석 프레임으로 SWOT(Strength,
Weakness, Opportunities, Threats)가 있다. 강점, 약점, 기회 요인, 위협
요인 이 4가지를 파악한 후, 전략적 이슈를 도출해내는 방법이다.

다음 표를 보자.

Cross-SWOT 분석

	기회Opportunities	위협Threats
강점 Strength	SO 전략 • 아군의 강점으로 외부 기회 활용 • 역량 우위를 기반으로 적극적 공세 　– 공격 수행	ST 전략 • 아군의 강점으로 전화위복 • 전문 인력 확보로 외부 위협 최소화 　전선 다각화로 적의 약점 노출화
약점 Weakness	WO 전략 • 약점 보완이 우선 • 기회 활용을 위한 전략적 제휴방안 　마련 　– 기습적 국면 전환	WT 전략 • 외부 위협 요인 최소화 전략 모색 • 내부 약점 보안을 위한 절치부심 　방어에 치중하며 장기적 권토중래

　분석 결과 SO라면 강점이 기회가 될 수 있으니, 공격적 경영을 할 수 있는 최고의 기회임을 판단한다. ST는 강점과 위협 요인이 혼재한 상황이므로, 강점에 집중하며 수비를 강화하는 한편, 적의 허점을 파악하기 위해 간헐적인 전선 확대를 시도해볼 필요도 있다. WO라면 자신의 약점을 보완하면서 기회를 노리는 만회 전략을 펴야 한다. 끝으로, WT라면 약점과 위협이 공존하고 있으므로 리스크 관리, 조직 정비, 매각 등 기존 조직을 정리하고 새롭게 재편할 필요가 있다.

　한편, 거시적 외부 환경을 분석하는 도구로 페스트PEST가 있다. 이는 정치Political, 경제Economical, 사회Social, 기술Technological을 중심으로 분석하는 방법으로 거시경제에서 기업이 시장 조사나 전략

분석을 한 후 의사결정을 내릴 때 주로 사용한다.

반면, 기업이 보유한 유무형 자산 따위 내부 환경을 평가하는 분석 도구로 브리오VRIO 모델이 있다. 가치Value, 희소성Rarity, 모방가능성Imitability, 조직Organization 이 4가지에 대한 질문을 중점적으로 던져 기업의 성장 잠재력을 가늠하는 수단이다. 그중 브리오 모델로 내부 환경을 분석하는 절차를 알아보자.

첫째, 내부 자원과 역량이 경쟁력이 있으며 성과를 낼 만한 가치value가 있는가?

둘째, 내부 자원과 역량이 경쟁 상대와 달리 희소성rarity이 있는가?

셋째, 내부 자원과 역량이 경쟁 상대가 모방하기 어려운inimitable 것인가?

넷째, 인재를 존중하고 지속적으로 영입하는 조직organization인가? 분야별 전문화는 되어 있는가?

거시적인 외부환경 분석과 미시적인 내부환경 분석 결과를 참고로 SWOT 분석을 하면 좀 더 객관성 있는 전략을 수립할 수 있다. 정확한 분석과 전략적 결정에 따른 행동이야말로 숫돌로 계란을 치는 결과를 낳는다.

대결은 정면으로, 승리는 기습으로

"무릇 전쟁이란 정공법으로 싸우되

기만으로 이긴다."

범전자 이정합 이기승

凡戰者 以正合 以奇勝

'이정합'에서 정正은 정면공격이며 '이기승'에서 기奇는 우회 공격을 뜻한다. 따라서 '이정합 이기승'은 적의 시선을 정면공격으로 묶어두는 한편, 방비가 허술한 측면이나 후방을 주력부대로 치는 전술을 말한다. "정병당적正兵攩敵 기병취승奇兵取勝"이라고도 할 수 있다.

맥아더 장군의 인천상륙작전이 그랬다. 한국전쟁 발발 후 불과 5주 만인 8월 1일, 북한군은 낙동강 유역까지 밀고 내려왔다. 국군과 유엔군은 마산–왜관-포항을 최후의 낙동강 방어선으로 설정하고 사력을 다해 북한군과 공방전을 벌였다. 그러나 상황은 더욱 악

심리학으로 읽는 손자병법

화되었고, 그런 가운데 맥아더 사령관은 측면 공격인 인천상륙작전 구상을 내놓았다.

이에 합참의장 등 군 수뇌부는 여러 이유를 들며 격렬히 반대했다. 반대 이유 중 하나가 인천 앞바다의 크나큰 조수 간만의 차였다. 밀물 때 상륙하지 못하고 만일 썰물을 만나면, 수백 미터 이상을 엄폐물 없이 질주해야 하는데 차량은 물론 도보도 어려워 성공 확률이 제로에 가깝다는 것이었다.

맥아더 장군은 바로 그 희박한 성공률 때문에 그 작전이 통하리라 보았다. 북한의 방비가 허술한 곳이니 치고 들어가기만 하면 곧바로 서울까지 점령할 수 있고, 그때부터 북한의 보급로인 원산-서울-낙동강을 차단해 일거에 전세를 역전할 수 있다고 주장했다.

맥아더 장군의 전략이 채택되고 곧바로 정보요원들이 영흥도 주변에 투입되어 상륙작전을 위한 사전 정보를 취득했다. 북한의 정세 판단을 흐리게 하려고 군산과 영덕에서 양동작전을 실시했다. 유엔 군이 서쪽 군산과 동쪽 영덕으로 동시에 상륙한다는 거짓 정보를 흘리는 한편, 인천상륙작전 하루 전인 14일에 학도병 772명을 투입해 영덕의 작은 어촌 장사리 상륙을 감행했다. 이런 교란작전에 말려든 북한은 낙동강에 있던 인민군 일부를 인천이 아니라 동해안으로 집중 재배치했다.

이렇게 북한을 농락한 맥아더는 상륙 디데이D-day를 하루 앞두고 클라크 첩보대를 팔미도로 보내 등대를 접수했다. 등대 불빛은

9월 15일 0시부터 반짝였다. 그 빛이 비치는 바닷길을 따라 함선 261척과 한국 해병, 미 해병대 등 7만 5천 병력이 속속 인천에 상륙하기 시작했다. 북한군의 저항은 예상대로 크지 않았다. 북한군은 낙동강 전선에 집중하느라 인천 방어를 소홀히 하고 있었다.

당시 연합군은 낙동강 700리 전선을 돌파하려는 북한을 막아내는 데 혼신의 힘을 기울이고 있었다. 이 방어를 맡은 주한 유엔 지상군 사령관인 워커 중장은 기갑 장교 출신답게 북한이 공격할 때마다 바로 반격을 가하는 기동방어로 막아냈다. 연합군은 인천상륙작전 성공 후 2주 만에 서울을 탈환했다. 그때까지 낙동강 방어에

인천 항구에 상륙하는 미군

심리학으로 읽는 손자병법

전념하던 국군도 비로소 반격에 나섰다.

그렇다면 북한은 미군의 인천상륙작전을 전혀 몰랐을까? 미 정보요원이 인천 앞바다를 사전 탐사할 때 북한도 이를 감지했다. 그래서 미군은 서해안 곳곳에 포격을 가했고 특히 군산에 집중해 군산에 상륙할 것처럼 위장했다.

8월 22일 즈음 북한은 미군의 인천 상륙을 예상하고 극비로 인천 방어작전을 계획했다. 그러나 정확한 일자를 몰라 손놓고 있으면서 잘하면 뚫릴 것 같은 낙동강 방어선 돌파에 더 집중했다. 그러면서 인천상륙작전은 방치했다. 이미 형성된 맥락prior context에 따라 움직이느라 새롭게 확장된 맥락lager context을 등한시한 것이었다.

손자는 맥아더처럼 정면 대결과 측면 공격을 잘 운영하는 경우를 "깊은 물처럼 마르지 않고 끝이다 싶으면 다시 시작하는 것이 해와 달 같다(불갈여강해不竭如江海 종이복시終而復始 일월시야日月是也)"라고 표현했다.

격류처럼, 사나운 매처럼

"질풍처럼 거센 물결에 돌이 쓸려 내려가는 것을 '세'라 하고,
사나운 새가 질풍처럼 짐승을 낚아채는 것을 '절'이라 한다."
격수지질 지어표석자 세야 지조지질 지우훼절자 절야
激水之疾 至於漂石者 勢也 鷙鳥之疾 至于毁折者 節也

효과적인 공격에는 항상 기세와 절도가 있다. 아무리 기세가 강해
도 절도가 없으면 허공을 치는 회오리바람 같고, 절도가 아무리
좋아도 기세가 없으면 계란으로 바위를 치는 것과 같다. '절도'에서
절節은 대나무 마디라는 뜻으로 작전 거리를 맞춘다는 의미다. '기
세'에서 세勢는 기회에 맞는 세력을 뜻한다. 기세와 절도를 갖춘 공
격은 창공을 유유히 나는 독수리를 생각하면 된다. 독수리는 하늘
을 날다가 지상의 먹이를 포착하면, 거리에 맞는 기세와 타이밍으
로 순간 낙하해 먹이를 낚아챈다.

심리학으로 읽는 손자병법

정확한 거리와 타이밍을 맞추려면 무엇보다 인내심이 필요하다.

일본 전국시대를 평정하고 에도막부 시대를 연 도쿠가와 이에야스는 '무사의 근본은 인내이며, 무사의 적은 이성을 잃은 분노'라고 했다. 증오나 두려움에 사로잡혀 판단력을 잃고 섣부르게 행동하면 적의 먹잇감이 된다.

인간의 인지와 감성, 학습 능력 등이 발달 단계에 따른 결정적 시기critical period가 있듯 만사에는 결정적 시기가 있다. 특히 상대해야 할 누군가가 있다면, 성급한 행동은 하지 않는 것만 못하다. 성급한 행위는 상대에게 역습할 빌미를 내주게 된다. 적정 거리에서 타이밍에 맞는 행동이야말로 최대의 성과를 내는 비결이다.

전설적인 복서 무하마드 알리는 "나는 나비처럼 날아 벌처럼 쏜다"라는 명언을 남겼다. 그는 "사람들은 자신에 대한 믿음이 약하기 때문에 도전을 두려워한다. 그러나 나는 나를 믿는다"라고 말했다.

알리는 자신에게 유리한 적정 거리를 유지하며 기회를 엿보는 아웃파이터 유형이었다. 반면, 인파이터는 절대로 물러서는 법이 없는 저돌적인 유형이다. 사각의 링에서 알리 같은 아웃파이터가 인파이터와 붙었다면, 아웃파이터는 상대의 공격을 나비처럼 견제하며 적의 빈틈을 벌처럼 파고들어야 한다. 그러려면 체력과 맷집이 좋아야 한다.

만에 하나 공격할 거리나 타이밍을 오판해 강편치를 휘두른다면, 그대로 상대의 카운터에 녹다운된다. 알리는 신속한 풋워크로

서울에서 카퍼레이드를 하는 알리(1976)

공격을 피하며 공격할 공간을 창출할 줄 알았다. 그런데도 조지 포먼이나 타이슨 같은 핵주먹을 만나면 한 방에 날아갔다.

이를 잘 알았던 알리는 로프 어 도프rope-a-dope 전략을 개발했다. 로프 어 도프는 신축성 있는 로프의 성질을 충분히 활용하는 기법이다. 로프에 등을 기대 체력을 유지하고 핵주먹에 맞더라도 충격을 분산하는 전술로, 다시 로프의 반동을 이용해 순간적으로 상대를 가격할 수 있다. 손자가 말한 "기세험其勢險 기절단其節短"은 바로 그런 경우를 가리킨다. 거침없는 기세와 순간적 절도라는 뜻이다.

　　　　　　　　　　　　심리학으로 읽는 손자병법

정돈과 용기와 강성의 원천

"혼돈은 통치에서, 두려움은 용기에서,
약함은 강함에서 나온다."

난생어치 겁생어용 약생어강

亂生於治 怯生於勇 弱生於强

혼돈은 잘 다스리는 가운데서 나오고, 두려움은 용기에서 나오며,
약한 것은 강한 데서 나온다. 이 말은 도가적 비유로 두 가지 의미
가 있다. 첫째, 잘될 때 방심하지 말고, 상대를 겉만 보고 판단하지
말며, 내면을 보라는 뜻이다. 인간의 판단 과정은 '자극-생각-감정-
반응'이 정상이다. 그러나 본능이 강하게 작용하는 경우, '자극-감
정-반응-생각'으로 진행된다. 그래서 외모에 대한 편견이 사라지지
않는 것이다. 여기서 외모는 내적 실체와 상관없는 외부의 이미지
전체를 말한다.

같은 재료라도 보기가 좋으면 더 맛있게 느껴진다. 같은 사람이라도 화장발에 따라 달리 보인다. '속지 말자. 화장발'이라고 아무리 주문을 걸어도 잘 안 된다. 과거 이야기만은 아니다. 오늘날도 별반 달라지지 않았다. 첫인상이 마지막 인상이 될 수 있다.

조선시대 신언서판身言書判도 사람을 판단하는 기준으로 쓰였는데, 외모지상주의는 그때도 비슷했던 것 같다. 신언서판이란 인물을 평가할 때 먼저 외모, 그다음 언변, 이어서 글솜씨, 마지막으로 인간 됨됨이를 본다는 말이다. 합리적으로 하자면 그 반대여야 한다. 인성, 실력, 언변, 외모 순으로 보아야 한다. 이처럼 사회는 8할이 이미지, 즉 허상으로 돌아간다.

그러나 전쟁터는 다르다. 인상에 근거해 전술 전략을 세운다면 백전백패한다. 위진 남북조 시대 서진에 풍채 좋고 언변이 뛰어난 왕연이라는 사람이 있었다. 왕연은 죽림칠현竹林七賢으로 유명한 왕융의 사촌이기도 했다. 위에서 진으로 왕조가 바뀌자 세속과 교제를 끊고 술잔을 나누며 철학을 논의한 선비 7명을 죽림칠현이라 한다.

노장사상에 조예가 깊었던 왕연은 귀족문화에 젖어 풍류를 즐기며 세월을 보냈다. 그나마 다행이었던 것은 그의 아내가 돈을 잘 벌었다는 것이다. 하루는 아내가 잠든 왕연의 침대 주위에 돈을 가득 쌓아두었다. 잠에서 깬 왕연은 종을 불러 "거각아도물擧却阿堵物"이라 소리쳤다. "이 물건을 들어 내치거라!"라는 뜻이다. 왕연이 돈을 물건이라고 칭한 것이었다. 이처럼 초탈한 왕연의 모습에 왕도 반해 그를 10만 대군을 지휘하는 대장군에 임명했다.

그러나 그것은 이미지에 불과했고 실상은 크게 달랐다. 후조를 세운 석륵의 군대가 쳐들어오자, 왕연은 한번 싸워보지도 않고 바로 항복했다. 그리하여 낙양이 함락되고 서진은 멸망했다. 왕연이 얼마나 현란하게 말을 잘 바꾸었던지 입안에 지우개가 있다 하여 그를 '구중자황口中雌黃'이라 했다. 자황이란 고대사회의 지우개였다.

평상시 이미지는 전쟁 같은 위기 상황에서 별 사용가치가 없을 수 있다. 이미지는 포장지 같은 것이다. "조직의 정돈과 혼돈은 편성에 달려 있고(치란수야治亂數也), 용기와 두려움은 기세에 달렸으며(용겁세야勇法勢也), 강약은 진형에 달려 있다(강약형야強弱形也)."

그러면 어떻게 해야 할까? 외부 자극과 내면의 반응 사이에 생각할 공간을 넓히라. 그래야 합리적으로 판단하는 능력이 향상된다.

미끼로 적을 다루라

"적에게 미끼를 던져 움직이게 한 후
기다렸다가 공격한다."
이리동지 이졸대지
以利動之 以卒待之

아무리 전략의 귀재라도 상대가 수용하지 않으면 아무 소용이 없다. 상대가 전략에 말려들도록 하려면? 진형을 이용해야 한다. 그래서 '이리동지 이졸대지' 앞에는 다음과 같은 구절이 있다.

"적을 잘 다루는 자는 진형을 이용하는데(선동적자 형지善動適者 形之), 적이 따를 수밖에 없는 진형을 만들어 보여주고(적필종지 여지適必從之 予之), 적을 취한다(적필취지適必取之)."

무엇이 적이 잘 따르는 진형인가? 당연히 적에게 미끼를 주는 형태여야 한다. 병법서 36계 중 17계 포전인옥抛磚引玉도 그렇다. 포전인옥은 돌을 던져주고 그 대신 구슬을 취한다는 뜻이다. 미끼가 미끼로 보이면 적은 물지 않는다. 돌이 구슬과 비슷해 보여야 상대가 혹한다. 눈앞의 이익에 쉽게 현혹되는 사람은 미끼에 잘 걸린다. 눈앞의 이익만이 아니라 그 이면도 볼 줄 알아야 속지 않는다.

심리학자 대니얼 카너먼Daniel Kahneman의 전망 이론prospect theory은 적에게 미끼를 줄 때 기억해야 할 이론이다. 카너먼의 전망 이론은 인간이 문제를 해결할 때 합리적이기보다는 직감에 따라 해결하는 경향이 강하다는 전제에서 출발한다. 만일 인간이 합리적인 존재라면, 하나를 잃었을 때의 상실감과 하나를 얻었을 때의 즐거움이 같아야 한다. 그러나 대부분은 득보다 실에 더 크게 반응한다.

전망 이론은 이득보다 손실에 민감하게 반응하는 인간의 심리가 행동에 미치는 영향을 설명한다. 여기서 '전망'은 득과 실에 대해 사람들이 느끼는 심리 상태를 말한다. 이득이 불확실한 것보다 확실한 것(적게 얻더라도)을 선택하며, 손실이 확실한 것보다 불확실한 것(많이 잃더라도)을 선택한다. 이처럼 인간은 손실 회피 성향을 가지고 있어서 유리한 결정을 하지 못할 때가 많다. 이런 성향은 상황이 불확실할수록 더욱 강해져서 더 불리한 선택을 할 가능성도 커진다.

이런 부정편향성을 입증한 다른 연구 자료도 있다. 사회심리학자 로이 바우마이스터Roy F. Baumeiste 외 3인이 발표(2001)한 〈나쁜 것이 좋은 것보다 강하다Bad is stronger good〉라는 논문은 인간에게 좋은 기억보다 나쁜 기억이 더 강하게 남는다는 것을 증명했다. 생존과 자기 합리화에 유리하다면 부정적인 기억은 더욱 강력한 힘을 발휘한다. 본인의 큰 잘못으로 협상을 깨고도 상대의 사소한 실수를 침소봉대해 자신에게 면죄부를 주는 것은 그런 부정편향성 때문이다.

손자는 전쟁에서 인간의 이런 심리를 역이용해 적이 아군을 추종하도록 하라고 한다. 적군에게 아군에 대한 부정적인 거짓 정보를 주어 적군의 감정을 자극해 도발하게 한다. 그러면 적군에게 큰 이익이 돌아갈 것처럼 미끼를 던진다. 물론 그 미끼는 적군이 혹할 만한 것이어야 한다.

앞에서 본 가후의 허유엄살도 미끼로 적을 유인하는 계책이었다. 적을 잘 유인해내려면 둥글둥글하게 생각이 유연해야 한다. 네모는 멈추지만 둥글면 움직이기에(방즉지 원즉행方則止 圓則行) 그렇다.

손자에 따르면, 뛰어난 장수는 전쟁의 승패를 기세에서 찾을 뿐 부하들을 탓하지 않는다. 뛰어난 장수는 역량 있는 인재를 적소에 임명하고 그 기세에 맡긴다. 이때 기세는 마치 천 길 높은 곳에서 둥근 바위[圓石]가 굴러 내려가는 것 같다.

제6편

허실虛實

· · · · · · · ·

승리는
인위적인 것이다

제6편 허실에서는 비어 있는 것과 실제를 다루며 무게 중심론을 이야기한다. 주도권을 쥐고 때로론 당근으로, 때론 채찍으로 적을 조종해서 평정심을 깨고 적의 의표를 찔러 적이 알아채지 못하게 차별화하라고 한다. 아군은 국지전, 적군은 전면전이 되게 적을 분산해 각개격파하고 무형에 이르는 진형을 갖추라고 한다.

적에게 끌려가지 말고 움직여라:
무게 중심론

"적을 움직이게 하되
끌려가지 않는다."
치인이불치어인
致人而不致於人

아군의 페이스에 적군이 말려들게 하는 것은 좋은 전략이다. 이런 전략으로 싸움의 주도권을 잡을 수 있다. 농구, 배구, 축구 따위 스포츠를 보면 주도권이 얼마나 중요한지 알 수 있다. 주도권을 빼앗기고 수세적 상황이 되면 상대에게 끌려다녀야 하기에 전력이 세 배는 더 소모된다. 수세적 입장은 소극적인 방어를 말한다.

적극적인 방어로 공세적 상황이 되어 고차원의 주도권을 쥐어야 한다. 적극적으로 적의 공격을 기다리거나 공격하는 적의 틈을 노리라는 것이다. 서양의 손자라 불리는 카를 폰 클라우제비츠는 '무게 중심center of gravity'이라는 관점으로 같은 원리를 설명했다. 그의 《전쟁론》은 《손자병법》과 더불어 시대를 초월한 군사 전략서로 손꼽힌다. 핵심은 아군의 무게 중심은 지키고 적의 무게 중심은 깨트리는 것이 전쟁의 승패를 좌우한다는 것이다.

클라우제비츠는 뉴턴의 물리학에서 무게gravity라는 말을 차용했다. 거기에는 끌어당기는 힘, 즉 결속력이나 구심력 같은 의미가 담겨 있다. 구심력이란 무엇인가? 힘의 근원이 결집된 강력한 에너지를 뜻한다. 그런 에너지가 있는 곳이 바로 무게 중심이다. 전쟁의 주도권을 쥔다는 것은 적의 구심력을 와해해 아군의 구심력으로 끌어오는 것이다. 아군의 구심력은 지키면서 동시에 적의 구심력을 격파할 수 있어야 전쟁에서 승리한다.

1789년 프랑스 혁명 이후 프랑스 왕정(부르봉 왕가)이 무너지고 나폴레옹 1세를 황제로 한 프랑스 제국이 탄생했다. 탁월한 군사력과 전쟁 능력을 지닌 나폴레옹이 황제로 등극하는 것을 본 유럽 주변국들은 위협을 느꼈다. 프랑스 혁명으로 왕정을 타파한 공화국 정부가 볼 때도 제국은 혁명 정신을 역행하는 일이었다. 이들 영국, 프로이센, 러시아 등 유럽 연합국과 나폴레옹 제국 사이에서 오랜 기간(1803~1815) 전쟁이 벌어졌는데, 그것이 바로 나폴레옹 전쟁이었다. 전쟁은 프랑스와 맞선 연합국의 승리로 끝난다.

클라우제비츠는 프로이센 사람으로 12세 때 소년병으로 입대해 평생 군인으로 산 직업군인이었다. 그가 프랑스와 벌인 나폴레옹 전쟁 참전을 바탕으로 쓴 군사 전략서가 바로《전쟁론》이다. 책의 요점은 다음과 같다.

> 전쟁은 정치적 도구이며 정치의 연장선에 불과하다. 전쟁이란 자신의 의지를 물리적 힘으로 상대에게 강요하는 것에 불과하다. 따라서 전쟁에서는 군사적 행위보다 정치적 판단이 우위에 있다. 전쟁의 승리는 적의 전투력 소멸에 달렸다. 따라서 적의 군사력이 유지되는 근거를 제거함으로써 적의 전쟁 의지를 꺾는 것이 승리의 관건이다.

클라우제비츠는 이 원리를 잘 보여준 예로 1812년 러시아 원정을 감행한 나폴레옹의 패배를 들었다. 이 전투 이후 나폴레옹은 실각하고 프랑스 제국은 다시 왕정으로 복구한다. 1812년 나폴레옹은 60만 군대를 이끌고 러시아를 침공했는데, 이유는 영국과의 교역을 금한 대륙봉쇄령을 러시아가 어겼다는 것이었다.

당시 나폴레옹의 전략적 목표는 모스크바였다. 모스크바를 점령하면 러시아가 항복할 줄 알았다. 이를 안 러시아는 퇴각 전술로 일관하며 모스크바를 쉽게 내주었다. 나폴레옹 군대는 연전연승하며 모스크바까지 점령했다. 전략적 목표는 달성한 셈이었다.

그러나 러시아는 후퇴하면서 모스크바의 주요 시설과 물자를 모조리 소각해버렸다. 나폴레옹 군대는 모스크바에 5주 동안 머물며 러시아 황제의 항복을 요구했지만, 끝내 받아내지 못했다. 러시아의 혹한에 대비하지 못한 나폴레옹 군대는 추위와 굶주림을 견디지 못해 퇴각을 결정했다.

러시아는 땅이 워낙 광대해 모스크바가 점령된다고 무너지는 나라가 아니었다. 나폴레옹은 전략적 목표를 모스크바가 아니라 러시아 군대로 설정했어야 했다. 이것이 전쟁의 신 나폴레옹을 러시아가 물리칠 수 있었던 이유였다.

전쟁의 주도권을 쥐려면 나무보다 숲을 보아야 한다. 아군과 적군의 무게 중심이 어디에 있는지 정확히 파악해야 한다. 그런 다음, 아군의 무게 중심은 감추고 적의 무게 중심을 해체할 방안을 찾아내야 한다. 그래야 적을 아군 의도대로 움직일 수 있다. 나폴레옹이 전략적 목표 설정에 착오를 일으키자 러시아가 그 빈틈을 이용해 주도권을 쥐었고, 나폴레옹을 자기 의도대로 주무른 것이다.

당근과 채찍

"적을 내게로 오게 하려면 이익을 내비치고,

적이 오지 않게 하려면 손해를 내비쳐라."

능사적인자지자 이지야 능사적인부득지자 해지야

能使敵人自至者 利之也 能使敵人不得至者 害之也

적은 무엇으로 조종하는가? 당근과 채찍이다. 적을 부르고 싶으면
이익을 주고, 쫓아내고 싶으면 손해를 끼치면 된다. 적을 조종한다
는 것은 내게 유리한 시간과 장소만 골라서 싸운다는 뜻이기도 하
다. 내게 유리한 장소에 미리 가서 쉬면서 적이 달려오느라 피로에
지치게 만든다. 물론 적이 눈치챈다면 이를 용인할 리 없다. 적이 모
르게 본능을 자극해야 한다.

　인간은 긴박한 위기에 직면할 때 본능적으로 공격이냐 도주냐
fight or flight 를 결정한다. 이 본능은 수시로 야수를 만났던 원시인들

로부터 형성되어 내려온 것이다. "저 짐승과 싸워 이길 수 있을까?" 지면 죽는 것이고 이긴다면 식량을 얻는 것이다. 이런 판단의 순간에 자료를 검색하는 등 합리적 과정을 거칠 여유가 없다. 직감적으로 판단하고 동시에 행동해야 한다.

러시아 심리학자 이반 파블로프의 개 실험을 예로 설명해보자. 그는 개에게 먹이를 줄 때마다 종을 울렸다. 그러자 나중에는 종소리만

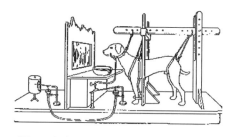

파블로프의 개 실험

들려도 개가 침을 흘리기 시작했다. 원래 개는 먹이를 보면 무조건 침을 흘린다(무조건 반응). 여기에 종소리를 반복적으로 조건화하자 이후에는 먹이를 주지 않고 종소리만 들려줘도 개는 침을 흘렸다(조건 반응). 사람의 공격-도주 반응도 무조건 반응과 조건 반응의 결합에 따른 것으로 볼 수 있다.

"자라 보고 놀란 가슴 솥뚜껑 보고 놀란다"라는 속담을 생각하면 이해하기 쉽다. 어떤 일에 몹시 놀란 적이 있으면 비슷하게 생긴 것만 봐도 지레 겁을 먹게 되고 몸을 사리는 것이 공격-도주 반응이다. 공격-도주 반응은 생명체의 무의식을 지배하고 있다. 그래서 적을 조종할 때 이런 공격-도주 본능을 이용하라는 것이다. 적이 공격

하기를 원하는가? 싸우는 게 그에게 이익인 것처럼 보여주라. 적이 도주하기를 원하는가? 싸우면 그에게 손해인 것처럼 보여주라.

기원전 341년, 위나라 장수 방연은 주력군을 이끌고 한나라를 포위했다. 다급해진 한나라는 제나라에 도움을 청했다. 제나라는 장군 전기와 책사 손빈을 한나라로 급파했다. 제나라 손빈과 위나라 방연은 마치 제갈량과 사마의처럼 당대 라이벌이었다.

그러나 손빈은 한나라로 가지 않고 위나라 도성을 직접 공격했다. 그러자 방연은 한나라의 포위를 풀고 급히 귀국길에 올랐다. 손빈은 방연이 도성에 다가오자 마치 겁을 먹은 듯 철군하기 시작했다. 이때 손빈이 취한 전략이 바로 "능사적인자지자能使敵人自至者 이지야利之也"였다. 핵심은 "적을 유혹하되 적에게 유혹당하지 않는 것"이었다.

손빈은 제나라 군대의 야영장 아궁이 수를 줄여가는 방식으로 방연을 유혹했다. 처음에 머물렀던 야영장의 아궁이 수는 10만 개였는데 다음은 그 절반, 그다음은 그 절반, 이런 식으로 계속 아궁이 수를 줄여나갔다.

방연은 제나라 군사들이 자신에게 겁을 먹고 탈영한 것이라고 보았다. 제나라 군대를 따라잡기만 하면 금세 섬멸해 큰 공을 세울 것이라고 기대했다. 그런 기대로 급히 추격하던 방연을 손빈은 마릉 계곡 양편에 군대를 매복하고 기다렸다. 득의만만한 방연이 앞장서서 계곡으로 성큼 들어서자 퇴로가 끊기고, 위나라 군대는 집중 공

심리학으로 읽는 손자병법

격을 받았다.

방연에 대한 손빈의 전략이 적의 공격을 유인한 사례였다면, 이번에는 적의 공격 포기를 유도한 사례로 사마의에 대한 제갈량의 작전을 보자.

제갈량이 군사 2,500명으로 자그마한 서성西城을 지키고 있었다. 그러던 어느 날 사마의가 15만 대군을 몰고 쳐들어왔다. 서성의 병사들은 사색이 되어 공포에 떨었다. 그런데 어찌 된 일인지 제갈량은 아무 말 없이 흰옷을 입고 성루에 앉아 거문고를 연주했다. 심지어 성문도 활짝 열어놓았다. 사마의가 성안으로 들어가려는데, 제갈량이 타는 거문고 소리가 청아하게 울렸다. 성내 백성들은 마치 손님을 맞이하듯 거리를 쓸고 물을 뿌리고 있었다. 사마의는 손을 들어 위나라 군대의 행군을 정지시켰다.

이해할 수 없는 광경을 보고 잠시 생각에 잠긴 사마의는 회군 명령을 내렸다. 지략의 귀재인 제갈량의 함정이 있다고 본 것이었다. 이렇게 제갈량은 거문고 하나로 15만 대군을 가뿐히 쫓아냈다.

적의 추격이나 도주를 유인할 때는 전제조건이 있다. 내가 원하는 것이 아닌 적이 원하는 것을 미끼로 사용하라는 것이다. 낚시 미끼로 낚시꾼이 좋아하는 초코파이를 쓰는 사람이 없고 물고기가 좋아하는 지렁이를 사용하는 게 당연한 것처럼 말이다.

게다가 나보다 강한 적을 도주시키려면 한층 더 교묘해야 한다.

거문고 전략이 통했던 것은 제갈량이 평소에 신중한 성격이었기 때문이다. 만일 그가 충동적이고 적을 희롱하며 모험을 즐기는 성격이었다면 사마의가 속지 않았을 것이다. 제갈량의 성품을 잘 알았던 터라 사마의는 분명 복병이 숨어 있을 거라 생각하고는 지레 겁을 먹고 퇴각했다.

적의 평정심을 깨라

"쉴 만하면 피곤하게 만들고, 배부르면 굶주리게 하고,

안정적이면 동요시켜라."

적일능노지 포능기지 안능동지

敵佚能勞之 飽能飢之 安能動之

이제 적의 일상을 깨트리는 전략을 알아본다. 적이 쉴 만하면 피곤하게 만들고 배부르면 굶주리게 하고 안정적이면 동요하게 만들라. 그러면 적은 갈피를 못 잡고 우왕좌왕하다가 끝내 이성을 잃고 광분한다. 이는 상대의 정서를 자극해 평정심을 깨는 일종의 '격장지계激獎之計'이다.

격장지계는 평정심을 지닌 장수만이 사용할 수 있다. 외부의 어떤 자극에도 마음만큼은 동요되지 않는 것이 평정심인데, 극한의 긴장과 공포가 지배하는 전쟁터에서 평정심을 유지하기는 쉬운 일

이 아니다. 역설적으로 전쟁터 같은 분위기에서 평정심을 유지하는 측이 격장지계를 최상의 전략으로 활용할 수 있다.

위기에서 자신을 지키는 힘은 그 무엇보다 평정심이다. 평정심을 깨는 것은 결핍과 과시욕 등이다. 평정심을 잃으면 통찰력이 급격히 약해져 돈도 권력도 인맥도 무용지물이 되기 쉽다. 그때 평정심을 유지한 경쟁 상대로부터 조금만 자극을 받아도 반작용으로 자충수를 두게 된다.

"호랑이에게 물려가도 정신만 차리면 산다"라고 하지 않나? 평정심은 생명을 지키는 매우 중요한 힘이라는 이야기다. 평정심을 지키면 자기 효능감을 유지하게 되고, 이로써 지혜가 극대화되어 문제 해결의 실마리를 찾아낸다.

평생을 전쟁터만 누볐던 제갈량은 손에 늘 학우선鶴羽扇이라는 부채를 들고 있었다. 어떤 사정이었을까?

제갈량은 재주가 탁월했지만, 속내를 감추지 못하고 얼굴에 감정을 그대로 드러내는 버릇이 있었다. 아내 황씨가 볼 때 큰일을 이뤄야 하는 남편에게 그것은 분명 약점이었다. 아내는 "대사를 도모하는 사람이 속마음을 가릴 줄 알아야지 안색에 그대로 드러내면 되겠습니까?"라며 학의 깃털로 부채를 만들어 얼굴을 가리게 했다. 그 후 제갈량은 아무리 열받는 상황에서도 학우선을 부치며 표정 관리, 마음 관리를 했다. 그게 안 될 때는 부채로 얼굴을 가렸다. 그럼으로써 제갈량은 격장지계의 고수가 되었다.

심리학으로 읽는 손자병법

조조가 하북의 원소를 격파하자 오갈 데가 없어진 유비는 형주로 내려가 유표를 의지하게 되었다. 유비는 유표가 내준 자그마한 신야성에 주둔하면서 제갈량의 명성을 들었고, 삼고초려三顧草廬 끝에 그를 책사로 영입하게 되었다.

하북을 석권한 조조가 하남까지 정복하고자 백만대군을 이끌고 남하하기 시작했다. 제갈량을 비롯한 유비 측은 백성들과 함께 강남으로 도주했다. 그 후 제갈량은 오나라 손권을 찾아가 조조에 맞서 연합 전선을 결성하고자 제안했는데, 손권의 책사 주유가 조조에게 항복하는 것이 낫다며 반대했다. 그때 제갈량은 다음과 같이 말하며 손권 측을 설득했다. 이 역시 격장지계였다.

"조조가 남하하는 이유는 강동을 평정하고 이교二喬를 취해 즐기려는 것이오."

여기서 이교二喬는 대교大喬와 소교小喬를 뜻하는데, 대교는 손권의 형 손책의 부인이고 소교는 주유의 아내였다. 이 한마디에 손권은 물론이고 주유 또한 머리끝까지 분노가 치밀게 되었다. 그때부터 오히려 주유가 오-촉 연합군 결성에 적극적이 되었다. 손권과 유비가 힘을 합쳐 조조의 위나라군을 무너뜨린 적벽대전은 이처럼 제갈량의 격장지계에서 탄생했다.

제갈량이 위나라를 치러 갔을 때였다. 두 나라가 대치한 가운데 위나라 측에서 일흔이 넘은 왕랑이 말을 타고 앞에 나섰다. 평소 자신이 제갈량보다 우수하다고 생각한 왕랑은 유창한 언변으로 일 갈했다.

"공명아, 들어보거라. 지난날 한나라 황제의 폭정으로 황건적의 난
이 일어난 후 동탁, 원소, 원술, 여포, 유표 등 무뢰배가 천하를 어
지럽혔느니라. 이들을 태조 무 황제(조조)께서 정리했으니, 이는 하
늘의 뜻이 아니겠느냐? 그러니 촉나라도 위나라에 항복하거라."

제갈량은 학우선으로 부채질하며 응수했다.

"너는 한나라 원로대신이면서도 왜 그리 비루한가? 너는 젊어서
부터 한나라의 녹을 먹지 않았나? 그랬다면 마땅히 천자를 받들
고 한 황실의 부흥을 도모해야 했거늘 도리어 역적 조조를 도와
주고 있느냐? 왕랑아, 왜 이리 부끄러운 줄도 모르고 날뛰느냐?"

제갈량의 말에 기가 턱 막힌 왕랑은 말에서 떨어져 그 자리에서 죽었다.

지키지 않는 곳으로 진격하라

"적이 추격할 수 없는 곳으로 진격하고,

적이 생각지 못한 곳으로 추격하라."

출기소불추 추기소불의

出其所不趨 趨其所不意

한 발 앞서는 사람들은 적의 의표를 찌른다는 특징이 있다. 전혀 예상치 못한 곳을 건드리는 것이다. 누구나 생각하는 것을 생각하지 못하면 바보이고, 남들과 똑같이 생각하면 평범한 사람이며, 남보다 앞서 생각하면 탁월한 사람이다. 뛰어난 지략가는 남보다 앞서 생각하는 사람이다. 적의 의표를 찌른다는 것은 무엇인가? 적이 수비할 수 없는 장소를 공격하고, 적이 공격할 수 없는 곳을 방비하는 것을 말한다.

"적을 공격해 탈취할 수 있는 것은 적이 수비할 수 없는 장소를 공격하기 때문(공이필취자攻而必取者 공기소불수야攻其所不守也)이고, 적의 공격을 견고히 수비할 수 있는 것은 적이 공격할 수 없는 곳을 방비하기 때문(수이필고자守而必固者 수기소불공야守其所不攻也)이다."

상대가 감히 지킬 수 없는 곳을 공략하고, 상대가 공격할 수 없는 장소까지 철통같이 수비한다면 어찌 상대가 평정심을 잃지 않겠는가? 경쟁자가 내 의도를 간파하고 있다면? 결정적인 순간마다 그런 일이 반복된다면? 그리하여 기왕에 세웠던 대책이 자꾸만 무용지물이 된다면? 당연히 심리적으로 위축되고 심리적 퇴행 현상이 일어난다. 반복적으로 내 의중을 간파당해 좌절감이 반복되면, 아무리 성숙한 사람이라 해도 미숙했던 지난날의 무능한 모습으로 퇴보하게 된다.

이처럼 아군의 의도는 감추고 적의 의도만 드러내는 것을 손자는 "미묘하고 미묘하니 무형에 이르고(미호미호微乎微乎 지어무형至於無形), 신기하고도 신기하게 소리가 없다(신호신호神乎神乎 지어무성至於無聲)"라고 했다. 심리전이므로 형태도 소리도 없는 게 당연하다. 이런 심리적 전선이 고착될 때 벌어지는 현상은 다음과 같다.

"내가 싸우고자 하면 적이 비록 성루와 참호 안에 있더라도 부득이 싸우러 나올 수밖에 없으니(아욕전我欲戰 적수고루심구敵雖高壘深溝 부득

불여아전자不得不與我戰者), 급소를 공격당했기 때문이다(공기소필구야攻其所
必救也)."

"내가 싸우기 싫으면 땅에 선만 그어도 된다(아불욕전我 不欲戰 화지이수
지畫地而守之). 적이 감히 도전하지 못할 어긋난 곳이기 때문이다(적부
득여아전자敵不得與我戰者 괴기소지야乖其所之也)."

적에게 심리적 퇴행 현상을 유발할 수만 있다면 아군은 큰 힘
들이지 않고도 적을 마음껏 요리할 수 있다.

1941년 일본의 총리 도조 히데키는 진주만의 미 태평양 함대를
공급하라는 명령을 내렸다. 아시아 점령에 이어 미국 본토 점령의
꿈을 실행에 옮긴 것이었다. 이로써 인류 역사상 가장 넓은 지역의
싸움인 태평양전쟁이 시작되었다.

이듬해 미 극동군 사령관이 된 맥아더는 먼저 일본군의 특징부
터 파악했다. 당시 일본의 전력은 미군보다 위였지만 일본군은 공격
만 서두를 뿐 위기 대책에는 취약했다. 만약 미군이 일본군의 주요
거점을 순서대로 공격한다면, 일본군도 미군을 공격해 타격을 입힐
것이고, 그렇다면 미국 내에 반전 여론이 형성되면서 종전되리라는
희망 섞인 전망이 일본의 대책이라면 대책이었다.

맥아더는 이를 간파하고 개구리 뛰기Leapfrog 전법을 구상했다.
요컨대, 개구리가 점프하듯 주요 거점을 뛰어넘고 주변에 방어가 약

한 섬을 점령한 다음, 거기서 일본군의 보급선을 차단하는 전략이었다. 맥아더는 이 전략으로 군도에 있는 일본군을 궁지로 몰았다.

태평양전쟁이 끝날 때까지 미군은 섬 상륙작전만 87차례 전개했다. 맥아더는 기습적인 공수낙하, 상륙작전, 주요 거점 우회 및 차단 전략을 펼쳤다. 일본식 위기관리 매뉴얼에 역행하는, 그야말로 '적의 의표를 찌르는' 전략이었다. 미군의 의도를 알 턱이 없었던 일본은 허둥대기만 했다.

공수를 잘하려면 편향 맹점을 보라

"공격을 잘하는 자는 적이 어디를 지켜야 할지 모르게 하고,
수비를 잘하는 자는 적이 어디를 공격해야 할지 모르게 만든다."
선공자 적부지기소수 선수자 적부지기소공
善攻者 敵不知其所守 善守者 敵不知其所攻

전쟁사에서 최고의 공격수로 한니발을 꼽고, 최고의 수비수로 유방을 꼽고는 한다. 한니발과 유방, 둘의 공통점은 공격과 수비의 전략을 적의 의도와 달리 차별화했다는 것이다. 적이 원하는 시간과 장소에서 싸우지 않았다는 뜻이다.

사람은 자기가 보고 싶은 것만 보려 한다. 이때 발생하는 문제로 편향 맹점Bias blind spot 을 생각해볼 수 있다. 편향 맹점에 빠지면 자신이 편향되었다는 사실조차 모른다는 것이 문제다. 따라서 편향 맹점을 남에게 들키고도 알아차리지 못하고, 적으로서는 공격할 절

호의 기회를 얻는다.

한니발은 고대 카르타고의 장군으로, 정식 이름은 한니발 바르카(기원전 247~기원전 181)다. 아버지는 1차 포에니전쟁에 참전했던 하밀카르 바르카 장군이다. 그 전쟁은 로마 제국의 승리로 끝났다. 기원전 218년, 한니발은 당시 카르타고의 지배하에 있던 에스파냐에서 10만 군대와 함께 로마를 향해 진군했다. 특이한 것은 이 군대에 전투 코끼리 37마리도 포함된 것이었다. 그래서 한니발의 로마 원정대를 코끼리 부대라고도 불렀다.

당시 카르타고가 지배하던 시칠리아섬에서 로마까지는 100km에 불과했다. 한니발은 그 지름길 코스를 놔두고 엄동설한에 코끼리 부대를 대동한 10만 병력을 이끌고 피레네산맥을 지나, 알프스산을 넘어 밀라노로 진입하려 했다. 코끼리까지 데리고 그 험난한 알프스산을 넘는 건 불가능하다는 장수들의 반발에 한니발은 다음과 같은 명언을 남겼다.

"나는 길을 찾아낼 것이요, 아니면 만들 것이다Aut inveniam viam aut faciam."

로마는 알프스산을 천혜의 요새라며 방치했고, 한니발이 쳐들어올 수 있는 지중해만 수비하고 있었다. 그 후 16년 동안 한니발은 로마를 농락했다.

심리학으로 읽는 손자병법

로마는 한니발이 피레네산맥을 넘는다는 보고를 받고도 알프스산은 넘지 못하리라 여겼다. 알프스산을 그것도 겨울에 넘는 것은 자살 행위로 보았다. 한니발은 창의적인 발상으로 그런 고정관념을 깼고, 로마의 지중해 패권 장악에 차질을 빚게 했다.

알프스를 넘는 한니발

미국의 심리학자이자 창의력 연구의 선구자 J. P. 길퍼드 J. P. Guilford는 창의적 사고의 구성 요소를 민감성sensitivity, 유창성fluency, 융통성flexibility, 독창성originality, 정교성elaboration, 재구성력reorganization 등으로 보았다. 창의력은 기존 사고의 틀을 깨고, 사안의 본질을 융통성 있게 재구성한 후 독창적인 정교한 해법을 만드는 것이다. 현상이 아니라 그 아래 문제의 본질을 보아야 새로운 해법이 나온다. 아인슈타인 또한 자연현상을 볼 때, 뉴턴의 고전 물리학이라는 기존 사고의 틀을 깨고 본질에 집중해 융통성 있게 재구성했기에 독창적인 사고의 틀을 만들 수 있었다. 아인슈타인의 상대성 이론은 그렇게 해서 탄생했다.

기원전 206년, 중국에서는 진나라 멸망 후 약 4년간 항우의 서초와 유방의 한 사이에서 치열한 초한 전쟁이 벌어졌다. 초나라 항우의 전력과 용맹이 한나라 유방을 압도했다. 항우는 자신의 무공과 참모 범증의 계책으로 유방을 궁지에 몰았다. 항우는 유방을 공격하는 데 급급했고, 유방은 항우의 공격을 요리조리 피하면서 최후의 방어선을 칠 곳을 찾기에 바빴다. 그때 역이기가 유방에게 색다른 제안을 내놓았다. "천하의 곡창지대인 오창을 항우가 소홀히 수비하고 있습니다. 이 기회에 오창을 빼앗아 군량미를 확보해야 합니다."

　후퇴만 하던 유방이 오창을 공격했다. 항우가 소홀히 수비한 곳이라 유방이 손쉽게 공략했다. 게다가 그곳 지하에서 엄청난 식량이 보관된 곡식 창고까지 발견했다. 진나라 때 국가적 차원에서 이같은 대규모 곡식 창고를 지하에 만들어둔 것이었다. 이후로 유방은 오창과 성고, 형양을 잇는 방어선을 치고 항우를 막아내며 역전의 계기를 만들어냈다.

열로 하나를 쳐라

"적의 형세는 드러나게 하고 아군의 형세는 감추어라.

이로써 아군은 결집하고 적은 분산된다."

형인이아무형 즉아전이적분

形人而我無形 則我專而敵分

아군은 결집하고 적군은 분산해야 한다. 아군보다 적군이 10배 많아도 적군을 열 곳 이상 분산하면 공격하는 아군의 수가 더 많아지게 된다. 강한 적을 분산해 하나씩 무찌르는 이런 전술을 각개격파 전술이라 한다. 각개격파 전술은 명장들이 쓰는 기본 전술 중 하나로, 작은 군대와 적은 물량으로 거대한 적을 상대할 때 쓴다. 각개격파 전술이 작동되려면 군대라는 조직에 작동하는 군중심리를 간파할 필요가 있다.

사람은 무리의 일부가 되려는 본능이 있다. 무리 본능은 달리 표현하면 사회적 범주화social categorization에 대한 욕망이다. 부동산 열풍, 투자 광풍, 사회적 낙인찍기 따위도 이런 무리 본능에서 비롯되었다고 할 수 있다. 조직 내 차별이 심하다는 것은 무리 본능이 더 강력하게 작용하고 있다는 반증일 수 있다. 차별이란 같은 입장의 그룹이 다른 입장의 그룹 또는 개인을 배타하는 것이기 때문이다.

혼자 있을 때 그토록 합리적인 사람이 무리만 지으면 일상과 다른 행동을 한다. 집단 속에 있을 때 자기 자신에 대한 통제력이 약해지는 이런 현상을 탈개인화depersonalization라 한다. 탈개인화 현상은 무리가 클수록 더 심하게 나타난다. 무리의 영향을 받아 개인의 주관이 증발하는 것이다. 다른 말로 하면, 군중심리에 말려들어 개인의 의견이 지워지는 것이다.

군중심리는 해로운 결과를 초래하기도 하지만, 반대로 유익한 결과를 창출할 수도 있다. 군중심리가 부정적으로 흐르면 집단 히스테리가 만들어지고, 긍정적으로 흐르면 유익한 집단지성이 창출된다. 군중심리를 주도하는 인물이 있기 마련인데, 요즘 말로 인플루언서influencer가 그렇다. 물론, 인플루언서 없이 소규모 무리에서 군중심리가 생성돼 전체로 번져 나가는 경우도 없지 않다.

베트남전쟁(1960~1975)에 미군은 1964년부터 참전했다. 정확히 말하면 미국 대 호찌민이 이끄는 북베트남 사이의 전쟁이었다. 제2차 세계대전 이후 프랑스에서 독립한 베트남은 남북으로 분단되었

　심리학으로 읽는 손자병법

는데, 북쪽은 사회주의자인 호찌민이 통치했고 남베트남은 미국이 지지하는 응오딘지엠이 통치했다. 그런데 응오딘지엠은 독재 정치를 펼쳐서 국민의 반발을 샀고, 많은 남쪽 사람이 호찌민을 지지했다.

호찌민을 지지하는 사람들이 베트남 통일을 위해 베트콩(베트남 민족해방전선)을 결성해서 남베트남 정권과 싸웠는데 호찌민이 베트콩을 지원했다. 베트콩과 남베트남 사이에 내전이 벌어지자 미군이 남베트남을 지원하기 위해 참전한 것이 베트남전쟁이었다.

베트남전쟁에서 미군은 참전 규모가 200만 명이었는데, 총 5만 명의 사망자를 내고 1973년 철군했다. 1973년 1월 27일 파리 평화협정 체결로 미국과 북베트남 사이의 정전이 결정되고 미군 철수를 명한 것이었다. 미군은 아무 수확도 얻지 못한 채 패전국이라는 오명만 떠안고 돌아갔다.

미군은 베트남전쟁 때 많은 전투에서 이겼지만, 결국 전쟁에서는 패했다. 1969년 닉슨 행정부가 양국의 인구, 국민소득, 병력 등의 자료들을 컴퓨터에 입력해 '미국 승리의 시기'를 연산해보니 5년 전인 1964년에 이미 미국이 승리한 것으로 나왔다. 수치로만 비교했을 때 개전과 동시에 승부는 결정이 났다는 뜻이다.

어디 전쟁뿐이겠는가? 비즈니스에서도 이런 일은 비일비재하다. 전투에서 이기고 전쟁에서 지고, 전술에서 이기고 전략에서 지는 경우가 많다. 그래서 장수의 전략적 의사결정이 매우 중요한 것이다.

베트남전쟁에서 북베트남군의 총사령관이었던 보응우옌잡 장군은 "전술에는 패배해도 전쟁에서는 패하지 않는다"라는 목표를 향해 뚝심 있게 밀어붙인 장수였다. 1968년 1월 21일 시작된 케산 전투가 그랬다. 케산은 해발 450m 높이의 고지대로 남베트남의 최상단이었다. 미 해병대와 남베트남군의 기지가 이곳에 있었다. 지역 자체가 매우 험하고 인적이 드물어 군대가 매복하기에는 이상적인 지형이었다. 보응우옌잡 장군은 이런 케산을 포위하는 전략을 세운 것이었다.

1월 21일 새벽, 북베트남군은 케산 기지로 포격을 가했다. 2월 8일까지 이어진 이 전투에서 미군은 가까스로 북베트남군을 몰아내는 데 성공했지만, 많은 전력의 손실을 본 게 사실이었다. 북베트남군의 포위를 뚫기 위해 각지에서 항공기들을 동원해 그야말로 나이아가라폭포처럼 폭탄을 쏟아부었다. 이 전투로 미군의 사기는 떨어졌고 미국 내에서도 반전 여론이 힘을 얻었다. 결국 이 전투가 파리 평화협정을 이끌어냈고 미군 철수가 결정되었다.

미군 철수 후에도 베트남전쟁은 계속되었고, 결국 남베트남이 북베트남에 항복함으로써 전쟁이 끝났다. 그리하여 지금의 베트남 사회주의공화국이 탄생하게 되었다.

북베트남 승리의 요인은 무엇일까? 여러 가지가 있겠지만, 지도층의 리더십이 주요했다고 본다. 북베트남(월맹) 사람들은 호찌민을 중심으로 강한 결집력을 보였다. 여기에 베트콩도 합세했다. 그러나 남베트남(자유월남)은 독재 정권과 지도층의 부정부패로 국민들이 하나가 되지 못했다.

리더가 비정상적 행태를 보일 때 대중의 소속감과 의무감은 자연 떨어진다. 그때부터 대중은 스스로 도덕적이고 유능하다고 착각하며 각기 자기 뜻대로 행동하기 때문에 집단은 분열된다. 오르테가 이 가세트Ortega Y Gasset는 명저 《대중의 반란La rebelión de las masas》에서 그런 대중과 리더를 구분하는 통찰력을 제시했다.

월남은 대중과 리더가 따로 놀았다. 월맹의 리더들은 소속감을 잃은 월남의 대중을 충분히 이용했다. 그런 식으로 월맹군은 방어 지역을 늘려나갔다. 결전지가 많으면 병력을 이곳저곳에 분산 배치해야 하므로 미군으로서는 전력이 손실된다. 미군에 비해 열세인 월맹군이 전력을 보완하는 방식이 그랬다.

"적이 갖춘 것이 많을수록 나와 함께 싸우는 바는 적어진다(적소비자다敵所備者多 즉오지소여전자과의則吾之所與戰者寡矣)."

아군은 국지전, 적군은 전면전이 되게 하라

"전체를 방어하려면 어디나 병사가 부족하듯, 적병이 적은 것도
아군을 대비해야 하기 때문이다. 아군이 많은 이유도
적이 아군을 수비하게 만들기 때문이다."

무소불비 즉무소불과 과자비인자야 중자사인비기자야

無所不備 則無所不寡 寡者備人者也 衆者使人備己者也

"되글을 배워서 말글로 써먹다"라는 속담이 있다. 되와 말은 과거에
쓰던 부피 단위로 1말 = 1되 × 10에 해당한다. 즉 이 속담은 적은
지식을 효과적으로 써먹는다는 뜻이다. 반대로 큰 자원을 가지고도
제대로 사용하지 못하고 허비하는 사람들이 있다. '말글을 배워서
되글로 쓰는' 것이다.

전쟁에서도 그렇다. 적에 비해 초라한 병력이나 물자로도 역전을
시키는 명장이 있다. 대개 압도적 전력을 지닌 측이 승리하지만, 각

심리학으로 읽는 손자병법

개격파 전술로 그런 전력 차를 극복하곤 한다. 적의 거대한 군사와 물자를 작은 규모로 분산해놓고 하나씩 격파해가는 것이다. 그런 장수가 바로 명장이다.

이를 위해 아군의 기동성은 필수적이다. 갑작스러운 장대비처럼 신출귀몰할 정도로 적진을 휘저어야 적이 병력을 풀어 방어선을 넓게 친다.

조직 간 경쟁 중 훨씬 우세한 조직이 열악한 조직의 파상적 공세를 거듭 받게 되면 집단 자존감collective self-esteem 때문에 과잉 대응하기 쉽다. 아군의 사기를 진작하고 적의 기세를 꺾기 위해 전역에 걸쳐 철통같은 방어막을 치려 한다. 하지만 그럴수록 허술한 곳이 더 늘어난다. 이는 우월한 무리가 열악한 무리의 간헐적 공세에 당할 때, 집단 자존감 때문에 안정 추구 편향Stability biases을 작동시키기 때문이다. 그래서 열 사람이 도둑 하나를 못 잡는 것이다.

나폴레옹이 유럽 통합을 꿈꾸며 이탈리아, 네덜란드, 벨기에 등을 점령해나갈 때, 겁을 먹은 유럽 강국들이 연맹을 맺고 대항했다. 이들 연합군의 압도적 병력을 나폴레옹은 산병散兵 대형으로 전진해 분산했고, 적의 주력을 발견하면 재빨리 병력을 모아 집중 공격했다. 산발 공격을 가해 적의 중심이 드러나면 집중 공격으로 분쇄하는 식이었다

당시 연합군의 이동 속도는 분당 70보였고, 나폴레옹군은 120보

였다. 기동력을 이용한 나폴레옹의 산발과 밀집을 통한 각개격파 전략에 연합군은 속수무책이었다. 이런 나폴레옹에게 한 부하가 "폐하는 늘 소수로 다수를 이깁니다"라고 하자 "아니다. 나는 언제나 다수로 소수를 이겼다"라고 답했다. 전체 병력은 적에 비해 훨씬 적었지만, 적보다 빠른 기동력으로 분산과 집중을 거듭하며 적을 분쇄했다는 이야기다. 그 결과 직접 싸움터에서 부딪치는 적보다는 아군의 수가 많은 효과를 보았다.

진형의 최고는 무형이다

"진형의 극치는
무형에 이르는 것이다."
형병지극 지어무형
形兵之極 至於無形

군대가 취하는 형세를 진형이라 하는데, 그중 극치가 군대의 형세가
아예 드러나지 않는 무형의 경지다. 그렇게 하여 아군의 형세를 거
짓으로 노출하면, 적의 의도를 간파하기 쉽고 상황에 따라 대응하
기도 유연해진다.

　검술의 최고 경지도 무형無形의 검법이다. 이 검법으로 무패의 신
화를 이룬 검객이 있다. 일본의 전설적 검객 미야모토 무사시다. 그
는 수많은 단련으로 무예를 익힌 후 무형의 검법으로 일본 열도를
제압했다.

무형의 검법은 검이 없다는 것이 아니라 검법 형식에 매이지 않는다는 것이다. 그는 "눈이 아니라 마음으로 보라"라고 말했다. 보이는 대로만 따라 하지 말고 상대의 의중을 간파하라는 것이다.

무사시는 주로 쌍검을 사용했지만 무술의 형식을 초월한 검법으로 상대가 예측할 수 없게 만들었다.

이처럼 아군이 무형의 경지에 이르면 적이 아군의 허실을 파악할 도리가 없어 아무리 뛰어나도 아군에 대한 전략을 세울 수 없다.

무형의 경지에는 세 가지 특징이 있다.

첫째, 성공했던 경험에만 매이지 않는다. "기왕에 승리했던 방식만 고집하지 말고 무궁한 변화로 대응하라(기전승불복其戰勝不復 이응형어무궁而應形於無窮)."

한때 유능했던 장수가 어리석어지는 경우가 있는데, 자신의 성공 경험에 집착함으로써 변화에 적응하지 못하기 때문이다. 자신의 강점과 기존의 성공 방식이 오히려 덫이 된 것이다.

과거의 무용담에 취해 현실적인 확장과 미래를 향한 역동성을 상실한 경우를 하버드대학 심리학과 교수 엘렌 랭거Elen Langer는 '성공의 덫Success Trap'이라고 했다.

이 덫에 빠지면 특정 상황에서 성공했던 자기 경험을 보편적 성공 공식으로 적용하려 한다.

수에즈 운하를 개통하는 데 큰 공을 세운 페르디낭 드 레셉스 Ferdinand Marie de Lesseps도 그런 경우라 할 수 있다.

수에즈 운하는 이집트 시나이반도 서쪽에 건설된 세계 최대 운하로, 지중해와 홍해를 연결함으로써 아시아와 유럽으로 이동하는 시간을 크게 단축한 획기적인 교통로다. 그 같은 운하의 필요성은 고대부터 제기되었고 운하를 만들었던 흔적도 발견되고 있지만, 지금 형태의 수에즈 운하가 개통된 것은 19세기에 이르러서였다.

레셉스는 이집트에 파견된 프랑스 외교관이었다. 그의 주선으로 프랑스가 수에즈 운하 공사를 주도하게 되었다. 공사 자금을 확보하기 위해 그는 주변 유럽국에 주식을 공매하는 방식을 기획했다. 프랑스와 라이벌 관계였던 대영제국의 방해로 자금 조달은 쉽지 않았다. 그러나 레셉스가 협상을 잘 이끌어낸 덕분에 공사 시작 10년 만인 1869년 드디어 수에즈 운하가 개통되었다.

수에즈 운하로 국제적인 명성을 얻게 된 레셉스는 훗날 파나마 운하 기획도 맡게 되었다. 파나마 운하는 중앙아메리카 파나마에 건설된 운하로, 태평양과 대서양을 잇는 중요한 교통 요충지다. 1880년 레셉스가 이끄는 프랑스팀이 운하 공사를 따냈지만, 워낙 난공사인 데다 사고와 질병으로 무수히 많은 인부가 사망하면서 공사 시작 9년 만에 막대한 피해를 보고 공사를 포기한다. 파나마는 수에즈와는 지형도, 기후도 전혀 달랐는데 수에즈 방식대로 공사를 강행했던 게 주된 패착이었다. 책임자인 레셉스는 이 일로 막대한 빚을 지고 말년을 비참하게 보냈다.

　무형의 경지의 두 번째 특징은 흐르는 물과 같다는 것이다. 물은 높은 곳에서 낮은 곳으로, 좁은 곳에서 넓은 곳으로 흐른다. 물은 가로막으면 고이고 썩는다. 노자도 상선약수_{上善若水}라 하여 최고의 선은 물과 같다고 했다. 군대의 형세도 물의 흐름과 같아야 한다(병형상수_{兵形象水}).

　물은 고지대를 피해 저지대로 향한다. 군대도 적의 강한 곳을 피해 빈 곳을 향해야 한다. 물의 흐름이 지형에 따라 제어되듯, 군대도 적의 태세를 고려해 제어되어야 한다. 이런 관점에서 손자는 "병무상세 수무상형_{兵無常勢 水無常形}", 즉 군대나 물에는 일정한 형세가 없다고 했다.

　무형의 경지를 조직관리의 환경 적합성Environmental Fit에 비유할 수 있다. 흐르는 지형이 원이든 네모든 세모든 물은 따지지 않는다. 지형에 적응하며 영역을 장악해나간다. 그렇게 모인 물은 강한 에너지를 지니게 되는데, 급류를 만나면 제아무리 강한 댐도 단번에 무너뜨릴 수 있다. 물이 주어진 환경에 순응하는 것처럼 조직 또한 법, 제도, 문화, 정치 따위 외부 환경이 요구하는 바에 적응해야 한다. 그래야 조직이 도태되지 않는다.

　나폴레옹 전쟁 때 나폴레옹과 맞서 싸웠던 유럽 연합국의 장군들은 그가 "기존의 상식과 달리 싸운다"라며 한탄했다. 나폴레옹은

　심리학으로 읽는 손자병법

적어도 전쟁터에서만큼은 물처럼 유연했던 것이다.

무형의 경지에 오른 사람의 세 번째 특징은 밀당의 신이라는 것이다. 연애에만 '밀당'이 있는 것이 아니다. 밀고 당기기를 잘하는 것이 오랫동안 좋은 관계를 유지하는 비결이다. 전쟁에서는 밀당의 주도권을 쥔 측이 이긴다. "적의 변화에 적절히 대응해 승리를 거두는 자가 곧 용병의 신(능인적변화이취승자能因敵變化而取勝者 위지신謂之神)"인 것이다.

전쟁에서 밀당은 공간과 시간을 잘 활용하는 것으로 나타난다. 어느 장소에 어느 정도의 병력을 배치하나, 어떤 시간에 적을 수색하고 공격하나 따위 작전 수행의 공간과 시간을 유연하게 밀고 당길 줄 알아야 한다. 전술과 전략도 적을 상대로 어떻게 공간과 시간 면에서 집중과 분산을 하느냐에 관한 것이다. 구체적으로 무엇을 말하는지 중화인민공화국의 초대 주석 마오쩌둥의 전법으로 살펴보자.

공산당 수장이었던 마오쩌둥은 장제스가 수장으로 있던 국민당을 누르고 1949년 10월 1일 중화인민공화국 정부를 세운 인물이다. 집권당이던 국민당에 비하면 소수당에 불과했던 공산당이 중국 대륙을 차지했으니 그 과정이야 어찌 됐건 마오쩌둥은 대단한 군사 전략가임에 틀림이 없다. 그가 국민당의 50만 군대에 쫓겨 1만 2,500km를 행군할 때 내놓았던 유명한 전법이 있는데, 바로 '16자

전법'이다. 여기서 16자는 다음과 같다.

- 적진아퇴敵進我退: 적이 공격하면 우리는 물러난다.
- 적주아교敵駐我擾: 적이 주둔하면 우리는 적을 교란한다.
- 적피아타敵疲我打: 적이 지치면 우리는 타격한다.
- 적퇴아추敵退我追: 적이 후퇴하면 우리는 추격한다.

16자 전법은 적의 공간과 시간에 따라 아군의 공간과 시간을 유연하게 이용하는 전략임을 알 수 있다. 공간과 시간을 기준으로 적과 밀당하는 기술이 여기에 있다.

군쟁軍爭

. . . .

실전에서는
주도권이 중요하다

제7편 군쟁에서는 기선을 제압해 주도권을 잡으라고 이야기한다. 유리한 위치를 선점하고 서투른 군쟁은 삼가며 풍림화산의 자세로 공격과 수비를 하고 전리품은 공정하게 분배하라고 한다. 용병을 잘하려면 치기, 치심, 치력, 치변을 해야 한다고 강조하고 전투 중에 삼가야 할 여덟 가지 사항을 제시한다.

유리한 위치를 선점하라

"장수가 군주에게 명을 받아 군대를 모으고
대치하며 주둔할 때 다투는 것보다 어려운 일은 없다."
장수명어군 합군취중 교화이사 막난어군쟁
將受命於君 合軍聚衆 交和而舍 莫難於軍爭

전쟁에서 가장 어려운 일을 손자는 '군쟁軍爭'이라고 했다. 여기서 군
쟁은 기선을 제압해 전쟁의 주도권을 잡으려고 다투는 것을 말한다.

　군대끼리의 싸움은 개인들 마음대로 벌이는 것이 아니다. 먼저
군주의 전투 명령이 떨어져야 하고, 명을 받은 장수는 필요한 병력
을 모아 군을 편성한다. 그런 다음, 적과 대치하기에 적당한 거리를
찾아 주둔지로 정한다. 이어서 전쟁의 주도권을 잡기 위해 기선 제
압 다툼을 벌인다. 이를 손자는 군쟁이라 하며 전쟁에서 가장 어려
운 일로 보았다.

　　　　　　　　　　　심리학으로 읽는 손자병법

전쟁은 마치 씨름 선수가 샅바 싸움을 벌이는 것과 같다. 씨름은 샅바 잡기라는 말도 있다. 샅바를 잡기 전 상대를 노려보며 모래판을 빙빙 돈다. 기선을 제압하려는 것이다. 유리하게 샅바를 잡았다면 좀 더 다양한 기술을 펼칠 수 있다. 불리하게 샅바를 잡았다면, 선택할 기술의 폭이 줄어든다. 이것이 선점의 효과다.

김홍도의 〈씨름〉

비즈니스에서는 타깃 설정이 중요하다. 어떤 타깃을 겨냥하느냐에 따라 마케팅 포인트가 달라진다. 상대보다 유리한 포지셔닝을 선점하는 것은 어려운 일이면서도 상대를 이기는 결정적인 비결이다. 순자도 '권학편'에서 위치 선정의 중요성을 언급했다.

"남쪽에 몽구蒙鳩라는 새가 있다. 깃털로 둥지를 튼튼하게 만들고 머리털로 아름답게 꾸며 갈대에 매달아 두었다. 하지만 바람 불어 갈대가 꺾이니 알도 깨지고 새끼도 죽었다."

"그러나 이는 둥지가 완전하지 않아서가 아니라 둥지가 좋지 않은 곳에 매달려 있어서다(소비불완야巢非不完也, 소계자연야所繫者然也)."

"서쪽에 사간射干이라는 나무가 있는데 줄기가 4촌이다. 높은 산 위에서 자라고 있고, 깊이가 백길이나 되는 못을 내려다볼 수 있는 위치에 있다. 나무의 줄기가 긴 게 아니라 서 있는 위치가 그리 만든 것이다(목경비능장야木莖非能長也, 소립자연야所立者然也)."

전쟁에서 좋은 위치란 어떤 곳일까? 싸울 때 유리해야 하며 공격조를 중심으로 정찰조, 수비조, 보급조, 통신조, 보건조 등 아군의 각 단위 부대 간 소통과 업무 조율이 원활한 곳이어야 한다. 그래야 군대 전체에 정보가 공유되고, 공동의 목표를 가지게 되며, 상호 신뢰가 생긴다. 이는 곧 포지셔닝의 적합성fitness으로, 역할에 맞는 장소를 택하는 것이 그 시작이다.

제2차 포에니전쟁 때 한니발이 이끄는 카르타고군은 기적같이 알프스 등반에 성공해 로마군의 방해를 받지 않고 북이탈리아로 진입했다. 한니발은 자신이 원하는 시간, 원하는 장소를 선점했기에 전쟁의 주도권을 가져올 수 있었다. 뒤늦게 북이탈리아로 출격한 로마군은 계속 참패를 맛보았고, 이탈리아 북부를 잃은 데 이어 로마를 제외한 중부 지방도 카르타고군에 내주게 되었다.

이후 카르타고군은 칸나이 전투에서 전력의 열세에도 로마군을

심리학으로 읽는 손자병법

무찌르는 역사적 승리를 거둔다. 이 전투로 한니발은 전쟁사에 길이 남는 영웅이 되었다. 사실 칸나이 평원을 전장으로 선택한 쪽은 로마였다. 기병이 우세한 카르타고군에게 불리하도록 보병전을 꾀한 것이었다. 당시 로마군의 보병은 카르타고군 보병의 2배 이상이었다. 칸나이 평원은 양 끝이 숲과 강이어서 뒤로 밀려나면 갈 곳이 없었다.

한니발은 그런 로마의 전략을 간파했다. 로마 보병전의 특징을 익히 알았기에 거기에 맞서는 전략을 세워 로마군을 완전히 초토화했다. 연구에 따르면 당시 참전한 로마 병력이 7만이었는데 집계된 사망자가 6만 가까이라고 한다. 반면, 카르타고의 피해는 많이 잡아도 8천 명 정도였다.

이후 로마군은 빠르게 회복했고, 한니발의 군대를 제외한 다른 카르타고 원정군들은 로마에 연패를 당했다. 로마의 스키피오 아프리카누스 장군은 카르타고 본국을 침공하는 전략을 꾀했다. 이에 한니발도 본국 송환 명령에 따라 카르타고로 돌아왔는데, 자마 전투에서 로마의 스키피오 아프리카누스를 맞아 패한다. 한니발이 칸나이 전투에서 승리(기원전 216)한 지 약 14년 만인 기원전 202년의 일이었다.

자마는 카르타고 남서쪽 지방으로 지금 튀니지의 실리아나 부근으로 추정된다. 한니발은 늘 그렇듯 전투의 선봉에 코끼리 80마리를 앞세우고 로마군을 향해 돌진하도록 했다. 코끼리의 무게로 보병들을 선두 제압하려는 의도였다. 그러나 평소와 달리 스키피오 군대는 기병대를 보강해 기동력으로 코끼리 부대에 대처했다. 반면 한니발 군대는 기병대를 줄이고 보병대를 늘렸다.

코끼리 부대가 돌격하자 로마 보병대는 길을 터서 로마군 사이로 코끼리가 빠져나가도록 하는 한편, 코끼리를 향해 창을 던지고 나팔을 불어 코끼리를 놀라게 했다. 놀란 코끼리들이 자기 진영으로 도망치자, 오히려 코끼리들 때문에 부상을 입은 카르타고 병사들이 속출했다. 이렇게 카르타고군이 우왕좌왕하는 사이 로마의 기병들이 돌격해 카르타고군을 전멸시켰다.

자마 전투로 사망한 카르타고군은 약 4만 명, 로마군은 최대 4천 명으로 본다. 이로써 16년간 끌어온 2차 포에니전쟁도 끝이 났다. 이후 한니발은 카르타고의 통치자가 되었으나 로마의 암살 위협에 시달리다가 시리아로, 다시 비티니아로 망명을 거듭했고 결국 스스로 목숨을 끊는다.

유리한 위치를 선점하는 방법

"우회하면서도 직진처럼 가고
불리한 것도 유리하게 만들라."
이우위직 이환위리
以迂爲直 以患爲利

급할수록 돌아가라는 말이 있다. 손자는 빠른 길을 바로 질러가지 않고 돌아갈 줄도 알아야 한다며 "우직지계迂直之計"라는 계책을 내놓았다. 우직지계에는 다음 두 가지 속뜻이 있다.

첫째, 유리한 포지셔닝을 선점하고자 할 때 상대를 현혹할 필요가 있다. 목적지를 향해 멀리 돌아가는 것이면서도, 마치 다른 장소로 급하게 직진하는 것처럼 보여 상대를 안심시킨다. 둘째, 이미 상대가 유리한 위치를 선점했을 때 별 관심 없는 것처럼 행동하며 상대의 방심을 유도하라는 뜻이다. 이로써 전화위복의 기회를 만들라는 뜻이다.

우직지계와 비슷한 것으로, 영국의 군사학자 바실 리델 하트Sir Basil Henry Liddell Hart가 내놓은 '간접접근' 전략이 있다. 그는 제1차 세계대전에 참전했다가 퇴역한 후 군사학 저술가로 활동했다. 《손자병법》과 세계 전쟁사를 연구한 끝에 간접접근 전략을 내놓은 것인데, 간접접근 전략은 가급적 전면전을 피해 전투 이전에 적을 무력화하는 방법이다. 말하자면, 싸우기 전에 이기는 조건을 만들라는 것이다.

리델 하트는 제1차 세계대전 참전을 경험하고는 소모전의 무익함을 피해 최소의 전투로 승리하는 전략의 필요성을 절감했다. 그리하여 간접접근 전략을 바탕으로 《전략론Strategy》(1938)을 펴냈다.

그가 분석한 280여 전투 중 여섯 차례만 직접 승부로 승리했고 나머지는 우회 전략으로 승리했다. 보통 승패를 예측할 때 첨단무기와 물자 등을 비교하지만, 그것만으로 반드시 이긴다는 보장은 없다는 것이다. 여기서 리델 하트의 유명한 '간접접근' 전략이 탄생했다. 손자의 우직지계와 맥락이 같은 것이다.

미국 남북전쟁을 보자. 물량이 넘치는 북군이 남군의 로버트 에드워드 리Robert Edward Lee 장군을 극복하지 못하고 진퇴를 거듭했다. 소모전이 계속되자 북군의 윌리엄 T. 셔먼William T. Sherman 장군이 전선을 우회하는 전략을 구사한다. 즉 남군의 후방을 황폐하게 만든 것이다. 이로써 북군은 승리한다.

리 장군의 장점은 접근 기반 포지셔닝access-based positioning을 잘한 것이다. 즉 북군의 주력과 직접 승부할 때마다 위치를 유리하게 잘 선정했다. 셔먼 장군은 이를 피해 남군의 후방과 보급선을 집중 공략했다. 이런 접근 방식은 필요 기반 포지셔닝needs-based positioning이라 할 수 있다. 적과 정면대결하는 것이 아니라 적 후방에서 기반을 허무는 것이다. 셔먼의 이 전략으로 남부군의 마지막 전력이었던 리의 군대는 항복했고, 전쟁도 막바지로 향했다.

우직의 계라면 조조를 언급하지 않을 수 없다. 《삼국지》에서 최고의 맹장으로 꼽히는 여포가 소패성에 있던 유비를 공격해 소패를 차지한 일이 있다(196년). 이에 유비를 후원하던 조조는 여포와 전면전을 벌였다. 조조에게 소패, 소관, 서주를 차례로 빼앗긴 여포는 마지막 남은 성 하비로 후퇴한다. 거기서 유명한 조조와 여포의 하비성 전투가 벌어진다(198년).

하비성은 지역이 험한 데다 군량이 풍족한 곳이어서 조조의 공격에도 여포는 잘 버텨냈다. 전투가 두어 달 계속되면서 조조의 병사들은 지치기 시작했다. 조조는 너무 오래 비워둔 허도가 걱정되기도 해서 철수를 고민하기에 이르렀다. 마침 큰비까지 내렸다. 상심에 빠져 있던 조조에게 곽가가 수공水攻을 제안했다. 주변에 있는 강의 제방을 허물어 침수시키자는 것이었다. 그러자 조조는 이렇게 말했다.

"내가 왜 그 생각을 못했을꼬? 저 사수와 기수가 하비성의 방패이지만 물길을 성으로 돌리면 최고의 공격 수단이 되겠구나. 마침 비가 내려 한 치 앞도 보기 어려우니 후퇴하는 것처럼 꾸미고 사수와 기수의 제방을 무너뜨려라."

이 수공으로 하비성은 물에 잠겨버렸다.

심리학으로 읽는 손자병법

서투른 군쟁은 삼가라

"군쟁은 이롭기도 하지만

위험도 있다."

군쟁위리 군쟁위위

軍爭爲利 軍爭爲危

전략적 요충지를 두고 아군과 적군이 선점을 다투는 것을 군쟁이라 했다. 군쟁을 잘하면 기선을 제압해 주도권을 가져가게 되므로 전쟁에 유리하다. 하지만 군쟁을 잘못하면 대단히 위험하다. 손자는 다음과 같이 말한다.

> "모든 군대가 전략적 요충지를 선점하는 데 치중하면 오히려 도착이 늦어지고(거군이쟁리즉불급擧軍而爭利則不及), 부대끼리 경쟁시키면 군수품까지 버려질 것이다(위군이쟁리즉치중연委軍而爭利 則輜重捐)."

아군끼리 경쟁시키면서 여러 날 밤낮없이 행군을 시키면 약한 병사는 뒤처지거나 적의 포로가 되어 병사의 10분이 1 정도만 목적지에 도달할 것이다. 그 결과 "요충지를 차지했다 하더라도 군수물자가 없어 망하고, 식량이 없어 망하고, 비축물자가 없어 망한다(군무치중즉망軍無輜重則亡, 무량식즉망無糧食則亡, 무위적즉망無委積則亡)."

전국시대 제나라에 황금을 너무 좋아하는 사람이 있었다. 그가 어느 날 옷을 잘 차려입고 시장에 나갔는데, 한 상인이 황금을 팔고 있었다. 그는 냉큼 달려가 그 황금을 한 손에 움켜쥔 채 달아났다. 상인이 소리쳤다.

"도둑이야!"

금세 포졸들이 달려와 도둑을 붙잡고 물었다.

"시장에 보는 눈이 이렇게 많은데 어찌 황금을 훔칠 생각을 했느냐?"

"황금을 보는 순간 다른 사람들은 눈에 들어오지 않았소."

《여씨춘추》에 나오는 '제인확금齊人攫金' 고사다. 욕심에 붙들려 남은 상관하지 않고 자기 이익만 챙긴다는 뜻을 내포한다. 역시 《여씨춘추》에 나오는 '엄이도령掩耳盜鈴'도 비슷한 뜻의 고사성어다. 직역하면, "귀를 가리고 방울을 훔치다"라는 뜻이다. 여기서 방울은 원래 종이어서 '엄이도종'이라고도 한다.

진나라의 명문가인 범씨 가문에 대대로 내려오는 큰 종이 있었는데, 도둑이 그 종을 훔치려 했다. 종이 워낙 커서 이를 쪼개서 가져가려고 망치로 내리치니 종소리가 크게 울려 퍼졌다. 깜짝 놀란 도둑은 사람들이 들을까 봐 자기 귀를 틀어막았지만, 곧 붙잡혔다는 내용이다. 자기가 못 들으면 남들도 못 들을까? 그럴 리 없다.

적과 유리한 지역을 놓고 다툴 때 오직 그 목표에만 매몰되면 정상적인 판단력을 잃을 수 있다. 특히 아군의 부대끼리 경쟁시키면 부대마다 먼저 도착하려고 무리하게 된다.

이와 같이 조직 내 각기 다른 부서끼리 치열한 경쟁이 시작되면, 부서별로 이익을 위해 응집한다. 이것이 집단극화group polarization 현상으로 이렇게 되면 조직 전체의 비전은 달성하기 어려워진다.

행군 속도는 보통 하루에 30리 정도인데 아군끼리 경쟁을 시키면, 부대 지휘관들은 행군 속도를 높이고 행군 시간을 늘려 경쟁에서 이기려 한다. 그러다 보면 행군에 방해되는 치중輜重, 즉 군수품을 버릴 수도 있다. 이처럼 무리한 행군을 해서 요충지를 먼저 차지했다 해도, 군량미도 없고 무기도 부족한데 어찌 적과 싸워 이기겠는가?

그러므로 전체를 보고 부분을 보아야 하며, 부분을 보면 또 전체를 보아야 한다.

공격과 수비의 자세: 풍림화산

"바람처럼 빠르게, 숲처럼 고요히,
침략할 때는 불같은 기세로, 지킬 때는 산처럼."
기질여풍 기서여림 침략여화 부동여산
其疾如風 其徐如林 侵掠如火 不動如山

일본 센고쿠 시대의 무사 다케다 신겐은 "기질여풍, 기서여림, 침략여화, 부동여산"을 줄여서 풍림화산風林火山이라고 했다. 15세기 후반부터 16세기 후반까지 일본에서 여러 영주가 세력 다툼을 하던 시대를 센고쿠 시대라고 한다. 센고쿠 시대의 유력한 3대 영걸로 오다 노부나가, 도요토미 히데요시, 도쿠가와 이에야스를 꼽는다. 다케다 신겐은 그다음이었다. 그중 일본의 통일을 완성해 에도 시대를 연 사람은 도쿠가와 이에야스였는데, 그에게 일생일대의 가장 처참한 패배를 안긴 사람이 바로 다케다 신겐이다.

심리학으로 읽는 손자병법

신겐은 전장에서 늘 풍림화산의 깃발을 내걸었다. "군사를 움직일 때는 바람같이 빠르게, 조용해야 할 때는 숲처럼 고요하게, 침략할 때는 불같은 기세로, 움직이지 않을 때는 산처럼"을 전쟁의 모토로 사용했다. 그는 또 정보전의 중요성을 깨닫고, 전국에 비밀 첩보 조직을 구축해 숲처럼 조용히 정보를 수집했다.

신겐은 전투에서 완승보다는 50~70% 정도 승리를 좋게 보았다. 그것이 장기전에서 승리할 수 있는 비결이라고 여긴 것이었다. 전쟁은 최후 승리가 중요한데, 각기 전투에서 100%로 완승하면 태만해져 결국에는 대패할 수 있기 때문이다.

전쟁은 마라톤과 같다. 마라톤은 초반에 훌쩍 앞서 나가다가 낙오하기 쉬운 스포츠다. 초반에는 중간 순위를 유지하다가 마지막 골인 지점에 이르러 앞서 나가야 한다.

전쟁에서 승패는 병가지상사兵家之常事, 늘 있는 일이다. 매일의 싸움에서 승패에 일희일비할 필요가 없다.

칸나이 전투에서 한니발이 사용한 전술에서도 풍림화산을 찾아볼 수 있다. 한니발은 전투가 벌어질 칸나이 평원에 먼저 도착해 3주 전부터 충분히 훈련하고 기후에 적응했다. '바람같이 빠르게' 군사를 움직였다. 전투 전날에는 로마군이 강에서 물 긷는 것을 방해해 이들이 갈증에 시달리게 했다. '숲처럼 고요하게' 전투를 준비한 것이다. 또 수적으로 절대 우세였던 로마군을 포위해 섬멸하는 작전을 구사했다. 즉 중앙의 보병이 치고 빠지기를 반복하며 로마군

Die Römer ihres Schmuckes beraubt vor Hannibal.

칸나이 전투에서 한니발(기원전 216)

을 중앙에 밀집 포위하는 대형을 취하는 가운데 양쪽 기병대가 빠른 시간에 '불같은 기세로' 적을 물리치는 작전이었다.

　아침부터 시작한 전쟁은 4시간도 채 걸리지 않았을 때 끝났다. 그야말로 속전속결이었다. 일반적인 포위 작전이라면 적보다 병력이 적어도 3배 이상은 되어야 하지만, 한니발의 카르타고군은 로마군의 절반밖에 안 되는 병력으로 포위섬멸 작전에 성공한 경우여서 더욱 유명해졌다.

전리품은 공정하게 분배하라

"약탈한 노획물과 영토를 확장해 얻은 이익을 분배하되,
저울질해 공정하게 나누어야 한다."
약향분중 곽지분리 현권이동
掠鄕分衆 廓地分利 懸權而動

전쟁의 전리품을 장수 혼자 독식하지 말라고 손자는 말한다. 전리품을 군사들에게도 골고루 나눠주어야 군사들은 다음 전쟁 때도 목숨을 바쳐 싸운다.

힘든 전쟁에서 이기고도 내분으로 망하는 경우가 종종 있다. 그 이유는 논공행상論功行賞의 실패일 때가 많다. 공은 정확히 저울질해 그에 맞는 상을 내려야 한다. 그렇지 않으면 어제의 전우가 오늘의 원수로 돌변할 수 있다.

옛날 저울

'현권이동'에서 현懸은 '매단다', '권權'은 저울추를 뜻해서 공을 저울에 달아 합당하게 분배하라는 뜻이다. 공적도 없는데 실세의 측근이라 하여 과잉 포상하거나, 반면 전공은 큰데 홀대한다면 부하들은 리더를 따르지 않을 것이다. 정권을 잡기 전에는 하나였다가 집권 후에 인사와 재정을 편중 배분하면서 자중지란이 일어나 망하는 일이 얼마나 많은가!

정권을 잡은 집권당이 흔히 빠지는 오류 중 하나가 그것이다. 조직의 전체 맥락은 무시하고 특정 부분만 극대화하는 오류다. 그런 오류를 선택적 추상화Selective Abstraction라 할 수 있는데, 권력이 커질수록 인간의 뇌는 공감 능력이 약해지고 자기 주장만 더 내세우기에 그렇게 되는 것이다. 선택적 추상화 오류에 빠지면 객관적 전공은 무시하고, 사소한 일을 빌미 삼아 간신 중심으로 상을 주거나 직위를 주는 일이 벌어진다.

칭기즈칸은 전리품을 잘 분배했다. 모든 전사에게 전공에 따라 분배했을 뿐만 아니라 전쟁미망인과 고아, 나아가 전쟁에 참여한 자

심리학으로 읽는 손자병법

가 없는 집이나 병참 지원을 한 평민들에게도 전리품을 나눠주었다. 이 때문에 칭기즈칸은 후방 백성들로부터도 아낌없는 지원을 받을 수 있었다.

칭기즈칸의 공정한 분배는 몽골 전사뿐 아니라 백성들까지 세계 정복에 대한 강력한 동기부여가 되게 했다. 그리하면 모든 구성원이 자신이 속한 조직을 공동운명체로 인식하고 조직의 성공과 실패를 자신의 것으로 인식하게 된다. 조직 상하에 일체감이 형성되는 이것은 조직 동일시Organizational Identification이다.

군인들 사이에 조직 동일시가 형성되려면 '업무 절차'와 '분배' '상호작용' 이 세 가지에서 공정성이 담보되어야 한다. 업무 분담 절차가 공정하지 않다고 느낄 때 업무 의욕이 저하된다. 의사소통과 의사결정 과정에서 모멸감과 정보 소외를 느낄 때 충성심이 약화된다. 특히 개인이 조직을 위해 헌신한 정도와 분배의 비율이 맞지 않을 때 조직을 이탈할 욕구를 가지게 된다. 만일 칭기즈칸이 개인의 호불호에 따라 불공정 배분을 했다면? 세계제국을 건설하기는커녕 몽골 내 부족조차 통합하지 못했을 것이다.

기, 심, 역, 변을 장악하라

"적이 예리할 때 피하고 나태할 때 치는 것이 사기를 다스리는 것이고,
질서로 적의 혼란을 기다리고 고요함으로 적이 소란하기를 기다리는 것이
심리전을 잘하는 것이며, 가까이서 먼 곳의 적을 기다리고 편안한 가운데
피로한 적을 기다리고 배부른 가운데 굶주린 적을 상대하는 것은 전투력을
다스리는 것이다. 깃발이 정돈되어 있고 당당한 진용을 갖춘 적을 공격하지
않은 것은 상황의 변화에 잘 대처하는 것이다."

피기예기 격기타귀 차치기자야 이치대란 이정대화 차치심자야
避其銳氣 擊其惰歸 此治氣者也 以治待亂 以靜待譁 此治心者也
차치력자야 무요정정지기 물격당당지진 차치변자야
此治力者也 無邀正正之旗 勿擊堂堂之陣 此治變者也

손자는 용병을 잘하는 4대 원칙을 설명했는데 이를 요약하면 치기
治氣, 치심治心, 치력治力, 치변治變이라 할 수 있다. 각각 사기의 다스림,

심리학으로 읽는 손자병법

심리의 다스림, 전투력의 다스림, 변화의 다스림을 뜻한다. 이를 사치四治라고도 하며, 조직관리에서는 각각 사기 진작, 업무 동기부여, 역량 발휘, 변혁 대응으로 적용할 수 있다. 즉, 손자의 용병술은 구성원의 역량을 언제 어떤 식으로 극대화하느냐에 관한 것이다.

첫째, 치기治氣는 조직의 사기를 다스리는 것으로, 조직의 사기를 어떻게 사용하고 고양하느냐에 관한 것이다. 적이 예리할 때 피했다가 나태해질 때를 노려 공격하면 자연히 아군의 기세가 올라간다. 모든 성원의 사기가 죽은 조직에서는 아무리 뛰어난 인재가 있다해도 쓸모가 없다. 적의 사기를 꺾고 아군의 사기는 살리는 게 핵심이다. 손자는 병사의 기세에 대해 아침에 가장 왕성하고 오후에 나태해져 저녁에는 쉬는 것으로 보았다.

둘째, 치심治心이란 군대의 심리적 안정을 다스리는 것이다. 군대는 상황에 맞춰 질서가 서야 하고, 이 질서가 무시나 억압이 아니라 모두의 생명과 안정을 위함임을 공감해야 한다. 장수가 먼저 규율을 지키며 희생하는 모습을 보여야 부하들이 심리적으로 안정한다. 장수가 모범을 보이지 않고 부하들에게만 규율을 강요한다면 군대는 심리적 안정을 도모할 수 없다.

제2차 세계대전(1939~1945)에서 초반전은 미, 소, 영 등이 속한 연합군이 독, 일, 이 등의 기세에 눌려 연달아 패배했다. 이 분위기를 반전시키며 연합국의 승리로 이끈 주역이 바로 영국의 총리 윈스턴 처칠이다. 1940년 영국 총리가 된 처칠은 전쟁의 공포에 떨던 국민에게 다음과 같이 호소했다.

> "우리 앞에 길고 긴 투쟁과 극심한 시련이 놓여 있습니다. 여기서 제가 여러분에게 드릴 수 있는 것은 피와 땀과 눈물뿐입니다. 여러분이 제게 목표가 무엇이냐 묻는다면 한마디로 승리라 답하겠습니다. 승리 없이 대영제국은 없습니다. 자, 이제 우리의 힘을 신뢰하고 함께 앞으로 나아갑시다."

독일군의 공습을 예상하고 겁먹고 있던 영국인은 이 연설을 듣고 다시금 투지를 다졌다.

셋째, 치력治力은 군대의 전투력을 다스리는 것으로 어떻게 전투력을 사용하느냐에 관한 것이다. 핵심은 아군의 전투력은 올리고 적의 전투력은 떨어뜨리는 것이다.

위촉오 삼국시대 후반인 221년, 촉은 국운을 걸고 오를 공격한다. 이른바 이릉대전이었다. 촉나라의 대군이 먼 길을 달려왔지만, 오나라 장군 육손은 싸우려 하지 않고 오히려 이릉으로 후퇴했다. 촉군이 여러 차례 도발해도 육손은 일절 응하지 않고 수비만 했다. 이는 촉군을 유인하려는 후퇴 전술이었지만, 촉군은 이를 알 리 없었다. 오군이 무대응으로 일관하자 촉군은 기운이 빠져 숲속으로 자리를 옮겼다. 그때 오군이 숲에 불을 지르고 일거에 그들을 섬멸했다.

넷째, 치변治變은 변화에 잘 대처하는 것이다. 전쟁에서는 변화를 주도하는 측이 되어야 하고, 최소한 변화에 뒤늦게 대처하는 일이 있어서는 안 된다.

고대 농경 사회에서 문명적 변화는 미미했지만, 전쟁터는 예측 불허의 상황이었다. 손자는 적의 깃발과 진세의 모양을 보고 전쟁터의 상황 변화를 정확히 찾아내라고 한다. 깃발이 잘 정돈되어 있고 힘차게 휘날리며 군진이 당당한 적은 피해야 한다. 그것이 전쟁터의 변화에 잘 대처하는 것이다.

전투 중 8대 금기사항

"고지의 적을 공격하지 말고, 언덕을 배경 삼은 적을 공격하지 말며,
후퇴하는 척하는 적을 공격하지 말고, 사기가 충천한 적을 공격하지 말라.
미끼를 물지 말고, 돌아가는 적을 막지 말며,
포위할 때 도망할 길을 열어주고, 궁박한 적을 압박하지 말라."

고릉물향 배구물역 양배물종 예졸물공
高陵勿向 背邱勿逆 佯北勿從 銳卒勿攻

이병물식 귀사물알 위사유궐 궁구물박
餌兵勿食 歸師勿遏 圍師遺闕 窮寇勿迫

손자는 전투 중 8대 금기사항을 설명했다. 이 여덟 가지를 손자 시
대의 병기와 함께 자세히 살펴보자.

첫째, 고지를 점령하고 있는 적을 아래에서 공격하지 말라. 고지

에 포진한 병사 한 명이 아래에서 올라오는 병사 다섯 명을 상대할 수 있기 때문이다. 위에서 쏜 화살은 아래서 쏘는 화살보다 사거리나 파워, 정확도가 훨씬 좋다.

둘째, 언덕을 등지고 있는 적과 싸우지 말라. 거슬러 올라가다가 포위되기 쉽고 퇴로를 찾기도 어렵다.

셋째, 적이 후퇴할 때 거짓이 아닌지를 파악한 후 쫓아가야 한다. 후퇴를 가장한 공습 작전일 수 있다.

넷째, 날래고 빠른 부대는 공격하지 않는다. '예졸물공'에서 예졸銳卒은 정예부대라기보다 기세가 등등한 부대에 가깝다. 즉 적병 중 사기가 떨어진 부대를 먼저 공격하라는 말이다. 처음부터 사기가 왕성한 적병을 상대하면 초기에 전력을 소진할 수 있기 때문이다.

1948년 5월 이스라엘이 영국의 위임 통치로부터 독립을 획득했다. 이에 아랍이 반발하면서 연달아 중동전쟁이 터진다. 그중 6일 전쟁이라고 하는 1967년의 3차 중동전쟁은 현재 전쟁사의 기적으로 꼽히고 있다.

이 전쟁으로 이스라엘은 예루살렘을 완전히 장악함은 물론 본토의 5배에 달하는 영토를 점령했고, 나아가 아랍에 대한 전략적 요충지까지 확보했다. 아랍 연맹에 비해 한참 열세였던 이스라엘이 어떻게 승리할 수 있었을까?

당시 총동원된 이스라엘군이 20만이었고 아랍 연맹은 50만에 가까웠다. 탱크와 전투기 수도 아랍이 이스라엘의 3배 규모였다. 이

대로 붙었다면 이스라엘의 패배는 불을 보듯 뻔했다. 특히 아랍 연맹군의 공습이 시작되면 좁은 영토에서 싸우는 이스라엘군은 숨을 곳이 없었다. 아랍 연맹군이 이미 승리를 자축할 정도였다. 이스라엘은 제공권을 장악해야만 비로소 지상전도 가능한 상황이었다. 그때 아랍 연맹의 리더는 이집트였고 이집트 공군이 아랍 연맹 공군의 핵심 전력이었다.

이스라엘은 지상전 이전에 이집트 공군기지를 먼저 기습하기로 했다. 일부러 새벽이 아니라 아랍 측 공군의 식사시간인 오전 8시에 공습하기로 정하고, 200여 대에 불과한 전투기 중 12기만 제외하고 모든 전투기가 초저공 비행을 감행했다. 무선 통신도 금지했다. 아랍 레이더에 포착되지 않기 위해 산악에 충돌할 위험까지 무릅쓴 것이었다. 공습 루트도 경계가 허술한 네게브사막으로 우회했다. 이로써 이집트 공군기지가 초토화되었다. 이렇게 제공권을 장악한 이스라엘의 지상군은 시나이반도로 진군했다.

다섯째, 미끼로 던져진 적병을 덥석 물지 말라. 아군을 한 명 버림으로써 더 큰 것을 따내려는 일종의 사석작전일 수 있다.

여섯째, 귀환하는 적을 막지 말라. 적은 다투던 땅을 포기했고 아군은 이미 소기의 성과를 얻었기 때문이다.

일곱째, 적을 포위할 때 한쪽은 열어두라. 그래야 적이 결사 항전하지 않고 도망갈 궁리를 한다.

여덟째, 궁지에 몰린 적을 압박할 필요가 없다. 추락하는 것은 날개가 없기 때문이다. 궁지에 몰린 적을 공격하는 것은 괜히 긁어 부스럼 만드는 것일 수 있다. 쥐도 궁지에 몰리면 고양이를 물 수 있다.

구변 九變

. . . .

변화에 맞춰
묘수를 두라

제8편 구변에서는 아홉 가지 변화, 즉 예기치 않은 변화에 대처하라고 이야기한다. 인위적으로 조작할 수 없는 지형을 살피고 용병술에서는 여러 선택지를 고려하며 판단에 착오가 있을 수 있으니 전부나 전무는 없음을 알아야 한다. 방어는 늘 완벽하게 하고 장수는 죽음, 포로, 기만, 모욕, 곤경을 피하라고 한다.

5대 지형별 컨틴전시 플랜

"붕괴 위험이 있는 곳에 주둔하지 말고, 개방지라면 외교를 잘해야 하며,
길이 끊긴 가운데 머물지 말고, 사방이 둘러싸인 곳이라면 항시 빠져나갈
계책을 마련해두고, 진퇴가 불가능한 곳에서는 즉시 싸우라."

비지무사 구지교합 절지무류 위지즉모 사지즉전
圮地無舍 衢地交合 絶地無留 圍地則謀 死地則戰

지형은 인위적으로 조작할 수 없는 자연환경이다. 지형은 이미 주어
진 여건이므로, 그것을 정복하기보다 대처하려는 자세가 중요하다.
손자는 특히 주의해야 할 지형으로 비지圮地, 구지衢地, 절지絶地, 위지
圍地, 사지死地 다섯 가지 지형을 꼽았다. 이런 지형을 대비 없이 덤볐
다가는 그간 백번 이겼더라도 단번에 패할 수 있다.

첫째, 비지에서는 머물지 말라. 비지는 비나 눈이 올 때 토사나

심리학으로 읽는 손자병법

바위, 거목 등이 덮치는 기반이 약한 지역을 말한다. 자연재해는 약속하고 찾아오는 게 아니다. 갑작스러운 기상이변으로 호우가 쏟아지기 시작할 때는 이미 늦은 것이다. 얼핏 아늑해 보이지만 기반이 약한 곳에는 주둔하지 말아야 한다.

둘째, 구지는 사방이 탁 트인 개활지를 뜻한다. 여러 나라가 접촉해 있는 교차로이므로, 이런 지형에서는 뛰어난 외교술로 적과 연합하는 것이 중요하다. 외교술이 없고 이합집산에 능하지 못하다면 구지를 피해야 한다.

구지에서 뛰어난 외교술로 전쟁에서 승리한 대표적인 인물로 프로이센의 비스마르크 수상을 들 수 있다. 1862년 프로이센의 수상이 된 비스마르크는 독일 통일을 위해 적극적으로 움직였다. 그때만 해도 독일은 신성로마제국 내의 연방 국가였을 뿐 통일 국가가 아니었다. 이에 비스마르크 수상은 북독일의 프로이센을 중심으로 순수한 독일 민족 국가를 건설하고자 했다.

프로이센의 북쪽은 덴마크, 동쪽은 폴란드, 서쪽은 네덜란드·벨기에·룩셈부르크·프랑스, 남쪽은 스위스·오스트리아·체코 등이 있었다. 비스마르크는 우선 외교 공작을 벌여 프랑스와 중립 협약을, 이탈리아와는 공수동맹을 맺었다. 이어서 1866년 슐레스비히와 홀슈타인을 놓고 다투던 오스트리아와 7주 전쟁을 벌여 격파했다. 그런 다음 프랑스를 공격했다.

미처 전쟁을 준비하지 못한 프랑스는 그 전쟁에서 나폴레옹 3세까지 포로가 될 정도로 대패했다. 그사이 1871년 1월 프로이센 중심으로 독일이 성립되었고, 독일은 유리한 조건으로 프랑스와 프랑크푸르트 강화조약을 맺었다.

셋째, 절지는 문자 그대로 길이 끝난 곳으로 황무지 같은 곳을 말한다. 이런 길에는 오래 머물지 말되, 미련을 버리고 과감하게 돌아서라.

넷째, 위지는 구지와 정반대되는 지역으로 들어가는 길은 좁고 퇴로는 없는 닫힌 곳이다. 되돌아 나오려면 우회해야 하는 위험한 곳이다. 위지를 탈출할 수 있는 길은 오로지 뛰어난 책략뿐이다. 뛰어난 책략가였던 제갈량을 들어 그 예를 살펴보자.

오나라 손권은 전략적 요충지인 형주를 빼앗으려고 유비에게 여동생과 혼인하라며 유인했다. 마침 아내 감씨를 잃은 유비는 마지못한 듯 그 청을 수락했다. 유비는 오나라 수도인 건업으로 달려갔는데 신혼 재미에 푹 빠져 형주로 돌아오는 것을 잊어버렸다. 이를 예상했던 제갈량은 유비를 호위하고 떠나는 조운(자는 자룡)을 통해 사태에 대비했다. 조운에게 비단 주머니 세 개를 쥐어주며 제갈량은 이렇게 말했다. "아무 걱정 마시고 다녀오십시오. 주군이 난관에 부딪힐 때마다 주머니를 하나씩 열어 보십시오."

심리학으로 읽는 손자병법

신혼 재미에 푹 빠진 유비에게 조운이 내민 비단 주머니에는 이런 글이 적혀 있었다. "조조의 20만 대군이 형주로 내려오고 있습니다."

이 글을 읽은 유비는 정신을 차리고 아내와 함께 오나라를 떠나 형주로 돌아왔다. 이른바 제갈량의 금낭묘계錦囊妙計가 적중한 것이었다. 장차 닥칠 사태를 예측하고 응급 계획까지 세운 제갈량의 책략이 대단하다.

무리 없이 잘나가는 기업도 정치, 문화 등 외부적 요인으로 위기를 만날 수 있다. 응급 계획은 잘나갈 때 세우는 것이다. 평소 트렌드 변화 등 미세한 업계의 흐름을 잘 파악하고 분석해 응급 계획을 세워두어야 한다. 위기가 발생한 뒤에 계획을 세우면 이미 늦다.

다섯째, 사지는 질풍처럼 급하게 싸우면 생존할 수 있으나 오래 싸우면 지는 지역을 말한다. 사지를 만나면 기다릴 것 없이 빨리 싸워 승부를 내야 한다.

용병술의 주의 사항

"가서는 안 될 길이 있고, 공격해서는 안 될 군대가 있다.

공격해서는 안 될 성이 있고, 다투어서는 안 될 땅이 있다.

군주의 명이라도 따르지 말아야 할 때도 있다."

도유소불유 군유소불격 성유소불공 지유소부쟁 군명유소불수

途有所不由 軍有所不擊 城有所不攻 地有所不爭 君命有所不受

용병술에서 중요한 사항 중 하나는 여러 가지 선택지에서 하나를
결정하는 것이다. 여러 길, 여러 적, 여러 성, 여러 땅이 놓였을 때 무
엇을 선택하고 무엇을 버려야 할지를 정해야 한다. 《손자병법》은 일
대 다자의 구도에서 탄생한 병법이다. 경쟁 상대가 한둘이 아닐 때
손자는 그 많은 경쟁 상대를 다 상대할 수 없고, 일부는 버려야 함
을 이야기하고 있다.

현대 사회도 마찬가지다. 우리의 경쟁 상대는 하나가 아니다. 무

심리학으로 읽는 손자병법

수하게 많은 경쟁자와 다 싸우다 보면 성과를 거두지 못하고 자원과 시간만 낭비할 수 있다. 인생은 선택의 연속이다. 우선순위를 어떻게 정하느냐가 중요하다. 시급하면서도 중요한 일을 먼저 해야 한다. 중요하지도 급하지도 않은 일로 소일할 때가 있는데, 이는 중요한 일을 시도했다가 실패하지 않을까 하는 두려움 때문일 수 있다. 이 두려움은 과거에 실패했던 상처에서 비롯된다. 현실은 실패했던 과거와는 다름을 기억하고, 에너지를 지금 정말 중요한 곳에 집중하라.

우리 앞에는 여러 갈래 길이 있는데 그중 가서는 안 될 길이 있다. 백두산을 오르겠다며 지리산으로 가면 안 된다. 목적지로 가다 보면 골치 아픈 장애물을 만날 수도 있다. 우회하거나 지나쳐도 될 만하면 때로는 그러는 편이 낫다.

초한 전쟁 직전이었다. 유방을 도와 한나라를 일으킨 한신은 젊었을 때 백수였다. 동냥하듯 시장을 배회하고 다니는데 한 건달이 그를 가로막으며 말했다.

"이 겁쟁아! 큰 덩치에 칼만 차고 다니지? 그 칼은 폼이냐? 나 한번 찔러봐라! 자신 없으면 내 다리 밑으로 기어나가든가."

한신은 두말하지 않고 건달의 가랑이 아래로 지나갔다. 훗날 한신은 유방과 함께 항우를 물리쳐 중원의 최고 명장이 된다. 가랑이 사이로 기어가는 치욕이라는 뜻의 '과하수욕胯下受辱'은 이 고사에서 비롯되었다. 가치 없는 일에 감정을 소모할 필요가 없다는 의미로 쓰인다.

그리스 신화의 대영웅이자 가장 능력이 뛰어나다고 알려진 헤라클레스가 좁은 길을 걸어가고 있었다. 길에 사과가 떨어져 있자 그는 발로 사과를 밟았다. 그런데 사과는 깨지기는커녕 한층 더 커졌다. 기분이 상한 헤라클레스는 이번에는 몽둥이로 사과를 내리쳤다. 그럴수록 사과는 더욱 커져 마침내 좁은 길을 완전히 막아버렸다. 헤라클레스가 자기보다 더 커진 사과를 붙들고 씨름하는 사이 전쟁의 여신 미네르바가 나타났다.

미네르바가 말했다. "그만두어라. 그 사과의 이름은 갈등이니 네가 건들면 건들수록 더 커지느니라. 그냥 놓아두면 다시 작아진다."

이에 헤라클레스는 사과를 놓아두고 우회해서 지나갔다.

성城과 땅은 목적지에 이르는 중간 거점을 말한다. 중간 거점은 다음 단계로 상승하는 발판으로, 점령했을 때의 성취 경험도 소중하다. 하지만 중간 거점을 공략하는 데 너무 소모적이라 판단되면, 우회해서 빠르게 목적지를 향해 진군해야 한다.

승리라는 목적지로 가는 도중 여러 가지 일을 만난다. 그중 목적지 도달에 도움이 안 되는 일이라면 무시해야 한다. 군주의 명령도 마찬가지다. 군주의 명령은 평상시에는 절대복종이 원칙이나 전쟁 중이라면 다르다. 군주의 명이 아무리 지엄해도 승리에 지장을 준다면 거부해야 한다.

1991년 1월부터 2월까지 벌어진 걸프전은 침략국 이라크에 맞서 싸웠던 쿠웨이트와 다국적 연합군의 승리로 끝났다. 당시 승리의 주역이었던 미 합참의장 콜린 파월이 세운 이런 원칙도 같은 맥락이다.

"적과 대치 중인 현지 사령관의 판단이 후방의 판단보다 정확하다."

'전부 아니면 전무'란 없다

"지혜로운 자는 무슨 일이든
이득과 손해가 섞여 있음을 안다."
지자지려 필잡어리해
智者之慮 必雜於利害

지혜로운 사람은 득과 실 다양한 면을 고려한다. 동전에 양면이 있듯 세상만사도 그렇다. 완벽한 것이 늘 최고인 것은 아니다. 중국 사람들이 완전수인 9보다 8을 더 좋아하는 것에서도 그런 원리를 찾아볼 수 있다. 1부터 올라온 9는 다시 0으로 돌아가야 하기에, 9보다는 8을 행운의 수로 여기는 것이다.

달은 차면 기운다. 학이 장수하는 이유는 위의 7할만 채우고 3할은 늘 비워놓기 때문이다. 소식하는 사람이 장수한다는 사실은 의학적으로도 입증되었다. 심리적으로도 그렇다. 매사에 부정적인 사

심리학으로 읽는 손자병법

람을 멀리해야 하지만, 매사에 긍정적이기만 한 사람도 멀리할 필요가 있다. 판단의 착오가 있을 수 있기 때문이다.

손자 역시 전부 아니면 전무라는 식의 양극화된 사고polarized thinking를 경계한다. 해가 되는 일을 만났더라도 이득의 측면을 같이 고려하면, 크게 걱정하지 않아도 된다. 하나를 얻으면 하나를 잃는다. 그때 얻는 하나와 잃는 하나를 비교해 이득이 더 많으면 추진하고, 예측되는 손실은 미연에 최소화해나간다. 체면보다 실리가 중요하다.

조조는 이런 방면에서 천재였다. 유비와 한중을 놓고 겨룰 때였다. 유비가 미리 계곡과 산 정상에 유리한 거점을 확보하고 조조를 맞이했다. 조조군이 여러 차례 공격했으나 유비군에게 밀리는 게 당연했다. 유비는 처음 자력으로 조조를 이겨 신이 났다. 그는 거점을 돌며 병사들을 격려했다.

반면, 패전을 거듭하자 조조는 깊은 고민에 빠졌다. 계속 싸우자니 전력 손실이 클 것 같고 그렇다고 물러나자니 천하가 자신을 비웃을 것만 같았다. 이렇게 난감할 때 취사병이 아침 식사로 닭국을 가져왔는데 닭갈비가 한눈에 들어왔다. 조조에게 이런 깨달음이 들었다. "그렇구나. 한중은 계륵 같은 곳이로다. 버리자니 아깝고 먹자니 먹을 것도 없고 자칫하다가 목에 걸리는 계륵…."

그런 판단이 들자 조조는 '계륵鷄肋'이라는 군호를 정한 후 철군했다. 조조는 어떤 사인이든 이해득실을 따져보았고, 무리해보았자 별 이득이 없다면 즉각 포기했다. 체면 때문에 득도 없는 일에 에너지를 낭비하지 않았다.

집중과 포기는 동전의 양면처럼 같이 가는 전략이다. 바둑에서 자기의 돌을 버려 상대 진영을 파괴해나가는 사석전략과 비슷하다.

수나라 2대 황제 양제는 세 차례나 대규모 병력을 동원해 무리하게 고구려 정복을 꾀했으나 계속 패했다. 그동안 수나라에서는 양제를 반대하는 여러 반란이 일어났는데, 그중 양현감의 반란군 수장 이밀은 수양제를 성토하는 격문에서 고구려를 '계륵'이라 적시했다. 중원의 비옥하고 넓디넓은 땅을 놓아두고, 왜 하필 돌산투성이인 고구려를 정복하겠다고 나섰느냐는 것이었다. 그 바람에 수많은 병사가 희생되었고 나라까지 위태로워졌다며 수양제를 꾸짖었다.

이밀의 말처럼 수양제가 고구려만 포기했어도 선황이었던 문제가 다져놓은 부국강병을 토대로 수나라는 태평성대를 이어갔을 것이다. 그러나 수양제는 시해되었고, 그의 뒤를 이은 공제가 당 고조에게 황제 지위를 넘기면서 수나라는 겨우 3대 만에 멸망했다.

조조는 불리한 여건에서 벗어나 유리한 방향으로 갔고, 수양제는 유리한 여건에서 불리한 방향으로 향한 셈이었다. 전자는 꽃을 찾는 나비, 후자는 불을 찾는 불나방으로 비유할 수 있다. 손자는 다음과 같이 말한다.

"이득을 계산해두면 임무 완수에 대한 신뢰가 생기고, 손실을 계산해두면 환난을 예방할 수 있다(잡어리 이무가신야雜於利 而務可信也 잡어해 이환가해야雜於害 而患可解也)."

얻는 게 있으면 잃는 것도 있고 잃는 게 있으면 얻는 것도 있다. 이것이 상식일진대, 전부 아니면 전무를 추구하는 사람들이 있다. 이런 자들이 가장 어리석고, 그다음 어리석은 자는 중요하지도 않은 하나를 얻으려고 나머지를 놓치는 자들이다. 지혜로운 자는 어리석은 자가 원하는 하나를 내어주고 그 나머지를 모두 가져간다.

방어는 항시 완벽하게

"적이 공격하지 않을 것을 기대하지 말고,
어떤 적도 공격하지 못할 내가 되기를 기대해야 한다."

무시기불공 시오유소불가공야

無恃其不攻 恃吾有所不可攻也

"다 잘될 거야." "이 또한 지나가리라."

　좋은 말들이다. 확실한 대책이 있다면 말이다. 손자는 막연히 잘
될 거라는 기대를 하지 말고 확실한 대책을 세우라고 한다. 대책 없
이 잘될 거라고 노래하는 것은 감나무 아래에 누워 감이 떨어지기
를 기다리는 것과 같다.

　자기 긍정감이 낮을수록 대책 없는 낙관주의자가 되기 쉽다. 자
기 긍정감이란 자기 자신을 긍정하는 감각을 말한다. 자신의 장점
뿐만 아니라, 결점까지도 인정하고 그런 자신을 있는 그대로 좋아하

　　　　　　심리학으로 읽는 손자병법

고 받아들이는 태도다. 자기 긍정감이 낮은 사람은 열등감이 많고 자존감은 낮은 편이다. 마음속으로는 "나 같은 사람이 대책을 세워봤자…"라는 자기비하에 사로잡혀 있으면서도, 타인에게 자신의 결점이 드러나는 것을 극도로 두려워하기 때문에 겉으로만 긍정적인 척하는 태도를 취하는 경향이 높다.

자기 긍정감이 낮은 사람은 부자연스러운 자의식 과잉Excessive self-consciousness 상태가 되기 쉽다. 이들은 상상의 나래를 펴고, 상상 속에 기와집을 짓는 등으로 좌절감을 달래려 한다. 자의식 과잉의 상태가 심할수록 현실과 자의식에 괴리가 생겨 실제적인 대책 수립은 더욱 어려워진다. 어떻게 해야 이런 상태에서 벗어날까?

우선, 자기를 있는 그대로 수용할 필요가 있다. 타인의 시선과 상관없이, 여기 내가 존재한다는 것 자체만으로도 크든 작든 무언가를 성취해온 것임을 인식할 필요가 있다. 이런 식으로 자존감을 늘려나가면 자기 긍정의 싹이 자라난다. 그때부터 '환상 속의 나' 대신, '현실의 나'가 세상을 직시하게 되고 구체적인 대안을 세우게 된다.

현실성 없는 긍정주의의 원인은 두 가지일 수 있다. 앞서 본 것처럼 자기 긍정감이 바닥인 것도 원인일 수 있지만, 반대로 자기 긍정감이 너무 지나친 것도 원인일 수 있다. 즉 자기 신뢰self-reliance가 너무 부족해도, 너무 강해도 현실성 없는 긍정주의가 나타난다. 둘다 자의식 과잉에 해당하기에 그렇다. 따라서 중용의 도가 필요하다. 적절한 자기 신뢰는 '현실적인 나'의 기반이 된다.

중국 역사상 물질적으로 최고 번영을 누린 나라는 송나라(960~1279)였다. 특히 북송(960~1127)은 167년간 경제와 문화면에서 세계 최고 수준이었다. 쌀 이모작이 가능해지면서 개인의 부가 늘어났고 이에 상업 및 운송업, 서비스업이 발달했다. 해상 실크로드를 이용해 해외 무역이 왕성했고 도자기, 금과 은, 비단 등을 고려, 일본, 아라비아 등지로 수출했다. 전국 주요 도시에 제철공장이 즐비했고 인구도 1억을 넘었다. 수천 명이 들어가는 극장이 있었고, 가정마다 석탄을 연료로 썼다.

이런 대번영에 취한 송나라에서는 문치주의가 득세하고 무관이 홀대를 받는 일이 벌어졌다. 무신이 강하면 당나라 때처럼 내부반란이 일어날 수도 있음을 경계해 무관 대신 문관들이 군대 사령관이 되었다. 군대를 잘 모르는 문관들이 사령부에 있자 지휘관과 병사들 사이에 의견이 일치되지 않았고 군사력은 자연히 떨어졌다. 게다가 무관 천시 풍조가 퍼지고 경제발전으로 여유를 누리게 된 백성들은 군대를 기피했다.

1004년 북방의 거란족인 요나라 성종이 송을 공격했다. 이에 송은 거금을 주고 요와 화친했다. 다음으로, 서쪽에 있던 서하가 반기를 들자, 송은 다시 거금을 주고 그들을 눌러 앉혔다. 그 후 여진족

심리학으로 읽는 손자병법

이 금나라를 세우더니 요나라를 멸망시키고 송나라를 압박했다. 이 때도 송나라는 금나라에 황하 이북을 할양하고 매년 비단 25만 필, 은 25만 냥 등을 주는 조건으로 화친조약을 체결했다.

1127년 금나라가 송나라 수도 개봉을 점령하고 황족을 포로로 잡아감으로써 북송은 멸망했다. 이에 유일하게 남은 황족이었던 흠 왕의 이복동생 강왕 조구가 송 고종에 등극하며 남송이 재건되었 다. 금나라가 남송을 공격하며 두 나라가 피 튀기는 전쟁을 벌이는 사이, 몽골에서 칭기즈칸이 나타났다.

1234년 칭기즈칸의 몽골에 금나라가 멸망하고, 남송은 옛 영토 를 되찾고자 20만 대군을 이끌고 화북 지역을 공격한다. 이에 분노 한 몽골이 1235년 남송을 침략했고, 결국 1279년 칭기즈칸에 이은 쿠빌라이칸에 송은 완전히 멸망했다.

장수가 경계할 5대 위험

"필히 죽이려고만 한다면 죽을 것이며, 기필코 살려고만 한다면
포로가 될 것이다. 성미가 급하면 기만을 당하며, 너무 청렴결백하면
모욕을 당하고, 병사를 너무 아껴도 곤경에 빠진다."

필사가살야 필생가로야 분속가모야 염결가욕야 애민가번야

必死可殺也 必生可虜也 忿速可侮也 廉潔可辱也 愛民可煩也

장유오위將有五危, 즉 장수가 피해야 할 다섯 가지 위험을 손자는 죽음, 포로, 기만, 모욕, 곤경이라 했다. 한마디로 살로모욕번殺虜侮辱煩을 당할 위험을 피하라고 한다. 이를 하나하나 살펴보자.

첫째, 장수는 만용을 부리지 말아야 한다. 적을 무조건 섬멸하겠다고만 하는 것이 만용이다. 인생에 절대란 없다. 내가 죽든 네가 죽든 결판 내려 할 때 승리할 수 있다. 하지만 매번 그런 식이면 언

심리학으로 읽는 손자병법

젠가 본인이 싸움의 제물이 된다. 싸우는 것도 다 잘 살아보자고 하는 것이지 죽으려고 싸우는 것은 아니다.

둘째, 장수가 살아 돌아갈 궁리만 하면 적의 포로가 된다. 이는 만용과 반대로 비겁함이다. 장수가 무조건 적을 전멸시키려만 해서도 안 되지만 그렇다고 자기 목숨에만 연연해서도 안 된다. 그런 장수 아래 병사들도 이심전심, 제 살길만 찾으니 적에게 포로가 되기 쉽다.

임진왜란 때 원균은 일격에 왜구를 격침할 수 있다고 장담했지만, 그에겐 전략이 없어 왜군과 부딪칠 때마다 도망쳤다. 그런데도 원균은 이순신을 시기하고 모함하는 상소를 연달아 올렸다. 선조도 자신보다 이순신이 백성의 신망을 받는 것이 불만이어서 그에게 항명죄를 뒤집어씌워 파직했다.

드디어 원균이 이순신 후임으로 삼도수군통제사가 되었다. 1597년 벌어진 칠천량 해전에서 원균은 배 160여 척과 1만여 조선 수군을 대동하고도 조총을 쏘며 덤비는 왜군을 보고 줄행랑쳤다. 당시 조선 수군도 조총 못지않은 총통을 사용하고 있었다. 이순신은 총통을 쏘아 원거리에서 왜군의 기선을 제압한 후 섬멸하는 전법을 사용한 바 있었다.

그러나 원균은 왜군의 조총 소리에 놀라 그만 줄행랑을 치고 말았다. 이로써 조선 수군의 피해가 워낙 막심해 선조는 아예 수군을 폐지할 생각까지 하게 되었다. 여담이지만 다행히 배설 장군이 칠천량 해전에서 배 12척을 빼내는 바람에 두 달 뒤 이순신의 명량해전이 가능했던 것이다.

셋째, 분노 조절이 어려운 장수는 위험하다. '경계선 성격Borderline Personality' 가운데 '분개형'이 주로 분노 조절에 어려움을 보인다. 이들은 평소 야심이 큰 만큼 호기심도 많고 도전 정신도 강하지만, 누구의 통제도 받기 싫어한다는 특징이 있다. 그들의 욕구를 건설적인 일에 집중하면 뛰어난 창의성을 발휘할 수도 있다.

분노 조절이 안 되는 사람은 타인의 존중을 받아야만 자존감이 생긴다. 상대가 별 뜻 없이 농담해도 심한 굴욕감을 느낀다. 한번 분노하면 쉽게 통제하지 못하고 극단으로 치닫는 경우도 많다.

《삼국지》의 장비가 그랬다. 장비는 평소에도 술만 먹으면 주사가 심해 부하들을 폭행하곤 했다. 유비가 "좌우에 있는 자들을 학대하면 화를 면치 못한다"라며 수차례 충고했으나 장비는 바뀌지 않았다.

이런 증세는 도원결의桃園結義를 맺은 의형제 관우가 오나라 여몽의 계략에 넘어가 죽은 후 더 심해졌다. 장비는 관우의 복수전을 준비하면서 수하 장수 범강과 장달에게 흰 깃발과 흰 갑옷을 사흘 안에 마련하라고 지시했다. 두 장수는 기한이 너무 촉박하니 며칠

심리학으로 읽는 손자병법

만 미뤄달라고 요청했는데, 장비가 그들을 구타했다. 그날 밤 두 장수는 술 취해 잠든 장비의 목을 잘랐다. 그리고 장비의 머리를 들고 손권에게 달려가 바쳤다.

천하에 무서울 것 없는 만인지적萬人之敵 장비는 자기감정을 주체하지 못하는 바람에 목숨을 잃었다. 격분하는 것도 습관이다. 화를 내 버릇하면 화를 내야만 속이 풀리고 그러면 화낼 일이 더 많아지는 악순환에 빠진다.

넷째, 장수가 결벽증이 과도하면 원칙에 매여 적에게 말려들기 쉽다. 원칙과 변칙의 융통성을 몰라서 그렇다. 성장 과정에서 타인의 평가에 유난히 예민하면 '착한 아이 증후군Good Child syndrome'이 발생하기 쉽다. 그런 사람은 성인이 된 후에도 자기 욕구를 누르고 도덕적 원칙에 휘둘린다. 이른바 결벽증이다.

결벽증은 지나치게 공고화된 개인의 초자아super-ego에서 나온다. 초자아는 도덕 원리에 지배되는 성격의 한 요소를 가리키는데, 대체로 사회의 도덕이나 금기, 부모에게서 받은 도덕 교육, 종교 따위를 토대로 형성된다. 조직이 클수록 성원들의 초자아도 한층 더 다양해지기 마련이다. 그럴 때 장수가 자신의 초자아만 고집한다면 구성원들의 충성심을 기대하기가 어렵다. 이와 더불어 이를 간파한 적에게 이용당하기도 쉽다.

그렇다고 장수가 자신과 신념이 같은 병사만 모은다면 편향된 조직이 된다. 가치관이 다양한 사람들이 모여야 조직의 창의성과 위기 돌파력이 높아진다. 장수가 결벽증을 해소하는 방법은 의외로 간단하다. 자신만의 닫힌 세계관을 개방하는 것이다. 타인의 세계관을 판단하지 말고 흥미롭게 바라보는 것도 결벽증 해소에 도움이 된다. 타인의 세계관에 대해 느낀 감정을 솔직하게 서로 이야기하다 보면 결벽증은 차츰 사라진다.

다섯째, 장수의 분별없는 사랑이 군대를 곤경에 빠트린다. 모든 조직은 '돌봄care과 공의righteousness' 두 축으로 유지된다. 돌봄 없이 조직이 유지될 수 없고 공의 없는 조직이 과업을 성취할 수 없다.

'애민가번야'에서 애愛는 인仁(돌봄)이 지나친 것을 뜻한다. 인仁이 존중이라면 의義는 해로움을 제거하는 것이다. 맹자의 다음 말에서 인과 애의 차이를 구별할 수 있다.

> "군자는 사물을 대할 때 사랑하지만 인자하지는 않고(군자지우물야君子之于物也 애지이불인愛之而弗仁), 백성을 대할 때 인자하지만 친근하게 하지는 않는다(우민야于民也 인지이불친仁之而弗親). 친족을 친근하게 대해야 백성을 인자하게 대할 수 있고, 백성을 인자하게 대해야 사물도 사랑할 수 있다(친친이인민親親而仁民 인민이애물仁民而愛物)."

맹자는 사랑을 애愛 또는 친親이라 표현하고 있다. 둘을 합쳐 친

애라고 표현하기도 한다. 인仁도 사랑의 일종이기는 하지만, 비교적 공적인 측면이 강하다.

조직에 사랑만 넘쳐 흐른다면 체계가 무너진다. 인仁은 두 사람이 있어서 서로 어질게 대하고, 서로 아껴주는 것이다. 사회적 질서가 유지되도록 하는 것도 바로 인이다. 인仁에 수신제가修身齊家라는 자기관리와 치국평천하治國平天下라는 조직관리 요소가 모두 포함되는 것은 그런 이유에서다.

만일 장수가 인을 버리고 오직 애지중지로만 부하들을 대한다면, 군대의 기강이 무너질 것이다. 때로 장수는 군대의 기강을 세우기 위해 자기가 아끼는 측근도 버릴 수 있어야 한다. 제갈량이 가장 사랑하는 부하 마속을 원칙에 따라 참형에 처한 것처럼 말이다. 리더는 그런 읍참마속의 결단을 갖출 필요가 있다.

행군 行軍

· · · · · ·
· · · · · ·

이동과 정찰과 주둔

제9편 행군에서는 군대의 행동을 말한다. 군대는 행진은 계곡으로 하되 주둔은 고지에 하는데
이때 반드시 피해야 할 지형과 반드시 수색해야 하는 곳이 있음을 알아야 한다. 전쟁터에서 발
생하는 보편적인 이상 징후 열네 가지를 잘 살피고 패색의 기미 또한 알아차려야 한다. 평소에
규율대로 행해야 위기 때 단결력이 발휘된다.

행진은 계곡으로, 주둔은 고지에: 솔로몬의 역설

"무릇 적과 대치해 행군할 때는, 산을 넘어 계곡을 의지하되
시야를 확보할 수 있는 높은 곳에 주둔한다."

범처군상적 절산의곡 시생처고

凡處軍相敵 絶山依谷 視生處高

행군편의 대전제는 '범처군상적凡處軍相敵'이다. 여기서 상相은 적과 대
치한 상황을 가리키는데 정찰, 작전, 주둔, 행군의 의미가 다 포함
된다.

손자는 이 장에서 산악지대에서의 요령을 설명하고 있다. 절산
의곡에서 절絶은 넘어가며 끊는다는 뜻으로, 산악지대를 벗어나야
할 상황일 때는 계곡을 따라가라는 것이다. 산등성이를 따라가면
전망도 좋고 행군 속도도 빠를 텐데 왜 계곡을 따라가야 할까? 산
등성이 루트는 이미 적의 시야 안에 들어가 있기 쉬워서 그렇다. 계

심리학으로 읽는 손자병법

곡 물줄기를 따라 행군하면 행군 소리가 묻히고, 무엇보다 병사와 군마의 식수와 양식을 해결할 수 있다.

다만, 밤중에 숙영할 때는 시야가 트여 적이 다가오는 것을 볼 수 있는 고지대를 택해야 한다. 고지대 중에서도 가급적 숲이 우거지되, 안에서는 밖이 잘 보이고 밖에서는 안이 보이지 않는 곳이 좋다. 요컨대, 주둔할 때는 고지에서 적의 동태를 주시하고, 이동할 때는 계곡을 이용해 노출을 최소화하라는 것이다.

산악전을 벌일 때는 고지대에 있는 적과 싸우려고 올라가서는 안 된다(전륭무등戰隆無登). 적이 높이 있다면, 재빨리 피신하든가 다른 고지대로 올라가서 차후를 도모해야 한다.

그럼에도 산등성이로 행군해야 할 때는 두 가지 조건을 갖추어야 한다.

첫째, 적의 주시가 없으며 이동부대가 소규모여야 한다. 1968년 1월 21일 북한 124부대(정찰국 소속)의 김신조 일당(31명) 또한 그런 조건에서 북악산을 넘어와 청와대를 습격했다. 이른바 1·21 사태다.

1968년 1월 17일, 김신조 일당은 대한민국 육군으로 위장하고 무장한 채 자정 무렵 휴전선을 넘었다. 낮에는 은거하고 밤에만 산 능선을 타서 3일 만에 청와대 근처까지 왔다. 그때까지도 국군은 이들을 추적하기는커녕 동선 파악조차 하지 못했다. 이들 무장 공비들은 법원리 파평산에서 미타산 그리고 앵무봉을 넘어 노고산과 진관사를 거쳐 청와대 인근까지 시속 10km로 쉬지 않고 달렸다.

이후 자하문 초소에 당도한 이들 31명과 종로경찰서 소속 경찰들 사이에 총격전이 벌어져 많은 인명 피해가 발생했다. 우리 군 25명과 민간인 7명이 사망했고 북한 공비 중에는 29명이 사망했다. 김신조는 투항해 생포되었고, 남은 1명은 도주해 월북한 것으로 알려졌다. 1·21 사태 이후 군과 민간에는 변화가 많았다. 예비군이 창설되었고 병사의 복무 기간도 6개월 연장되었다. 전투경찰과 북파 목적의 실미도 부대도 이때 창설되었다.

둘째, 전쟁 중 강을 건넌 뒤에는 물에서 멀리 떨어지는 것이 원칙이다(절수필원수 絶水必遠水). 만약 적이 강을 건너고 있다면 물 안에서 싸우려 하지 말고, 강의 절반쯤 건너기를 기다렸다가 공격하는 것이 유리하다(객절수이래 물영지어수내 영반제이격지리 客絶水而來 勿迎之於水內 令半濟而擊之利).

물가 주변에서 적과 맞붙지 말고 시야가 확보된 고지에 주둔해야 한다(무부어수이영객 시생처고 無附於水而迎客 視生處高). 염분이 많아 경작할 수 없는 지대에는 오래 머물지 말고, 어쩔 수 없이 그런 곳에서 적과 싸워야 한다면 가급적 물이나 풀을 앞에 두고 우거진 숲을 등져야 한다(유극거무류 약교군어척택지중 필의수초 이배중수 惟亟去無留 若交軍於斥澤之中 必依水草 而背衆樹).

수전에서 또 주의할 것은 물의 흐름을 거스르지 말라는 것이다

심리학으로 읽는 손자병법

(무영수류無迎水流). 물이 위에서 아래로 흐르듯, 적의 하류에 진을 치고 상류에서 몰려오는 적을 맞이하게 되면 그 기세를 당해낼 수 없다.

조조는 중원과 북부를 완전히 석권한 후 천하통일을 노리며 강남으로 내려간다. 역시 병법에 밝은지라 장강 상류에 진을 쳤고, 오촉 연합군은 주유와 제갈량의 지휘 아래 강물을 거슬러 올라와 맞은편에 진을 쳤다.

조조의 군대는 북쪽 사람들이라 수전에 약했다. 조조는 군사들의 뱃멀미를 해결하려고 군함들을 쇠고리로 연결하는 작전을 썼다. 이 작전에 감탄한 조조는 스스로 자기 부대의 위용을 보고 시까지 지어 읊는다. 반면 조조군에 맞선 연합군은 제갈량의 지휘에 따라 화공책을 구사했다. 평소라면 11월 엄동설한에는 북풍이 불기 때문에 화공책은 오히려 남쪽 연합군을 공격하는 것이었을 텐데, 강바람이 역류하는 시기를 알았던 제갈량이 화공책을 써서 조조의 함대를 불태운 것이었다. 이것이 적벽대전이다.

적벽에서 대패한 조조가 북방으로 말머리를 돌리는데 다시 제갈량과 조조의 심리전이 벌어졌다. 전략가이기도 한 조조는 미리 퇴각로를 준비해두었다. 철군하던 조조는 유비와 제갈량의 무능함을 두 번 비웃었는데, 비웃다가 매복지에서 각각 조운과 장비를 만나 호되게 당했다.

겨우 화용도를 빠져나온 조조 앞에 두 갈래 길이 있었는데, 하나는 계곡물이 깊어 좁은 산길이었고 다른 하나는 넓은 길이었다.

산길에서 여기저기 연기가 피어오르고 있었다. 조조는 유비가 넓은 길로 자신을 유도한 뒤 기습하려고 산길에 모닥불을 피워놓았다고 보고 산길로 가며 다시 한번 제갈량의 어리석음을 비웃었다. 조조가 한참 웃고 있는데, 그 앞에 매복해 있던 관우의 군대가 나타났다. 조조의 꾀를 간파한 제갈량에게 또 당한 것이었다. 여기서 조조삼소曹操三笑라는 고사성어가 탄생했다. 눈앞에 재앙이 닥친 줄도 모르고 자만한 사람을 가리킬 때 이 말이 쓰인다.

이처럼 현명한 사람이 의외로 어리석은 결정을 내리는 경우를 캐나다의 사회심리학자 이고르 그로스만Igor Grossmann은 '솔로몬의 역설'이라 했다. 이스라엘 3대 왕 솔로몬은 흔히 지혜의 왕이라 불린다. 솔로몬은 지혜가 뛰어났지만, 수많은 후궁과 함께 사치를 누리는 데 정신이 팔려서인지 후계 교육에는 실패했다. 이에 그의 뒤를 이은 아들 르호보암 때 이르러 이스라엘 왕조는 남북으로 두 동강 나고 말았다.

솔로몬의 역설과 비슷한 현상을 과학계에서는 흔히 '노벨병Nobel Disease'이라고 한다. 노벨상 수상자가 후에 과학적으로 전혀 말이 안 되는 황당한 주장을 하는 경우를 일컫는다. 문제는 아무리 황당한 이야기라도 권위 있는 사람이 하니 힘을 얻어 널리 확산된다는 것이다.

한편, 관우를 만나 꼼짝없이 죽게 된 조조는 그의 의리에 호소해 겨우 목숨을 부지한다. 과거 관우가 지키던 하비성을 조조에게 빼앗기고 유비마저 원소에게 의탁해야 했을 때, 오갈 데 없던 관우를 조조가 후하게 대접했던 일을 상기시키며 자비를 구한 것이다. 역시 조조는 위기관리의 달인다웠다. 관우의 삶을 관통하는 중요한 가치는 바로 의리義理였는데, 그것을 꿰뚫어보았다.

다음, 평지에서 싸울 경우 이동이 손쉬운 곳에 주둔하되, 주력부대는 고지대를 배후에 두어야 한다(평륙처이 이우배고 전사후생平陸處易 而右背高 前死後生). 불리한 지형은 앞에 두고 유리한 지형은 등 뒤에 두는 원칙을 말하고 있다. 이는 풍수지리의 명당인 배산임수背山臨水와도 흡사하다. '이우배고'에서 우右는 주력부대를 뜻한다. 손자는 고대 전쟁사 연구자였다. 특히 중국의 고대 신화에 등장하는 삼황오제三皇五帝, 즉 황 세 명과 제 다섯 명을 연구한 결과, 문명의 시대를 연 황제가 사방의 제후를 제압한 방식을 알아냈고 거기서 손자는 이우배고의 원리를 도출했다.

군대 주둔지를 정하는 세 가지 원칙은 고지대, 양지바른 곳, 양식 있는 곳이다. 그런 지역이어야 군대가 역병에 시달리지 않고 승리할 수 있다. 저지대와 음습지는 피하고 상류에서 물거품이 내려오면 큰비가 온 것이니 건너지 말고 기다려야 한다.

피해야 할 지형

"험한 절벽 사이의 골짜기, 복판이 우물처럼 푹 꺼진 분지,

감옥처럼 들어가기는 쉬워도 빠져나오기는 어려운 곳,

가시덤불이 그물처럼 뒤엉킨 숲, 진흙탕처럼 쉽게 빠지는 늪지대, 골짜기

틈새가 매우 좁은 길. 이런 곳은 재빨리 지나가고 근처에도 가지 말라."

절간 천정 천뢰 천라 천함 천극 필극거지 물근야

絶澗 天井 天牢 天羅 天陷 天隙 必極去之 勿近也

손자는 피해야 할 지형을 절간絶澗, 천정天井, 천뢰天牢, 천라天羅, 천함天陷, 천극天隙 여섯 가지로 규정했다. 나아가 그런 지역을 대하는 원칙을 다음과 같이 이야기한다.

"그런 곳을 아군은 멀리하되 적은 가까이하도록 유인한다. 그런

곳을 아군은 마주 보되 적은 등지게 한다(오원지 적근지 오영지 적배지

吾遠之 敵近之 吾迎之 敵背之)."

첫째, 절간은 절단된 계곡을 뜻하며, 가파른 절벽이 가로막고 있는 골짜기를 가리킨다. 그런 계곡을 걷다가는 추락할 것이다.

둘째, 천정은 사방이 높은 산으로 둘러싸인 우묵한 분지를 가리킨다. 조용히 머물기는 좋지만 적의 공격을 받으면 고스란히 포위되는 지형이다. 산이 많은 우리나라는 천정 지형이 많아 한국전쟁 때 분지전이 자주 벌어졌다. 유명한 전투로 강원도 양구군 해안면에 있는 해안분지 쟁탈전이 있었다. 양구 해안분지는 가칠봉, 대우산, 대암산, 도솔산 등의 산으로 둘러싸인 침식분지다. 움푹 파인 모양이 펀치를 담는 그릇 닮았다고 해서 양구 해안분지를 펀치볼이라고도 한다.

당시 북한군은 하필 펀치볼 지역을 병참기지로 사용해 남서쪽 도솔산에 진지를 구축하고 있었다. 도솔산 고지를 점령하면 펀치볼은 포위되는 것이었다. 미 해병대가 먼저 도솔산 고지를 공격했지만 성공하지 못했고, 그다음으로 한국 해병대가 야간공격을 감행해 펀치볼을 탈환했다. 그 여세로 북쪽 봉우리의 마오쩌둥 고지와 김일성 고지까지 점령했다. 이 싸움을 외국 종군기자들이 펀치볼Punch Bowl 전투라 부르면서 그곳 이름이 펀치볼이 되었다.

펀치볼이 내려다보이는 자리에서 휴식을 취하는
군인들

셋째, 천뢰는 감옥처럼 사방이 막힌 지형으로 들어가기는 쉬워도 출구가 없어 빠져나올 수 없다.

넷째, 천라는 엉겅퀴, 가시나무 등 잡목이 그물처럼 얽힌 숲을 말한다. 한번 들어가면 온몸이 긁히고 운신하기도 어려운 지형이다.

다섯째, 천함은 습한 저지대를 말하며 한번 빠지면 발을 빼기 어려운 함정 같은 지형을 말한다.

당나라 태종이 고구려를 침공(645)해 벌어진 여당 전쟁의 안시성 전투에서 그 예를 살펴보자.

당군은 안시성을 함락하려고 포위했지만, 수성하는 고구려군을 이겨내지 못하고 결국 안시성 전투에서 대패했다. 안시성 전투 패배로 당나라 군대는 모든 병력을 철수해야 했다. 이때 당군의 퇴로는 안시성에서 철수해 요하 하류의 요택으로 가는 길이었는데, 당시 요택은 수백 리에 걸쳐 습지가 펼쳐져 있었다. 눈바람이 몰아치는데 뒤에서 양만춘의 군사가 뒤쫓아오고 있었으니 당나라 군대에 요택은 그야말로 사지死地였던 것이다. 습지에 말과 수레를 쌓아놓고 병사들이 건너뛰는 진풍경이 벌어졌다. 어느덧 날은 어두워지고 고구려 추격병이 횃불을 들고 바짝 쫓아오는데, 당나라 결사대가 태종을 데리고 간신히 요택을 건넜다.

끝으로, 천극은 혼자 지나기도 어려운 좁고 가파른 길을 뜻한다. 강심장이거나 특수 훈련을 받은 소수만 갈 수 있는 길이다.

이상 손자가 피하라고 한 여섯 가지 지형에 들어가면 적과 싸우기도 전에 부상을 당해 전쟁 전에 이미 큰 전력 손실을 입을 수 있다. 그런 지형들의 공통점은 출구가 없다는 것이다. 아군은 피하고 적군은 들어가도록 유인해야 하는 지형들이다.

노련한 복서는 혈기 방장한 상대를 만나면 일부러 링의 코너로 밀려나는 척한다. 신이 난 상대가 마구 밀어붙일 때 순간적으로 카운터펀치를 날려 빠져나오고, 상대를 그 코너에 몰아넣어 집중 타격한다. 이른바 역습counterattack이다.

역습 혹은 반격은 모든 분야에서 통용되는 공격 전술이다. 역습의 원리는 이기고자 하는 적의 욕망을 자극하고, 아군이 핀치에 몰렸다는 인상을 주어 상대에게 자신감을 주는 것이다. 자신감이 과도해지면 침착함을 잃고 저돌적으로 덤비기 마련인데, 그런 포인트에 반격을 가하면 쉽게 이길 수 있다.

반드시 수색해야 하는 곳, 점화 효과

"험준하거나 물풀이 덮인 저지대,
갈대숲은 반드시 거듭 수색해야 한다."
험조황 정가위 산림예회 필근복색지
險阻潢 井葭葦 山林翳薈 必謹覆索之

영국의 군사 전략가 바실 리델 하트는 전략이란 "적의 저항 가능성
을 최소화하는 것이다"라고 정의했다. 이에 따라 적의 저항 수단을
줄이는 데 전략 수립의 방향을 정할 필요가 있다. 아군의 수단을 효
율적으로 배분해 적을 수색하고, 행군 중이거나 주둔할 때도 척후
병을 보내 적이 은닉해 있을 만한 곳을 수색해야 한다. 그런 곳은
매복이 가능한 장소이기도 하다(복간지소야伏姦之所也).

　모든 곳을 다 수색하다 보면 아군의 전력 낭비가 커진다. 행군과
주둔지 코스를 정확히 파악해 매복할 만한 장소 위주로 수색해야

한다. 그것이 아군의 리스크를 최소화하고 기량을 최대한 발휘하는 방법이다. 이를 등한시해 최강의 병력을 가지고도 패배한 경우가 많았다. 중국 남북조 시대(386~581), 동위와 서위의 대립에서도 그 사례를 찾아볼 수 있다.

동위와 서위는 모두 북위에서 분열한 나라로 서로 자기들이 정통이라 우기며 반목하고 싸웠다. 동위의 실세였던 고환과 서위의 실세였던 우문태 사이에 소관지전, 사원지전, 하교지전, 망산지전 등 여러 전투가 있었는데 모든 전투가 드라마틱했다. 그중 537년에 벌어진 사원지전沙苑之戰을 살펴보자.

537년 8월 우문태가 먼저 장수 12명을 이끌고 동위로 진격했다. 우문태는 공격 첫날 반두를 점령하고 그다음 날 항농성을 공격해 8천 명을 포로로 잡았다. 화가 난 동위의 권력자 고환은 10만 대군을 일으켜 우문태에게 복수를 꾀한다. 우문태는 1만 병마밖에 없어서 병력만 보면 크게 열세였다.

계책을 논하던 우문태 진영은 고환의 대군과 60리 떨어진 사원으로 이동하기로 했다. 사원은 황허강 이남 지역이었는데, 황허강 이북은 고환의 홈그라운드였기 때문이다. 그곳에서 싸웠다가 자칫 그곳 백성들까지 합세할 수 있었고, 그리되면 우문태 측에서는 싸움이 더욱 어려워질 것이었다. 그래서 고환의 본거지에서 가급적 먼 곳에서 싸우기 위해 우문태 진영은 황허강을 넘은 것이다.

그러나 사원은 평지여서 소수의 군사로 많은 적을 상대하기가 어려웠다. 그야말로 중과부적衆寡不敵이라는 장수들의 말에 우군태는 고개를 끄덕였다. 주변 지형을 살펴보았더니 동쪽으로 4km 떨어진 곳에 위곡이라는 지역이 있었다. 우문태는 위곡에서 배수의 진을 치고 군사를 동서로 나누어 갈대숲에 숨겨두었다.

잠시 후 고환의 부대가 달려왔는데 우문태가 소수의 병력으로 버티고 있는 것을 보고는 거침없이 공격했다. 고환이 탄 말이 우문태의 말 앞에 다가왔을 때 우문태가 북을 울렸다. 북소리를 듣고 갈대숲에서 병사들이 튀어나왔다. 방심했던 동위군은 병사 8만을 잃고 회군했다. 훗날 동위는 북제로, 서위는 북주로 바뀐다. 북위~북주까지가 남북조 시대의 북조에 해당한다.

동위는 고환의 홈그라운드였다. 원정군이었던 우문태에게, 그것도 지형을 이용한 작전에 당했다는 것은 변명할 여지 없이 고환의 큰 실책이었다. 왜 그랬을까? 자기 영역이라는 안일한 사고로 방심해 사전 수색을 등한시했던 게 주된 패착이었다.

심리학으로 이런 현상을 점화 효과priming effect로 설명할 수 있다. 점화 효과는 앞서 접한 정보가 다음에 오는 정보 해석에 영향을 주는 심리 현상을 뜻한다. 점화된 단어priming word가 나중에 제시된 단어를 해석하는 데 많은 영향을 준다는 심리 현상이다. 이런 현상은 어휘뿐만 아니라 의식에도 작용할 수 있다. 고환은 전시 상황임을 간과하고 암묵적인 기억에 이끌려 행동하는 실수를 범했다.

전쟁에서 점화 효과에 빠져 과거 경험에 이끌려 행동하면 치명적일 수 있다. 적이 그렇게 행동하는 데는 다 이유가 있다. 손자는 다음과 같이 이야기한다.

> "적이 가까이 있으면서도 조용한 것은 험난한 지세를 믿기 때문이고, 원거리에서 싸움을 거는 것은 아군의 도발을 유인하려는 것이며, 적이 고지가 아니라 군이 평지에 머무는 것은 이익이 있기 때문이다(적근이정자 시기험야敵近而靜者 恃其險也, 원이도전자 욕인지진야遠而挑戰者 欲人之進也, 기소거이자 리야其所居易者 利也)."

손자는 《손자병법》을 집필하며 중국의 대표적 병법서인 《육도六韜》와 《삼략三略》을 참조했다. 중국의 대표적인 병서 7종을 가리켜 무경칠서武經七書라 하는데, 《손자병법》과 더불어 《육도》와 《삼략》도 거기에 포함된다. 《육도》와 《삼략》의 저자는 주나라 태공망(강태공)으로 보기도 하고, 한나라 황석공으로 보기도 하지만 정확한 저자는 알 수 없다.

《육도》는 문도文韜, 무도武韜, 용도龍韜, 호도虎韜, 표도豹韜, 견도犬韜 등 6권 60편으로 구성되었고 《삼략》은 상략上略, 중략中略, 하략下略 3권 구성이다. 《육도》에서 도韜는 '감추다' '활집' '칼전대' 등의 뜻이 있는데 병법의 비결을 의미한다. 주나라 문왕과 그의 아들 무왕이 태공망과 대화하는 형식으로 기술된다. 견도犬韜에는 진군 중 전차가 피해야 할 열 가지 지형이 나오는데 다음과 같다.

1. 사지死地: 전차가 달려가기는 하지만 돌아올 수 없는 곳이다.

2. 갈지竭地: 적을 추격하는 길이 험난한 지형으로 병사들의 기운을 다 빼앗아간다.

3. 곤지困地: 바로 앞길은 평탄한데 그 후의 길이 험난한 지형이다.

4. 절지絶地: 전차가 달리던 중 길이 끝나는 지형이다.

5. 노지勞地: 산사태가 나고 수렁이 깊은 지형이다.

6. 역지逆地: 달리는 길이 우측은 평탄한데 좌측은 험하고 언덕에 오르니 또 산비탈이 나타나는 지형이다.

7. 불지拂地: 잡초가 무성한 밭이랑과 깊은 연못을 무리하게 뚫고 나가야 하는 지형이다.

8. 패지敗地: 평지에서 전차의 수는 적은데 적병이 워낙 많아 싸우기 곤란한 지형이다.

9. 괴지壞地: 뒤에는 도랑, 좌측에는 계곡물, 우측에는 가파른 산이 있는 지형이다.

10. 함지陷地: 오랫동안 폭우가 쏟아져 전진과 후퇴가 불가능한 파괴된 지형이다.

이 열 가지 지형은 전차를 죽음으로 몰고 간다. 지형이 적에게 유리하면 적의 전력이 두 배 증가하고, 아군에게 유리하면 아군의 전력이 배 이상 증가하는 법이다. 그만큼 전쟁의 향방에 지정학적 조건이 중요하다.

적이 도발하는 징후

"많은 나무가 흔들리는 것은 적이 온다는 뜻이요.
풀숲에 장애물이 많다는 것은 의심스러운 일이다."
중수동자 래야 중초다장자 의야
衆樹動者 來也 衆草多障者 疑也

시인 김수영은 〈풀〉이라는 시에서 풀이 "바람보다 더 빨리 눕는다"
라고 표현했다. 징조를 아는 풀이 어떤 강풍보다 강하다는 사실을
시인은 일찍이 간파했나 보다. 매사에 크든 작든 징조가 있다. 그냥
사라지는 징조도 있지만 폭풍 직전의 징조도 있다. 징조를 조짐 혹
은 징후라고도 한다. 손자는 전쟁터에서 발생하는 보편적인 이상
징후를 다음 열네 가지로 정리했다.

   1. 바람도 없고 쾌청한 날인데 숲속의 나무들이 무더기로 흔들린

다면? 적의 전차나 기병이 길을 내는 것이다.

2. 널따란 풀숲에 풀들이 덫처럼 묶여 있거나, 풀로 덮인 함정들이 있다면 아군을 견제하려는 것이다.

3. 새들이 놀라서 날아오른다면 적이 매복한 것이다.

4. 짐승이 놀라 달아난다면 적이 기습하는 것이다.

5. 흙먼지가 높고 날카롭게 일면 적의 전차가 오는 것이다.

6. 흙먼지가 낮게 퍼지듯 깔리면 적의 보병이 다가오는 것이다.

7. 흙먼지가 산발적으로 일어나면 적이 땔감을 마련하고 있는 것이다.

8. 흙먼지가 적게 왔다 갔다 한다면 적이 숙영지를 만드는 것이다.

9. 적군이 공손하게 말하면서도 전쟁 준비를 갖추는 것은 공격하려는 것이다.

10. 적군이 강경하게 말하면서도 진격 태세를 취한다면 후퇴하려는 것이다.

11. 경전차가 먼저 나와 측면에 배치되는 것은 전투 대열을 갖추는 것이다.

12. 약속도 없이 화친을 청하는 것은 모략이 있기 때문이다.

13. 전차를 분주히 배치하는 것은 공격 시기를 기다리고 있다는 것이다.

14. 적이 진격과 후퇴를 거듭 반복하는 것은 아군을 유인하는 것이다.

임진왜란(1592~1598) 때도 징조가 있었다. 일본에 파견되었던 조선 통신사들의 보고에 따라 조선 조정은 도요토미 히데요시가 조선뿐만 아니라, 명나라까지 침략할 계획이 있고 현재 전쟁을 준비 중이라는 사실을 알았다. 그런데도 당시 조정은 동인과 서인 사이의 당파 싸움 때문에 사태 파악을 정확히 하지 못했다.

1590년 3월, 일본에 조선통신사가 파견되었다. 그들은 약 1년간 일본에 머물며 도요토미 히데요시도 만나고 일본 정세를 비교적 자세히 파악하고 돌아왔다. 통신사 중 서인이었던 황윤길은 "일본은 필시 조선을 침략할 것입니다. 도요토미 히데요시의 눈빛이 예사롭지 않았습니다"라고 보고했고, 동인이었던 김성일은 "도요토미 히데요시는 눈빛이 쥐새끼 같아서 두려워할 위인이 못됩니다. 침략할 기색은 없습니다"라고 반박했다. 선조는 당시 집권층이었던 동인의 주장을 받아들여 일본의 조선 침략 가능성을 무시했다.

물론, 조선의 군대는 항시 왜적의 침략에 대비하고 있었다. 당시 조선 수군의 군함이었던 거북선과 정3품 수군절도사로 승진한 이순신 장군이 7년 전쟁 승리의 주역 중 하나였다.

이순신 장군이 기록한 《난중일기》에는 왜란 직전이었던 3월, 당시 좌의정이었던 류성룡이 이순신 장군에게 《증손전수방략增損戰守方略》이라는 책을 보냈다는 기록이 있다. 이 책은 명나라에서 들여온 병서를 기초로 류성룡이 편집한 것으로 추정한다. 선조에게 이순신을 절도사로 천거한 사람 역시 류성룡이었다. 이순신 장군은 이 책에서 수륙전에서의 화공火攻을 접하고 신기하게 여겼다고 한다.

명나라까지 합세한 임진왜란은 결국 일본의 철수를 이끌어냄으로써 조명 연합군의 승리로 끝났다. 그러나 조선을 비롯한 3국이 입은 피해는 막대했다. 조선은 사회경제적 기반이 초토화되었고 정치 혼란도 가속화되었다. 명은 쇠퇴의 길을 걸었고 일본도 도요토미 정권이 붕괴되었다.

율곡 이이가 10만 양병론을 주장했다는 내용이《선조수정실록》에 나온다. 이 주장에 따라 10만 대군을 준비했다면 임진왜란의 양상은 달라졌을지도 모른다.《선조실록》이나 율곡의 저서에는 10만 양병론이 언급되지 않았기에, 그의 제자들이 조작한 이야기라는 설도 있고 의견이 분분하다.

만약, 율곡이 선조에게 10만 양병론을 주장했다 해도, 당시 집권층이었던 동인들의 반대에 부딪혀 실현되지 못했을 것이다. 동인들은 율곡에 극렬히 반대했고, 율곡 자신은 당파를 지은 적이 없었으나, 사후 서인들이 그를 정신적 지주로 삼았기에 그런 추정이 가능하다. 당시 동인이었던 류성룡은 훗날 7년 왜란의 기록을 담은《징비록懲毖錄》을 썼지만, 거기에도 율곡의 10만 양병론 이야기는 없다.

심리학으로 읽는 손자병법

패색의 기미와
몰두하는 소망적 사고

"적이 병기를 지팡이처럼 짚고 섰다는 것은 굶주렸다는 뜻이고,
앞다투어 물을 길어 마시려는 것은 갈증이 났다는 뜻이며,
이득을 발견하고도 진격하지 않는 것은 피로하다는 뜻이다."
장이립자 기야 급이선음자 갈야 견리이부진자 노야
杖而立者 飢也 汲而先飮者 渴也 見利而不進者 勞也

앞에서 적의 도발 징후를 논했다면, 여기서는 적의 허장성세虛張聲勢를 간파하는 법을 이야기한다. 막상 부딪쳐보면 별것 아닌데 허세에 속아 부딪쳐보지도 않고 포기하는 경우가 종종 있다. 어떤 사람이 허세를 잘 부릴까?

심리학 용어로 사후예견 편향hindsight bias이 강한 사람들이 허세 부리는 경향이 강하다. 사후예견 편향이란 결과가 이미 나온 다음에 그 결과를 예측했다고 말하는 특성을 말한다. 전쟁이 터지기

전에는 가만히 있다가 전쟁이 터지면 그럴 줄 알았다고 말하는 것이나, 코로나19 팬데믹이 터지자 그럴 줄 알았다며 정부 당국을 성토하는 기사가 쏟아져 나오는 현상 또한 사후예견 편향의 사례다.

그렇다면 어떤 사람이 허세에 잘 속아넘어갈까? 근거 없는 소망적 사고Wishful Think가 강한 사람들이 그런 경향이 있다. 소망적 사고는 헛된 희망을 뜻한다. 누구나 소망적 사고를 품을 수 있지만, 현실이 암울한데 미래마저 잿빛인 곤경에 빠졌을 때 더욱 그렇게 된다. 과거 우리 어머니들이 장독대나 부엌에 정화수를 떠놓고 새벽마다 빌었던 것도 일종의 소망적 사고에서 비롯된 행위다. 빈다고 소망이 이루어질 리 없겠지만, 그렇게라도 마음을 달래는 것이다. 근거 없는 소망적 사고를 줄이려면 사회적 안전망을 확보하는 것이 중요하다.

기원전 632년 진나라 문공은 장수 위주와 선진에게 위나라 오록성을 치게 했다. 선진은 오록성을 향해 진군하는 도중 산과 언덕에 깃발을 마구 꽂으라고 명령했다. 그리하여 숲에 많은 깃발이 휘날리게 되었다. 다른 장수가 "적진을 향해 몰래 다가가야지 깃발까지 꽂아두면 적에게 방어할 기회를 준다"라며 걱정했지만, 선진은 "우리 군대에 위압감을 갖도록 해야 한다"라며 안심시켰다.

진나라 군대가 서서히 다가오는 가운데 오록성 사람들은 온 산과 언덕에 수없이 많은 깃발이 펄럭이는 것을 보았다. 엄청난 대군이 쳐들어온다며 지레 겁을 먹은 그들은 모두 성을 비우고 도망쳤다. 선진의 군대는 오록성에 아무도 없어 성을 거저 차지하게 되었다. 이 이야기에서 '허장성세'라는 고사성어가 탄생했다.

장비도 허세를 부려 조조를 감쪽같이 속인 적이 있다. 208년 조조는 형주를 접수하고 신야성에 있는 유비를 공격했다. 유비는 잠시 버텼지만, 어쩔 수 없이 피란길에 오르게 되었다. 많은 형주 백성이 덕망 있는 유비를 따라나섰다. 그 바람에 유비군은 조조의 추격을 따돌리지 못했다.

유비를 좇던 조조가 장판교 앞에 이르러 바라보니 다리 위에 장비가 버티고 서 있었다. 동쪽 숲속에서는 흙먼지가 뽀얗게 올라와서 마치 복병이 움직이는 듯했다. 조조는 그 다리를 건너기만 하면 유비를 끝장낼 수 있었지만, 장비가 복병을 숨겨두고는 유인책을 쓴다고 보고 철군했다. 그때 조조가 속지 않았다면 천하통일의 꿈을 이루었을 것이다.

적의 허세에 속지 않으려면 그 실체를 간파해야 한다. 손자는 적의 허세에 속지 않고 실체를 파악하는 방법에 대해 다음과 같이 이야기했다.

"성안에 새들이 모여들었다는 것은 성이 비었다는 뜻이다(조집자 허야鳥集者 虛也). 밤중에 큰소리가 났다는 것은 공포에 휩싸였다는 뜻이다(야호자 공야夜呼者 恐也). 군대가 소란스럽다는 것은 장군이 진중하지 않다는 뜻이고(군요자 장부중야軍擾者 將不重也), 깃발이 어지럽게 흔들린다는 것은 혼란스럽다는 뜻이다(정기동자 난야旌旗動者 亂也)."

"장군이 노한다는 것은 병사들이 게으르다는 뜻이다(이노자 권야吏 怒者 倦也). 말을 잡아먹고도 취사도구를 걸어놓지 않고 막사로 돌아가지도 않았다는 것은 궁지에 몰렸다는 뜻이다(속마육식 군무현병 불반기사자 궁구야粟馬肉食 軍無懸瓶 不返其舍者 窮寇也). 장수가 병사들에게 거듭 타이르며 장황하게 이야기한다는 것은 병사들의 신뢰를 잃었다는 뜻이다(순순흡흡 서여인언자 실중야諄諄翕翕 徐與人言者 失衆也)."

장수가 위엄과 신망을 잃어버리면 군대의 기강은 무너진다. 왜 장수는 위엄과 신망을 잃어버리게 될까? 위엄은 누가 세워주는 것이 아니다. 이순신처럼 세 번 파면, 두 번 백의종군하더라도 불의와 타협하지 않아야 저절로 위엄이 생기고 부하들의 신뢰를 얻는다.

손자는 "장수가 부하의 신망을 제대로 얻지 못해 궁색해지면 자주 상을 남발하게 되고, 곤란한 일이 생기면 자주 벌을 준다(삭상자 군야數賞者 窘也 삭벌자 곤야數罰者 困也)"라고 했다. 애초에 공평무사하게 다스렸다면, 그런 일이 벌어지지 않았을 것이다.

무분별한 상벌을 내리는 것은 인기가 급락한 정권 또는 정권 말기에 자주 나타나는 현상이다. 상을 당근으로, 벌을 채찍으로 이용

심리학으로 읽는 손자병법

하려는 얄팍한 전술이 그것인데, 그럴수록 리더의 권위는 더욱 땅에 떨어진다. "명령이 잘 안 먹히면, 처음에는 난폭하게 대하다가 후에는 부하들을 두려워하는 지경에 이른다(선폭이후외기중자先暴而後畏其衆也)"라고 손자는 말한다.

병사가 잘못을 저질렀다면 벌을 주어야 한다. 다만, "장군이 병사들과 친밀해지기도 전에 벌을 주면 불복하게 되어 다루기가 어렵고(졸미친부이벌지 즉불복 불복즉난용야卒未親附而罰之 則不服 不服則難用也), 병사들과 충분히 친밀해졌는데도 마땅한 벌을 주지 않으면 통솔하기가 어려워진다(졸이친부이벌불행 즉불가용야卒已親附而罰不行 則不可用也)."

따라서 손자는 "명령은 문文으로 하고 통제는 무武로 해야 한다(고령지이문故令之以文 제지이무齊之以武)"라고 한다. 명령은 부드럽게, 벌을 줄 때는 준엄하게 하라는 뜻이다.

태공망은 《육도》 제3편 용도龍韜에서 장수가 갖추어야 할 덕목으로 오재십과五材十過를 이야기했다. 오재五材는 장수의 다섯 가지 재능으로 지智, 인仁, 신信, 용勇, 충忠을 가리킨다. 장수는 지智가 있어야 혼란을 막을 수 있고, 인仁이 있어야 장병들을 아낄 수 있으며, 신信이 있어야 약속을 지키고, 용勇이 있어야 적이 침범하지 못하며, 충忠이 있어야 군주에게 두 마음을 품지 않는다.

손자는 제1편 '시계'에서 장수가 갖추어야 할 자질을 "지·신·인·용·엄智·信·仁·勇·嚴"이라 함으로써 오재五材의 충忠 대신 엄嚴을 놓왔다. 충이 두 마음을 품지 않는 것이라면 엄은 아예 사심을 품지 않는 것이니, 엄이 좀 더 본질적이고 확대된 개념이라 할 수 있다. 한편으로 손자는 왕의 시각에서 전장의 시각으로 관점을 바꿨다고도 볼 수 있다.

십과+過란 장수의 열 가지 허물로, 이는 다음과 같다.

하나, 용勇을 갖추었으나 목숨을 가벼이 여기는 것(유용이경사자有勇而輕死者)

둘, 급한 일을 맞닥뜨려 행동을 서두르는 것(유급이심속자有急而心速者)

셋, 탐욕스러워 이익을 좋아하는 것(유탐이호리자有貪而好利者)

넷, 인仁은 갖추었으나 인정을 견디지 못하는 것(유인이불인인자有仁而不忍人者)

다섯, 지智는 갖추었으나 마음에 겁이 많은 것(유지이심겁자有智而心怯者)

여섯, 신信은 갖추었으나 남의 말을 쉽게 믿는 것(유신이희신인자有信而喜信人者)

일곱, 청렴하나 사람을 사랑할 줄 모르는 것(유렴결이불애인자有廉潔而不愛人者)

여덟, 지능은 좋으나 마음이 태만한 것(유지이심완자有智而心緩者)

아홉, 강직한데 자기만 옳다고 하는 것(유강의이자용자有剛毅而自用者)

열, 심성이 나약해 남에게 일을 떠넘기기 좋아하는 것(유나이희임인자有懦而喜任人者)이다.

심리학으로 읽는 손자병법

평상시 규율, 위기 때 단결력

"평소에 규율대로 행한다는 것을 백성들이 알았다면 백성이 잘 따를 것이고,
평소에 규율대로 행하지 않는다는 것을 백성들이 알았다면 백성은 따르지
않을 것이다. 평소에 규율대로 행해지면 장군과 병사 모두 이득이 될 것이다."

영소행이교기민 즉민복 영불소행이교기민 즉민불복
令素行以敎其民 則民服 令不素行以敎其民 則民不服
영소행자 여중상득야
令素行者 與衆相得也

조직관리는 평상시 리더의 태도가 중요하다. 평소에 아랫사람을 기
분 내키는 대로 대했다가는 비상시에 아무도 협조하지 않을 것이다.
제갈량은 평소 부하들을 유가적 덕과 법가적 신상필벌의 두 원칙
에 따라 대했다. 덕과 준엄함을 겸비한 제갈량을 부하들은 '자애롭
지만 두려운 장군'으로 모셨다.

적벽대전에서 패한 조조를 관우가 화용도에서 의리로 살려주었을 때, 제갈량은 관우를 병사들이 보는 가운데 밧줄로 묶고 참수하려 했다. 유비가 제갈량에게 관우를 살려주라고 해도 말을 듣지 않았다. 제갈량이 칼을 빼 들자 당황한 유비가 엉겁결에 제갈량 앞에 무릎을 꿇으며 이렇게 사정했다. "동생의 허물은 내 허물이오. 차라리 나를 참하시오."

유비가 그렇게까지 말하자 제갈량은 그제야 물러섰다. 제갈량이 평소에 얼마나 공평무사했는지를 알 수 있는 대목이다. 그랬기에 전쟁터에서 그의 명령이 잘 먹힌 것이었다.

소아과 의사이자 정신분석가인 도널드 위니코트D. W. Winnicott는 아동에게 완벽한 엄마가 아니라 '충분히 좋은 엄마'가 필요하다고 보았다. 여기서 '충분히 좋다'는 그런대로 괜찮다는 뜻이며, 이만하면 됐다는 의미로도 풀이된다. 위니코트 박사는 충분히 안아주는 것holding만으로도 좋은 양육자가 될 수 있다고 했는데, 이때 '안아주다'에서 사용된 홀딩holding은 지탱한다는 뜻도 있다. 양육자는 아동을 지탱해 안정감을 주는 역할을 한다.

아동을 대할 때는 일관성이 중요하다. 아동의 입장을 고려하지 않고 양육자 기분에 따라 칭찬하고 꾸짖으면 아동은 심리적으로 큰 상처를 입을 수 있다. 장수도 마찬가지로, 병사를 지탱해주는 환경holding environment을 조성해야 한다. 병사가 장수에게 자신을 믿고 맡길 수 있도록 말이다. 그래야 병사는 안정감을 느끼고 본연의 임무에 집중할 수 있다.

이순신 장군은 입버릇처럼 만전지계萬全之計를 강조했다. 평소 철저한 계획을 세우고 확실한 준비를 해두어야 실전에서 실패가 없다는 것이다.

1586년(선조 19년) 이순신 장군은 함경도 조산보 만호萬戶에 임명되었다. 만호는 종4품에 해당하는 장군직으로, 1만 명을 거느리는 장군 혹은 1만 가구의 대장이라는 뜻이다. 1587년, 이순신 장군은 조산에서 가까운 녹둔도에서 둔전관을 겸직하게 되었다. 둔전屯田은 재정을 확보하기 위해 계획적으로 사람을 투입해 땅을 경작하는 제도를 말한다. 녹둔도 둔전은 군량미 확보를 위한 것이었고, 그 관리를 이순신 장군이 맡았다. 병사는 불과 수십 명뿐이었다. 녹둔도는 여진족 지역과 가깝고 그들이 침략할 가능성이 높았다. 이에 이순신 장군은 함경도 북병사 이일에게 병력 충원을 요청했으나 받아들여지지 않았다. 북병사는 군 총사령관에 해당하는 직위다.

이순신 장군이 녹둔도를 개간한 후 처음으로 풍년이 들었다. 군민들이 추수할 때 여진족 1천여 명이 기습 공격했다. 이를 녹둔도 전투라고 한다. 수십 명에 불과한 조선의 군대가 1천여 명의 여진족을 상대했으니 조선 측 피해가 당연히 컸지만, 그래도 상당히 선전했다는 평가를 받고 있다.

이 전투에서 조선인 11명이 사망하고 군민 106명이 포로로 잡혀갔다. 말도 15필 약탈당했다. 그러나 이순신 장군은 이경록 장군과 함께 여진족의 퇴로를 막고 반격을 가했다. 미리 여진족의 퇴로 앞에 가서 고지대에 매복했다가 여진족이 힘겹게 올라올 때 승자총통을 발사했다. 그리하여 적군을 몇몇 죽이고 포로로 끌려가던

수책거적도守柵拒敵圖. 녹둔도 전투를 묘사한 그림. 고려 예종~조선 선조까지 총 8개의 전투 장면을 묘사한 〈북관유적도첩〉에 포함됨.

군민 50여 명을 구출하기도 했다.

북병사 이일은 이순신 장군과 몇몇을 패전의 책임을 물어 옥에 가두었다. 그러나 선조는 열악한 상황에서 충분히 선전한 것을 인정해 이 전투를 패전으로 규정하지 않았다. 다만, 이순신 장군에게 장형을 친 후 백의종군을 명했다. 백의종군이란 벼슬 없이 참전하는 것을 말한다.

1588년 북병사 이일은 여진족 토벌대를 꾸려 여진족 부락인 시전 부락을 공격했다. 당시 백의종군으로 참전했던 이순신 장군의 직급은 '우화열장右火烈將'이었다. 우화열장이란 토벌대 우측 화기 부대를 맡은 대장이라는 뜻이다. 이를 말해주는 유일한 자료가 당시 시전 부락 전투 상황을 그린 〈장양공정토시전부호도〉(육군사관학교 박물관, 삼성미술관 리움, 경기도박물관 소장)라는 제목의 그림이라는 게 흥미롭다.

지형地形

지형을 숙달하고
이점을 이용하라

제10편 지형에서는 지형을 이용한 전략을 이야기한다. 손자는 지형마다 특징이 있으니 그에 맞게 작전을 펼치라고 하며 승리에 이유가 있듯이 패배하는 군대에도 이유가 있다고 한다. 전쟁 중 결정을 할 때는 백성의 안전과 군주의 이익을 기준으로 하고 부하들은 사랑으로 대하되 규율을 엄격하게 적용하라고 한다.

지형의 종류에 따른 조작적 조건화

"지형에는 통형, 괘형, 지형,

애형, 험형, 원형이 있다."

지형유통자 유괘자 유지자 유애자 유험자 유원자

地形有通者 有掛者 有支者 有隘者 有險者 有遠者

손자는 전투지의 유형을 통, 괘, 지, 애, 험, 원 여섯 가지로 구분했다. 그리고 지형마다 특성이 있으니 지형의 특성에 맞춰 작전을 펼치라고 한다.

첫째, 통형通形은 아군이나 적군이나 모두 오갈 수 있는 탁 트인 지형을 말한다. 이런 지형에서는 태양이 비추는 고지대를 먼저 차지해 보급로를 확보하면 전쟁에서 유리하다. 둘째, 괘형掛形은 진격할 수는 있으나 후퇴하기는 어려운 지형을 말한다. 적이 방비하지 않을 때 진격하면 승리할 수 있지만, 적이 방비하고 있을 때 진격하면 후퇴가 어려워 불리하다.

셋째, 지형支形은 아군과 적군 모두 불리한 지형을 말한다. 예를 들어, 아군과 적의 중간을 가르는 강, 습지, 계곡 등이 지형에 해당한다. 이런 곳은 적이 유인해도 추격해선 안 되고, 오히려 후퇴함으로써 적을 유인해 그들이 진격하게 한 뒤 반쯤 추격할 때 공격하면 유리하다.

넷째, 애형隘形은 아군이 선점해서 병력을 가득 채워야 하는 지형이다. 산속 계곡의 입구나 강의 건널목처럼 입구가 좁은 지형이 애형에 해당한다. 다른 말로 애로隘路라고도 할 수 있다. 이런 지형에 적군이 먼저 점령해 병력을 채워놓고 있으면 이 지역을 지나가지 말아야 한다.

다섯째, 험형險形은 험준한 요새를 뜻하며, 아군은 필히 볕이 잘 드는 고지를 선점해 주둔해야 한다. 만약, 적이 그곳을 선점하고 있다면 정면공격을 피하고 적을 유인해 끌어내야 한다.

여섯째, 원형遠形은 아군과 적군이 멀리 떨어진 지형을 말한다. 아군과 적군의 세력이 비슷하다면 공격하기가 어렵고 싸워도 불리하다.

지형지물 활용의 천재로 오나라 육손이 있었다. 221년 유비는 형주를 수복하고 촉한을 세워 황제로 등극한다. 황제 유비가 처음으로 한 일은 의형제인 관우의 원한을 풀기 위해 오나라를 침공한 것이었다. 유비가 동원한 군사는 75만 명, 방어하는 오나라 군사는 5만 명이었다. 이때 오나라 장수가 바로 육손이었다.

당시 전장은 형주였다. 형주는 서고동저의 지형에 서에서 동으로 흐르는 장강이 연달아 솟은 산맥을 관통하고 있다. 전쟁 초반 유비는 무성과 자귀성을 차례로 격파했다. 이에 육손은 이릉으로 후퇴했다. 유비는 수군을 이릉으로 보내 육손과 싸우도록 하고 자신은 육로로 진격할 계획이었다. 유비의 대군은 장강의 물결을 따라 이릉을 향해 하늘 높이 솟아오른 계곡 사이로 이동했다. 유비 측에게 이는 진군하긴 쉬우나 회군이 어려운 코스였다.

이릉에서 이들을 기다리던 육손은 산악지대의 험지를 유비에게 계속 점령당하는데도 방치하다시피했다. 오나라의 험지들이 유비에게 차례로 함락되자 육손의 부하들은 그를 겁쟁이라며 비난했다. 그러나 육손은 이를 무시했다. 왜냐하면 그는 유비에 대해 이미 파악했기 때문이다.

유비는 어떤 사람이었나? 그는 전쟁을 장기전으로 끌면서 지역 민심을 사로잡는 유형이었다. 한마디로 전쟁터에서 뭉개며 자신을 돋보이는 데 관심이 많았고 조조 등 상대에 비해 친화력이 높음을 한껏 뽐냈다. 한중 공방전도 그랬고 형주도, 익주도 그런 식으로 집어삼켰다. 이는 사실 관우, 장비, 조운 등 최고의 참모들이 도와주었기에 가능한 일이었다.

그런데 이릉 전투는 달랐다. 우선, 평소 느긋했던 유비가 아니었다. 유비는 관우의 원한을 갚겠다는 일념에 불타오르고 있었다. 장비를 잃은 상실감도 컸다. 그런 심리 상태가 되면 평소보다 시야가 좁아진다. 상대의 계략을 간파한다거나 주변을 돌아볼 여지가 줄어든다.

게다가 유비를 수행하던 참모들도 대부분 2류급이었다. 조운과 마초 등은 위나라 침략을 대비해 남겨두었다. 유비의 이런 실정을 육손은 간파했고, 유비의 복수심을 계속 강화하는 작전을 폈다. 상대의 심리적 허점을 이용하는 일종의 조작적 조건형성operant conditioning 전략이었다. 육손이 유비에게 험지를 계속 내준 것은 정적 강화물positive reinforcer을 반복적으로 준 것과 같았다.

이로써 육손은 유비를 험준한 산속에 가두려 했다. 이를 알 리 없는 유비가 험지를 날름날름 삼키며 육손을 공격했지만, 육손은 계속 피하기만 했다. 공격과 회피의 소모전으로 몇 달이 훌쩍 지나고 폭염이 닥쳤다. 유비군은 더위를 피해 숲속으로 돌아가 한 일자 형태로 700리에 걸쳐 나란히 진을 세웠다. 낮이면 깃발이 늘어서고 밤이면 수많은 횃불이 불을 밝히는 희대의 장관이 연출되었다. 육손은 이때를 놓치지 않고 화공을 가했다. 유비는 간신히 백제성으로 후퇴했지만, 이후 병석에 누워 자책하다가 사망한다.

당시 오나라 황제였던 조비(조조의 아들)는 유비의 패인을 분석하기를, 700리에 달하는 습지와 구릉과 험준한 지형에 목책木柵으로 연결한 진영을 세웠기 때문이라고 보았다. 요컨대 유비는 병가에서 말하는 지형지물 이용에 서툴렀다.

패배하는 군대의 특징

"패배하는 군대에는 주병走兵, 이병弛兵, 함병陷兵,

붕병崩, 난병亂兵, 배병北兵이 있다."

고병유주자 유이자 유함자 유붕자 유난자 유배자

故兵有走者 有弛者 有陷者 有崩者 有亂者 有北者

승리에는 여러 이유가 있을 수 있지만, 패배한 이유는 한마디로 대응에 실패한 것이다. 손자는 대응에 실패하는 군사 혹은 군대를 '주走, 이弛, 함陷, 붕崩, 난亂, 배北' 여섯 가지 유형으로 구분했다. 또 "무릇 이 여섯 가지는 천재지변이 아니며 장수의 과실(범차육자 비천지재 장지과야凡此六者 非天之災 將之過也)"로 보았다. 실패하는 군대 유형들을 하나씩 자세히 살펴보자.

첫째 주병走兵, 도주하는 병사가 있는 군대다. 아군과 적군의 세력이 팽팽한데, 하나로 열을 치라 하면 병사는 도망한다(부세균 이일 격십왈주大勢均 以一擊十曰走). 장수가 용병에 서툴러 병사에게 무리한 요구를 한 것이다.

둘째 이병弛兵, 기강이 해이한 군대다. 군사들은 강한데 장군이 약해서 그렇다(졸강리약卒强吏弱). 마치 양 떼가 사자 한 마리를 이끄는 격이다. 한국전쟁 때 현리 전투가 바로 그런 사례였다.

1951년 5월 강원도 인제 현리 인근에서 중공군이 한국군을 향해 대공세를 가했다. 한국 육군 3군단의 보급로 겸 퇴로를 차단해 동부전선을 뚫어버리는 게 중공군의 주요 목표였다. 이 전투의 주된 방어선은 오마치 고개였다. 오마치 고개가 뚫리면 한국군으로서는 다른 출구가 없었다.

이를 안 중공군이 오마치 고개를 점령하자 3군단의 군단장과 예하 지휘관들은 자기들이 먼저 도망쳐 버렸다. 지휘라인이 붕괴되자 병사들도 박격포 등 무기를 버리고 제각기 도주했다. 이를 계기로 3군단은 해체되었고 미군이 한국군 작전통제권을 몰수한다.

셋째 함병陷兵, 함정에 빠진 군대다. 이병과 정반대로 장수는 강한데 사졸들이 약해서 그렇다(이강졸약吏强卒弱). 사자 한 마리가 양의 무리를 이끄는 모양새다. 이런 군대는 함정에 빠지기 쉽다.

넷째 붕병崩兵, 붕괴하는 군대다. 대리大吏, 즉 중간 간부가 화가나 장군의 명령에 불복종하는 경우다(대리노이불복大吏怒而不服). 적군을 만나 싸울 때 그런 중간 간부는 자기 마음대로 할 것이고, 장군은

그의 능력을 제대로 알지 못한다(우적대이자전 장부지기능遇敵懟而自戰 將不知
其能). 이런 군대는 붕괴한다.

다섯째 난병亂兵, 혼란에 휩싸인 군대다. 장수가 나약하고 엄격하
지 못해 교육과 훈련이 안 된 군대이다(장약불엄 교도불명將弱不嚴 敎道不明).
이런 군대는 규칙 없이 제멋대로 하다가 혼란에 빠진다. 1636년(조
선 인조 14년) 일어난 병자호란에서도 그런 사례가 있었다.

병자호란은 청나라(후금)의 홍타이지가 조선을 침략한 전쟁이었
다. 조선은 이 전쟁에서 패해 인조는 청 황제 홍타이지에게 '세 번
절하고 아홉 번 머리를 땅에 두드리는' 치욕적인 의식을 치르기도
했다. 병자호란의 결정적 원인은 인조의 척화론이 발각된 것이었다.
척화론이란 청과 맞서서 싸우겠다는 것이었다. 이른바 숭명배청 노
선에 따른 결정이었다. 명나라에 대한 사대는 더욱 굳건히 하는 대
신, 청나라와는 전쟁을 해서라도 대립하겠다는 의지였다.

사실 인조는 광해군의 조카였다. 1623년, 능양군 신분으로 숙
부 광해군을 몰아내고 왕위에 올랐다. 그렇게 반정에 성공한 인조
는 광해군과는 다른 외교 노선을 걸었다. 광해군은 명에 적당한 사
대를 하는 한편, 배후에서는 후금과 교섭하며 적을 만들지 않는 실
리 외교를 채택한 바 있었다. 그러나 인조는 숭명사상, 대명의리론
을 끝까지 놓지 않았다.

병자호란 중 최악의 패배는 1637년 1월 경기도 광주에서 벌어

　　　　　　심리학으로 읽는 손자병법

진 쌍령전투였다. 기록에는 4만 조선군이 청나라 기병 300명에게 완패했다고 하지만, 실제 청나라 병사를 7천 명으로 추정하기도 한다. 여하튼 조선의 대군은 쌍령 고개 양측에 목책木柵을 세우고 진을 쳤다.

당시 조선군은 각지에서 차출한 농민들이 대부분으로, 조총은 들었으나 훈련을 제대로 받지 못한 상태였다. 초전에 포수 중심으로 청나라 군사에게 사격을 가했다. 탄환이 떨어져 탄환을 재분배하는 과정에서 폭발 사고가 일어났다. 남산 봉우리에서 이 상황을 지켜보던 청나라 척후병이 공격해 내려왔다. 당황한 조선군이 앞다퉈 목책을 뛰어넘어 도망쳤다. 결국 이 전투는 조선의 패전으로 기록되었다.

당시 조선 장수들 사이에서 남산의 높은 봉우리로 진을 옮기자는 의견이 있었으나 묵살되었다. 근본적으로는 병사들의 사격전 준비가 너무 미흡한 것이 패인이었다. '포수연속난방砲手連續亂放'이라는 표현처럼 마구잡이로 조총을 쏘아댄 것이었다. 과녁을 보고 쏘아야 하는데 무턱대고 발사하며 소중한 탄약을 낭비했다.

패배의 마지막 유형은 배병北兵, 즉 패배하는 군대다. 손자는 "장수가 적의 상황을 파악하지 못해서(장불능료적將不能料敵)" 그렇다고 한다. 계란으로 바위를 치듯 소수의 병력으로 다수의 적을 공격하고 (이소합중以少合衆), 약한 병력으로 강한 적을 무모하게 공격하되(이약격강

以弱擊強), 정예병을 선발하지도 않는다(병무선봉兵無選鋒). 이런 군대는 패배한다.

군대는 목표가 뚜렷한 공조직이다. 목표 달성을 위해 각자가 해야 할 역할이 있기 마련인데, 그중 장수의 역할이 제일 중요하다. 만약, 장수가 파벌을 조성하거나 방치한다면, 혹은 부하들에게 공적인 목표와 배치된 사적인 요구를 한다면 군대 내에 역할을 둘러싼 갈등이 발생한다. 개인에게 주어진 서로 다른 역할들이 상충되면서 발생하는 이런 갈등을 역할 긴장role strain 혹은 역할 갈등이라고 한다.

역할 갈등이 일어나는 주요 원인은 공식적 역할 외에 또 다른 비공식적 역할이 요구되는 데 있다. 역할 갈등에 빠진 구성원 한 명이 동요하기 시작하면, 아노미 현상이 발생해 집단 전체가 혼란에 빠진다. 집단은 유기적으로 얽혀 있기에 그렇다. 군대가 아노미 상태에 빠지며 원래 목표와 관계없이 의도하지 않은 결과가 산출된다.

심리학으로 읽는 손자병법

진퇴를 결정할 때 마음가짐

"전진할 때 명예를 고려하지 말고, 후퇴할 때 처벌을 피하려 하지 말라.
오직 백성을 보호하고 군주의 이익에 부합하는지를 생각하라."

진불구명 퇴불피죄 유민시보 이리합어주

進不求名 退不避罪 惟民是保 而利合於主

전쟁 중에는 전진할 때도 있고 후퇴할 때도 있다. 그 결정을 내리는 기준은 백성의 안전과 군주의 이익이어야 한다고 손자는 말하고 있다. 고대사회에서 군주는 곧 나라였다. 만약 장수가 자신의 공명심을 위해 후퇴해야 할 때 전진하면 역량 있는 부하는 공을 세울 기회가 사라진다. 만약 장수가 후퇴해야 할 때 문책당할 것이 두려워 책임 전가 방안을 모색하다가는 후퇴할 시기를 놓친다.

전쟁터에서 공수는 수시로 바뀌는 것이고, 성공적인 공수의 관건은 타이밍이다. 후퇴도 성공적으로 마무리해야 공격할 기회를 잡을 수 있고, 공격도 마찬가지다.

중국을 통일한 수나라는 고구려를 세 차례에 걸쳐 침략했다. 598년 1차 원정 때는 수 문제가 30만 대군을 동원해 요동을 공격하게 했으나 실패했다. 612년 2차 원정 때는 양제가 113만 대군을 일으켜 고구려 총공격을 명했다. 기록상 113만 명은 단일 군대로는 역사상 어마어마한 규모로, 실제 병력이 그 정도인지는 논란이 있다. 제1차 세계대전에 이르러서야 그 기록이 깨졌을 정도다. 어쨌거나 당시 수나라의 계획은 육로로 요동을 공격하고 해군이 이들과 합류해 최종적으로 고구려 도읍인 평양성을 치는 것이었다.

당시 수나라 해군의 총사령관은 내호아였다. 수의 육군이 요동성에서 싸울 즈음 수 해군은 대동강 근처에 닻을 내렸다. 원래 계획대로라면 육군과 해군이 평양성 근교에서 합류해 평양성을 쳐야 했다. 그러나 공명심에 들떠 있던 내호아는 육군을 기다리지 않고 단독으로 평양성을 공격하려 했다. 부사령관 주법상이 "기다리셨다가 육군과 합동으로 공략해야 합니다"라고 만류했지만 내호아는 4만 병력을 차출해 평양성을 향해 진격했다.

이때 평양성을 지키고 있던 고구려 장수는 영양왕의 동생 고건무였는데, 고건무의 전략에 내호아가 걸려들었다. 고건무는 훗날 고구려 제27대 태왕이 된다. 평양성은 외성, 중성, 내성, 북성의 4중 구조였는데 외성에 절들이 많았다. 고건무는 절들에 복병을 배치해

심리학으로 읽는 손자병법

두고는 일부러 외성을 열어두었다. 외성 안으로 어렵지 않게 들어간 수나라 해군이 노략질을 하는 가운데 고건무의 결사대 500명이 튀어나왔다. 이들에 의해 수나라 해군 4만여 명이 추풍낙엽처럼 스러졌다.

장군 한 사람의 공명심 때문에 이런 엄청난 결과가 빚어졌다. 공명심과 영웅 심리는 상통하는데, 둘 다 '성취 과시와 찬탄 소망'에 기반한다. 이 두 욕구는 누구에게나 있지만 공명심이 강할 경우 자신을 드러낼 기회다 싶으면 즉흥적으로 행동하는 습성이 있다. 그렇게 성취한 것을 필요 이상으로 과시하고자 하고, 자신의 과시에 대해 누구나 칭찬하고 감탄해주길 원한다.

공명심의 이면에는 수치심이 있다. 공명심과 수치심은 동전의 양면과 같아서 공명심이 강한 장수일수록 수치심도 유달리 크다. 그래서 공격할 때는 자기 위주로 무리한 명령을 내리고, 후퇴할 때는 문책을 피하는 방식만 찾다가 타이밍을 놓쳐 자기편을 희생한다.

손자는 군대의 전진과 후퇴의 기준은 장수의 공명심이나 문책이 아니라, 오직 유민시보惟民是保와 이합어주利合於主라고 했다. 백성(병사 포함)을 보호할 수 있느냐, 군주 곧 나라의 이익에 부합하느냐를 기준으로 삼으라는 것이다. 그것을 실천하는 장수는 곧 나라의 보배(국지보야國之寶也)라고 손자는 말한다.

회사의 리더도 마찬가지다. 진정한 리더는 계급이 아니라 영향력이며, 리더십은 변명이나 회피가 아닌 책임질 줄 아는 데 있다. 리더는 오직 구성원의 안전과 조직의 이익을 기준으로 진퇴를 결정해야 한다.

미국 남북전쟁(1861~1865)은 한편으로는 북부군 총사령관 율리시스 S. 그랜트Ulysses Simpson Grant와 남부군 총사령관 로버트 E. 리의 리더십 대결이었다. 북부군은 공업, 상업, 병참 등 월등한 자원에도 개전 초기 지휘관이 수차례 교체되는 등 리더십 부족으로 고전을 면치 못했다. 당시 그랜트는 고향 일리노이주의 의용군 연대장이었는데, 1862년 초 켄터키주에서 남부군에 의미 있는 승리를 거두었다. 이 전공으로 준장이 된 그랜트는 남부군 지역인 테네시주에서 치열한 공방전을 벌인 끝에 승리를 거두었다. 비로소 북부군이 최초로 대승리를 거둔 것이었다. 그러나 워낙 많은 전사자가 나와 강등당했다.

이후 리 사령관이 이끈 남부군은 열악한 조건에서도 종횡무진하며 북부군에게 연전연승을 이어나갔다. 그러자 답답해진 링컨 대통령은 1864년에 그랜트를 북부군 총사령관에 임명했다. 그때부터 그랜트와 리의 본격적 대결이 시작되었다. 그랜트는 지역 점령에 역량을 쏟았던 전임자들과 달리 남군 병력의 분쇄에 역점을 두었다. 물론 북부군의 희생도 컸지만 우세한 전력을 바탕으로 병참 부족에 시달리던 남부군을 궁지로 모는 데 성공했다.

리는 부하들의 희생만 강요하는 전쟁을 끝내기로 결심한다. 그리고 지난 4년간 북군의 압도적인 자원과 병력에 맞서 자신과 함께 싸워준 병사들에게 감사의 고별사를 남기고는 곧바로 그랜트를 만나 항복문서에 서명했다.

리 장군은 비록 노예제도를 인정했지만, 부하들에게만큼은 평소 최고 인격자로 존경받았다. 북군은 미합중국 통합을 위해 남군에게 아무 책임도 묻지 않기로 했다. 남부군 병사들에게 식량을 보내고 모두 무사 귀향하도록 도와주었다. 1868년 그랜트는 미합중국 제18대 대통령에 당선되었고, 리 장군은 버지니아주 워싱턴 컬리지(현 워싱턴앤리대학) 학장이 되었다.

병사를 대하는 미묘한 방식

"너무 후하게 대하면 부릴 수 없고, 사랑으로만 대하면 명령할 수 없으며,
너무 풀어놓으면 다스릴 수 없다."

후이불능사 애이불능령 난이불능치
厚而不能使 愛而不能令 亂而不能治

부하들을 대하는 리더의 태도에 대해 손자는 '사랑으로 대하되 규율은 엄격하게'라는 원칙을 강조한다. 한마디로 하면 엄율자양嚴律慈養이다. 조직관리에 능한 리더는 모두 엄율자양했다. 《사기열전》에 나오는 사마양저 이야기를 보자.

춘추시대 제나라 경공은 북방 연나라와 서방 진나라의 공격을 연이어 받으며 풍전등화의 위기를 만났다. 큰 걱정에 휩싸인 경공에게 재상 안영이 사마양저를 추천했다. 사마양저는 장군으로 임명받

심리학으로 읽는 손자병법

으며 경공에게 이렇게 청했다.

"미천한 졸병인 저를 대부로 발탁하시니 사졸들이 따르지 않을까 걱정이옵니다. 군주께서 총애하는 신하를 감군監軍으로 삼아주십시오."

그래서 경공은 자신이 총애하는 장고를 군대 감독관으로 임명했다. 사마양저와 장고는 군문軍門에서 만나기로 약속했다. 약속한 날, 사마양저는 먼저 군문에 나가 해시계와 물시계를 세워놓고 장고를 기다렸다. 약속 시간인 정오가 훨씬 지났는데도 장고는 오지 않았다. 석양이 되어서야 술에 취해 나타난 장고에게 사마양저가 늦은 이유를 물었다.

"왜 늦으셨습니까?"

"중신들과 친척들의 환송연에서 한잔했소이다."

"군주가 출전 명령을 내리면 일신의 일을 잊고 오직 적과 싸우는 데 전념해야 하거늘, 어찌 술잔을 기울인단 말입니까?"

사마양저는 군정軍正을 불러 물었다.

"군법에 약속을 어기면 어떻게 하는가?"

"참형에 처합니다."

이에 겁이 난 장고가 급히 경공에게 사람을 보내 구원을 청했다. 사마양저는 경공이 오기도 전에 칼로 장고의 목을 베었다. 그 목을 삼군에 돌리니 사람들이 사마양저를 두려워했다. 한참 후 경공의 사자가 장고를 살려주라는 왕명을 가지고 달려왔지만, 사마양저는

"전쟁 중인 장수는 군주의 명을 받지 않을 수도 있다"라며 사자를 돌려보냈다.

이후 출병했는데 전군이 사마양저의 군령을 철저히 따랐다. 사마양저는 기강을 세울 때는 부하들을 추상秋霜같이 대하고, 그렇지 않을 때는 춘풍春風처럼 대했다. 그는 손수 병졸들의 막사와 우물을 돌아보았고, 양식 분배에서도 병사들의 것과 자신의 것을 공평하게 했다. 특히 질병에 걸린 병사에겐 의약품을 직접 챙겨주었고, 출정할 때는 병든 병사들이 회복할 때까지 3일을 기다렸다.

이런 사마양저의 엄율자양에 병사들이 목숨을 내놓고 전쟁터로 달려나갔다. 이런 소식이 전해지자 진나라 군대는 자진 철군했고 연나라 군대도 황허강을 건너 회군했다.

전국시대 초기 불패의 명장으로 《오자병법》을 쓴 오기도 그랬다. 오기는 위나라 장군으로 있을 때 '무졸武卒'이라는 특수부대를 창설했다. 이 부대는 갑옷, 칼과 활, 화살과 3일분 식량으로 중무장하고 하루 200리를 행군해야 했다. 오기는 무졸에 혹독한 훈련을 시키는 한편, 그 가족들까지 따뜻하게 돌보았다. 병사들과 같은 옷을 입고 같은 음식을 먹으며 그야말로 동고동락했다.

오기는 한 병사의 몸에 난 종기를 직접 입으로 짜서 뱉어냈다. 이 소식을 들은 병사의 어머니가 대성통곡했다. 장군이 아들의 종기를 빨아주어 감동해서 통곡하느냐고 이웃들이 묻자 여인은 뜻밖의 이야기를 들려주었다.

> "그래서가 아닙니다. 오기 장군은 과거에도 제 남편의 고름을 빨
> 아준 적이 있지요. 남편은 너무 감동해 전투에서 목숨을 아끼지
> 않고 싸우다가 죽었습니다. 이제 아들마저 그리될 것 같으니, 이를
> 어쩌면 좋습니까?"

이 이야기에서 '연저지인吮疽之仁'이라는 고사성어가 나왔다. '종기
를 입으로 빨아주는 인자함'이라는 뜻으로, 극진한 부하 사랑을 의
미한다.

뛰어난 리더들은 동서양을 막론하고 예외 없이 용병의 달인이었
다. 용병술의 기본 원칙은 엄격하게 해야 할 땐 엄격하게 하고, 자비
를 베풀 땐 아낌없이 베푸는 것이다.

기원전 4세기 마케도니아의 알렉산더 대왕(알렉산드로스 3세)은
고대 그리스와 페르시아 및 인도에 이르기까지 대제국을 건설했다.
그 역시 전장에서는 병사들과 허물없이 어울렸고, 전투에서는 늘
앞장서서 싸웠다. 몽골 제국을 건설한 칭기즈칸도 전투 시에는 엄격
한 규율로 일사불란하게 움직이면서 전리품을 확보해 수시로 부하
들에게 나눠주면서 사기를 북돋웠다.

18세기 프로이센 왕국을 유럽 최강으로 만든 프리드리히 대왕

(프리드리히 2세)은 우수한 장교가 있으면 인근 나라보다 연봉을 두 배나 주고 영입했다. 당시 프랑스나 영국의 왕들이 전장에 직접 나가지 않았던 것과 달리, 프리드리히 대왕은 직접 출전했고 병사들과도 격의 없는 농담을 나눌 정도로 친밀했다. 그러면서도 왕부터 평민까지 예외 없이 조국에 헌신해야 할 의무가 있음을 늘 강조했다.

제2차 세계대전 중 태평양전쟁과 한국전쟁에서 큰 활약을 펼친 맥아더 장군 역시 유능한 장교를 찾는 데 주력했다. 유능한 장교에게 권한을 위임하고 그와 친밀하게 지내는 한편, 맹목적일 만큼 충성을 요구했다.

전쟁에서 장수 혼자 잘나서 승리하는 게 아니다. 수많은 병사가 다 잘해주어야 승리한다. 그런 성과를 끌어내는 것이 용병술의 백미白眉이다.

이기는 습관

"적을 알고 나를 알면 위태롭지 않게 이기고,
기후와 지형까지 알면 완전히 승리한다."
지피지기 승내불태 지천지지 승내가전
知彼知己 勝乃不殆 知天知地 勝乃可全

이기는 것도 습관이다. 단 이기는 습관의 기본이 있는데 그 기본
에 충실해야 항상 이길 수 있다. 이기는 습관의 기본이란 무엇일까?
그것은 바로 적을 알고 나를 아는 것이다. 앞서 제3편 '모공'에서도
지피지기를 강조했다. 그만큼 우연한 승리가 아니라 일상의 승리를
누리려면 지피지기가 중요하다.

지피지기하면 3편에서는 '백전불태'라 하여 아무리 싸워도 위험
하지 않다고 했고, 여기에서는 '승내불태'라 하여 승리하고도 위험
하지 않다고 했다. 달리 말해 '승자의 저주winner's curse'에 빠지지 않

는 비결이 지피지기라는 이야기이다.

경쟁에서 승리해놓고도 과다출혈로 자멸하는 현상이 일상에서도 수시로 일어난다. 이런 현상을 '승자의 저주'라고 하는데, 그 개념은 행동경제학자 리처드 탈러Richard H. Thaler가 쓴 동일한 제목의 책으로 널리 알려지게 되었다. 예를 들면 이런 것이다. 부동산 경매에 입찰해 높은 경쟁률을 뚫고 낙찰을 받고 보니, 가격에 비해 물건의 가치가 형편없는 것이다. 원인은 경매 물건에 대한 사전 조사가 미흡했거나, 부동산 수리 비용이나 세금 따위 후속 비용에 대한 예측 오류일 수 있다. 배보다 배꼽이 더 크고, 바늘보다 실이 굵은 것이다.

하물며 경매도 이럴진대, 전쟁에서는 적에 대한 충분한 사전 조사가 필수이고, 승리 이후 성과 수준 또한 정확히 예측할 필요가 있다. 그리하면 전쟁에 투여할 물자, 분야별 권한 배분 및 활용 방안 또한 비교적 정확히 산출될 수 있다.

자기 분수도 모르고 강한 적에게 덤벼드는 무모한 싸움을 일컫는 고사성어가 있는데, 바로 당랑거철螳螂拒轍이다. "사마귀가 수레바퀴를 막았다"라는 뜻이다. 제나라 장공이 사냥길에서 자신이 탄 수레 앞으로 사마귀 한 마리가 달려드는 것을 보고는 "그것 참 용감한 벌레로구나" 하며 사마귀를 피해 돌아서 갔다는 데서 유래한 말이다.

심리학으로 읽는 손자병법

만약, 진짜로 사마귀가 사람과 싸워야 한다면 어떤 전략을 짜야할까? 자신의 강점으로 상대의 약점을 공격하는 모략이 필요하다. 사마귀는 사람에 비해 한없이 약하지만, 하늘을 난다는 강점이 있다. 사마귀의 먹이인 메뚜기도 무리 지어 날아다니며 농작물을 초토화하는 살벌한 곤충이지만, 사마귀에 비할 수 없다. 사마귀는 말벌, 나비 따위 곤충을 잡아먹는 육식 곤충으로 매우 공격적일 뿐만 아니라, 한번 버티면 물러설 줄을 모른다. 말하자면 사마귀는 곤충의 제왕이다. 큰 사마귀는 설령 매가 날아와도 앞다리를 들고 덤빈다고 한다.

200년 관도대전 당시, 원소 수하에 있던 문장가 진림은 심리전을 위해 조조 토벌격문을 지은 바 있다. 격문 내용은 분수를 모르고 날뛰는 사마귀라고 조조를 비하하는 것이었다. 사실 군사 규모나 군량, 영토나 지명도 등 모든 면에서 원소가 조조보다 월등히 뛰어났다. 심지어 원소는 한나라 최대 명문가의 자손이었고 조조는 조롱받는 환관의 후손이었다.

그러나 관도대전의 승자는 조조였다. 진림은 조조의 겉모습만 보았을 뿐 조조에 대해서 잘 알지 못했다. 조조가 지략이 얼마나 뛰어난지, 심리전에서 얼마나 강한 사람인지 원소도 진림도 잘 몰랐던 것이다. 원소와 진림은 적을 제대로 파악하지 못해 전쟁에서 패했다.

지피지기는 명사가 아니라 동사다. 한번 알았다고 해서 다가 아니라는 것이다. 사람도 상황도 늘 변하는 존재이므로, 경쟁 대상뿐만 아니라 자기 자신도 늘 돌아볼 필요가 있다. 전략 또한 상대의 대응 방식을 보아가며 수시로 보완해야 한다. 손자는 지피지기의 세 가지 경우의 수를 다음과 같이 들었다.

첫째, 아군의 공격 역량만 알고 적의 방어 역량을 모른다면 승률은 절반이다. 역으로 적의 허점을 알더라도 아군의 공격 역량을 모른다면 승률은 역시 반이다. 둘째, 적의 약점도 알고 아군의 공격 역량도 알지만, 지형의 불리함을 모른다면 승률은 역시 반이다. 셋째, 아군의 공수 능력과 적의 공수 능력을 충분히 알고 난 후 '지천지지知天知地'하면 '승내가전勝乃可全'한다. 지피지기하고 기상 조건과 지형까지 알고 싸운다면 승률은 100%라는 이야기다.

일본의 무조건 항복으로 제2차 세계대전이 종결된 이후 중국에서는 국민당과 공산당 간 내전(1946~1950)이 시작되었다. 이 내전을 2차 국공내전이라고 한다. 2차 국공내전은 사실상 양 진영을 대표하는 마오쩌둥과 장제스의 대결이었다.

국민당의 육군 총병력은 24개 사단 45만 명이었고, 이에 맞서 싸울 공산당(인민해방군)의 화동야전군 총병력은 27만 명이었다. 미군의 지원을 받고 있던 국민당군은 무기도 최신식이었다. 군사 규모나 병력만 놓고 보았을 때 국민당이 압도적으로 우세했다. 전쟁 초반, 북상하는 인민군을 국민당군이 공격하는 양상이었는데, 국민당군이 승승장구했다.

1947년 5월 초, 화동야전군의 지휘관 쑤위와 천이는 주력 부대를 동쪽으로 후퇴시키며 국민당군의 반응을 살폈다. 이에 장제스는 장링푸가 이끄는 74사단을 보내 그들을 뒤쫓게 했다. 74사단은 구보로 강행군을 했다. 손꼽히는 용장이었던 장링푸가 이끄는 74사단 역시 국민당군 가운데 가장 강한 부대였다. 전투 초반 74사단이 파죽지세로 화동야전군 지역을 점령해나갔다. 점점 불리해진 해방군은 고심 끝에 포위 섬멸 작전을 짰다. 74사단을 막다른 골목에 몰아넣어 재빨리 섬멸하자는 것이었다. 이때 벌어진 전투가 바로 멍량구 전투였다.

5월 13일, 해방군은 멍량구에서 74사단을 가로막고는 74사단의 5배가 되는 대병을 투입, 이들을 포위해 맹공격했다. 용맹하기로 유명했던 74사단도 이를 막아내기가 어려웠다. 그야말로 중과부적이었다. 이 사실을 알게 된 장제스는 포위한 해방군을 역포위하는 작전을 짜고는 74사단을 지원하라는 명령을 내렸다. 국민당군으로서는 해방군을 대거에 섬멸할 좋은 기회라고 본 것이었다.

그러나 멍량구는 탱크나 차량이 진입할 수 없는 험한 산악지대였다. 현대식 무기의 장점을 전혀 발휘할 수 없는 지형이었다. 게다가 장제스의 지원 명령에도 주변에 있던 부대들이 신속히 반응하지 않았다. 장제스는 장링푸에게 전보를 쳐서 지원 병력을 보낼 테니 며칠만 잘 버티며 진지를 사수하라고 명했다. 장링푸 부대는 밤낮없이 육탄으로 맞서며 지원군을 기다렸다. 그런 사이 먹을 것도 마실 것도 다 떨어져갔다.

해방군은 국민당군의 지원군이 도착하기 전에 빠른 공격으로 전투를 끝내야 했다. 그렇지 않으면 오히려 그들이 위태로울 형국이었다. 3일째인 5월 16일 국민당군 지원군이 도착했으나 미리 배치된 해방군의 포위망을 뚫을 수 없었고, 74사단은 포위된 채 전멸했다. 멍량구 전투로 해방군은 전쟁의 불리한 전세를 만회하고, 수세에서 공세로 전환하게 되었다.

국민당군 지원군이 조금만 일찍 도착했어도 74사단은 구조될 수 있었다. 전투 중 공산당에 군사기밀을 넘긴 국민당 내부 첩자 탓도 컸지만, 무엇보다 멍량구의 지형 특성을 충분히 인지하지 못한 장제스의 전략이 문제였다. 반면, 인민해방군 측은 지피지기에 기후와 지형까지 이용한 완벽한 승리를 거두었다.

심리학으로 읽는 손자병법

구지 九地

· · · · · · ·

입지 조건에 따른
전략

제11편 구지에서는 전쟁터 유형 아홉 가지를 제안한다. 앞서 제시한 구변이 자연지리라면 구지는 전쟁지리를 말한다. 적의 의표를 찌르는 속도로 전쟁에 몰입하고 상산에 사는 뱀처럼 다양한 방법으로 대응하라고 한다. 장수가 바람직하게 처신하며 강력한 지도력을 바탕으로 혼신의 힘을 다해 싸울 수밖에 없는 지형을 만드는 것이 전쟁에서 승패를 가른다.

메타 인지를 활용한
지형의 세분화와 전술적 이용

전쟁터에는 아홉 가지 유형이 있는데 산지散地, 경지輕地, 쟁지爭地,

교지交地, 구지衢地, 중지重地, 비지圮地, 위지圍地, 사지死地 가 그것이다.

용병지법 유산지 유경지 유쟁지 유교지

用兵之法 有散地 有輕地 有爭地 有交地

유구지 유중지 유비지 유위지 유사지

有衢地 有重地 有圮地 有圍地 有死地

구변 등 앞서 언급한 지형이 자연지리였다면 이 장의 지형은 전쟁
지리를 다룬다. 지리를 크게 지형, 기후, 식생 등 자연지리와 주거,
문화, 역사 등 인문지리로 구분하는데 전쟁지리는 둘 다 포괄한다.

전쟁은 생존을 놓고 다투는 행위이므로 인간의 지식을 최고로
집적시키게 된다. 청동기, 철기, 화약, 잠수함, 비행기, 핵기술 따위는
모두 첨단 무기를 개발하는 과정에서 파생되었다. 현재의 경영 기법

과 심리학적 개념들도 고대국가들의 각축 과정에 그 뿌리가 있다. 그것들이 시대에 따라 재해석되며 첨단 자원으로 재구성되었다.

손자, 노자, 공자 등 시대를 뛰어넘는 관점의 소유자들은 공통적으로 메타 인지meta-cognition적 사고를 했다. 메타 인지는 '내 생각에 대해 생각해보는' 행위이다. 한마디로 메타 인지는 자기 관찰 능력이다. 전쟁에서 전술과 전략을 결정할 때도 메타 인지가 중요하다. 왜 그럴까?

전략을 세울 때는 자연지리는 물론이고 인문지리까지 많은 데이터를 수집한다. 그 데이터들을 분류하고 해석할 때 아전인수격으로 내 기준에 맞게 '데이터 요리cooking data'를 해버린다면? 왜곡된 전략이 나온다. 자기 생각이 잘못되었다면 아무리 데이터가 좋아도 소용없기에, 자기 생각을 고려할 줄 아는 능력이 필요하다. 전쟁에서 메타 인지는 그래서 중요하다.

메타 인지 능력이 강해지려면 어떻게 해야 할까? 내가 무엇을 알고 무엇을 모르는지, 내가 아는 것이 맞는지를 알려고 하면 된다. 메타 인지 능력이 뛰어나야 급변하는 환경에 적응할 수 있고 다양한 데이터를 효과적으로 이용해 구체적 전술을 마련할 수도 있다.

손자는 역대 전쟁들의 자료를 숙독한 뒤 일일이 전쟁터를 답사했다. 자신의 실전 경험을 바탕으로 군사 지리의 특성을 아홉 가지로 분류했다.

산지散地는 본국 안의 전쟁터를 말하며, 가능하면 이를 피하는 것이 좋다. 경지輕地는 국경 근처에 있는 적의 영토를 말하며, 아군이 경지에 머물면 안 된다. 쟁지爭地는 전략적 요충지로 먼저 차지한 쪽이 유리하다. 쟁지에서는 섣불리 공격해선 안 된다.

교지交地는 아군과 적군의 왕래가 자유로운 교통로를 뜻한다. 교지에서는 수시로 교전이 발생할 수 있으므로 아군끼리 통신이 두절되지 않도록 해야 한다. 구지衢地는 여러 나라가 접해 있는 땅으로, 여기서는 외교가 중요하다. 중지重地는 적지로 깊숙이 들어간 전쟁터를 말하며, 아군의 배후에 적의 성읍들이 있게 된다. 이 경우 군수물자를 현지 조달해야 한다. 비지圮地는 험준한 산악, 수렁이 깊은 늪지대 등에 해당하며, 비지를 만나면 재빨리 지나쳐야 한다.

위지圍地는 입구는 좁고 출구는 우회해야만 하는 곳인데, 위지에 처했다면 모략을 써서 빠져나와야 한다. 사지死地는 속전속결로 전력을 다해 싸우면 살아남고 지구전으로 가면 망하는 곳이다. 이곳에서는 오직 죽기 살기로 싸워야 한다. 이 아홉 가지 지형들은 단독으로 나타나기도 하고, 몇 가지가 겹쳐서 나타나기도 한다.

기원전 204년 한나라의 한신이 조나라를 공격하러 정형으로 향했다. 정형은 중지이면서 비지였다. 한신의 군대는 노인과 아녀자까지 합쳐 3만 명, 정규군은 1만 명 정도였다. 조나라 조정에서는 비상회의가 열렸다. 전략가 이좌거가 다음과 같은 의견을 냈다.

심리학으로 읽는 손자병법

"한신은 천 리 길을 달려왔으니 군량과 마초가 떨어졌을 것입니다. 정형의 길도 겨우 수레 한 대 지나갈 만큼 좁습니다. 따라서 적 후방의 보급로를 차단하고 협로를 막으면 3만 병사만으로도 적을 섬멸할 수 있습니다."

이좌거와 사이가 나빴던 재상 진여가 그의 의견에 반대했다.

"병법에 아군이 적군의 두 배가 되면 싸우고, 열 배가 되면 포위하라고 했소. 1만여 명도 채 안 되는 한신의 군대를 공격하지 않는다면, 제후들이 우리를 우습게 볼 것이오."

결국 조나라는 20만 대군을 총동원했다. 이를 전해 들은 한신은 크게 기뻐하며 2천 병사를 산속에 숨겨두고는 조나라 성을 엿보게 했다. 나머지 군사들에게는 정형에서 배수의 진을 치게 했다. 이윽고 조나라 왕 헐歇의 대군이 정형 입구에 집결했다. 이들은 한신이 퇴로도 없이 배수의 진을 친 것을 보고 비웃으며 공격하기 시작했다. 성안에 있던 병사들까지 달려나와 총공세에 가담했다.

한창 혼전 중 조나라 군사들은 성루 위에 조나라 깃발이 아닌 한나라의 붉은 기가 펄럭이는 것을 보고 망연자실했다. 성 밖으로 조나라 군사를 끌어내려고 한신이 일부러 배수의 진을 친 것이었다.

의표를 찌르는 속도

"용병의 요체는 속도에 있다. 적이 놓친 틈을 노리고, 적이 생각하지 못한
방식을 생각해, 적이 경계하지 않는 곳을 공격해야 한다."
병지정주속 승인지불급 유불우지도 공기소불계야
兵之情主速 乘人之不及 由不虞之道 攻其所不戒也

웅대하고 강한 댐도 작은 구멍이 하나 생기면 그곳에 수압이 몰리
면서 무너지고 만다. 사회 전반에도 그런 현상은 꾸준히 나타난다.
시장에도 틈새를 노려 성공한 새로운 강자가 늘 나타나기 마련이다.
마케팅은 상품, 인구학, 소비 심리 세 가지 측면에서 틈새시장을 찾
는다.

상품 측면의 마케팅은 상품의 질과 양, 가격 따위를 고려하는 것
이고 인구학적 측면은 소비자의 인종, 성별, 나이, 거주지, 소득 따위
를 겨냥하는 것이다. 소비 심리적 측면의 마케팅에서는 소비자의 취

미, 신념, 흥미 등을 주로 본다. 이 세 측면에서 기존과 다른 새로운 틈새시장을 찾아 확대해나가면 그곳이 블루오션이 된다.

리더는 조직이 가야 할 블루오션으로 앞서서 가는 사람들이다. 장수는 적의 의표를 찔러야 한다. 적이 생각하지 못했던 시간과 방식으로 공략해야 한다.

미국 남북전쟁 때였다. 계속 남군에 밀리던 북군은 서부지역 군단장인 그랜트 장군의 지휘하에 남부군의 동서를 단절하기 위해 미시시피주의 빅스버그 항구를 점령했다. 북부의 총사령관으로 승진한 그랜트는 남부군을 향해 총공세를 가하기 시작했다. 바로 그다음 날 북부군은 게티즈버그에서 이기며 승기를 잡았다.

그랜트의 후임으로 서부지역 군단장이 된 셔먼Sherman 장군은 애틀랜타를 우선 타깃으로 삼았다. 애틀랜타는 철도 도시로 남부군 군수품 조달의 중심지였기 때문이다. 셔먼 장군은 1864년 9월에 애틀랜타를 함락한 후, 겨울부터 그 유명한 '바다로의 행군March to the Sea'을 시작했다. 남부군의 전쟁 의지를 꺾기 위해 남부군의 전쟁 수행 능력을 소거하는 작전을 펼쳤다. 총력전Total War 개념의 작전이었다. 그때 셔먼 장군의 총력전의 근거도 《손자병법》에서 찾을 수 있다.

손자는 만일 적군이 대열을 정비하고 공격해오면 어떻게 해야

알렉산더 헤이 리치가 그린 바다로의 행군

할까라고 물은 뒤 이렇게 답했다. "선탈기소애先奪其所愛, 즉청의則聽矣."
적에게 가장 중요한 것을 탈취하면 아군의 뜻대로 할 수 있다는 의
미다.

북군의 셔먼 장군은 애틀랜타에서 사우스캐롤라이나, 노스캐롤
라이나를 경유하면서 그 일대를 초토화함으로써 남부 주와 연결고
리를 끊었다. 셔먼이 훑고 간 지역은 공장, 창고들이 다 파괴되고 불
길에 녹아내린 철로만 남았다.

여러 공격 목표 중 필요에 따라 타깃을 선정할 수 있는 목표를
대용 목표alternative objective라고 하는데, 대용 목표 사용에서 셔먼의
천재성이 발휘되었다. 셔먼은 자신의 부대를 둘로 나누어 지그재그

심리학으로 읽는 손자병법

로 행군하면서 남부군에 혼선을 주었다. 남부군은 북부군이 어느 곳을 타깃으로 삼는지 헷갈려 방어선 구축이 늦어졌고, 셔먼은 그때를 포착해 중심을 뚫고 목표 지점을 점령해나갔다. 셔먼 군대의 행군 방식이 애매해 보였기에 남부군은 어느 곳을 지켜야 할지 몰라 방어 역량에 큰 구멍이 난 것이었다.

손자는 "본디 전쟁을 잘하는 자는 적군의 전방과 후방 부대 사이, 대부대와 소부대 사이 장교와 병졸 간에 어찌해야 할지 모르도록 혼선을 준다(능사적인 전후불상급 중과불상시 귀천불상구能使敵人 前後不相及 衆寡不相恃 貴賤不相救)"라고 했다. 적이 미처 보호하지 못하는 적의 소중한 자산을 공격해야 한다는 것이다. 그게 바로 적의 의표를 찌르는 행위다. 이때 전광석화처럼 해치워야 한다. 조바심을 내지 말고 일거에 과감히 정리해야 한다.

세계적인 전략의 귀재들은 하나같이 속도감 있게 적의 의표를 찔렀다. 세계 3대 정복자라 할 수 있는 광개토대왕, 칭기즈칸, 알렉산더가 모두 기습에 능했다. 광개토대왕과 칭기즈칸은 급습으로 고지 선점을 잘했다. 알렉산더는 기병대를 대폭 늘려 기습작전을 펼치며 아군보다 많은 적군을 요리해나갔다.

기원전 333년 알렉산더는 5만 병력으로 페르시아 정복에 나섰다. 페르시아 다리우스 3세도 50만 대군을 동원해 이에 맞섰다. 알렉산더는 소수로 다수와 싸우기는 평원보다 협소한 지역이 유리하다고 보고 진군하던 방향을 이수스로 틀었다.

드디어 이수스 전투가 개시되었다. 다리우스는 자신이 위치한 중앙과 좌측에 보병을 두고 우측에 기병을 배치했다. 알렉산더의 전술 대형을 차용한 것이다. 이를 본 알렉산더는 우측에 기병, 좌측에 보병을 두었다. 그러나 알렉산더 보병은 워낙 수적으로 열세여서 다리우스의 기병대가 그들을 휘저었다.

알렉산더는 마치 기다리기라도 한 듯 그런 상황을 방치해두고 우측의 기병대 선두에 서서 다리우스군의 좌측 보병부대를 돌파해 곧장 중앙의 다리우스에게로 달려갔다. 순식간에 다리우스군의 전열이 무너졌고 다리우스 왕은 줄행랑을 쳤다.

칭기즈칸도 속도전의 천재였다. 적을 향해 달릴 때는 말 위에서 육포를 씹어 먹으며 몇 번씩 말을 갈아타고 쉼 없이 달렸다. 광개토대왕도 즉위 직후인 392년 7월부터 후방 백제 성 10개를 빼앗고 다시 북쪽 거란을 친 다음 중국 내륙을 공습했다. 숨돌릴 틈도 없는 속도전으로 광개토대왕은 동북아시아를 석권했다.

적진에서 싸울 때 심리적 몰입감

"무릇 객의 입장에서 싸울 때는 적의 심층부로 가야 한다.
그래야 아군이 싸움에 몰두하므로 적이 당해내지 못한다."

범위객지도 심입즉전 주인불극

凡爲客之道 深入則專 主人不克

적지에 들어가 싸울 때는 적의 심층부로 들어가 싸우라고 손자는
이야기한다. 폭탄을 던지더라도 자기 집 마당이 아닌 적의 앞마당
에 던지라는 소리다. 적진 깊숙이 침투해 싸울 때 이점을 손자는
네 가지로 들었다.

첫째, 적의 풍성한 들판에서 식량을 충분히 조달할 수 있다(약어
요야 삼군족식掠於饒野 三軍足食). 고대 어느 나라든 주요 성읍은 풍요로운
들녘을 끼고 있었기 때문이다. 둘째, 병사들이 자주 쉴 수 있어 피
곤을 덜고 사기를 높일 수 있다(근양이물노 병기적력謹養而勿勞 倂氣積力).

셋째, 적의 심층부를 직접 보며 적이 예측하지 못할 전략으로 아군을 투입할 수 있다(운병계모 위불가측運兵計謀 爲不可測). 넷째, 도망할 곳이 없어 병사들은 오직 이기기 위해 일치단결해 싸운다(투지무소왕 사차불배投之無所往 死且不北).

적의 심층부로 들어가 싸우는 상황이라면 군사들은 시키지 않아도 전쟁에 몰입할 수밖에 없다. 적을 경계하고 아군끼리 서로 신뢰하며 잘 지낸다. 절체절명의 위기가 피보다 진한 전우애를 만들어내는 것이다.

적진에서 최상의 전투력을 유지하기 위해 손자는 두 가지 금지 사항을 말하는데 바로 미신과 헛소문이다(금상거의禁祥去疑). 미신과 헛소문만 금지하면 병사들은 죽음이 닥쳐온다 해도 동요하지 않고 공격 명령을 수행한다. 《손자병법》 중 가장 감상적이며 감동적인 문구가 나오는 대목이 바로 여기다. 즉 다음과 같다.

"앉아 있는 자는 눈물로 옷깃을 적시고, 누워 있는 자는 눈물로 얼굴을 적신다(사졸좌자체점금 언와자루교이士卒坐者涕霑襟 偃臥者淚交頤)."

부상병들이 부상 때문에 참전하지 못해 애석해하는 모습을 묘사한 것이다. 병사들이 이처럼 결사의 각오로 전력을 다한다면 패배하기가 승리하기보다 더 어려울 것이다. 그 사례로 손자는 전제와 조귀를 들었다.

심리학으로 읽는 손자병법

전제는 오나라 공자였던 광光이 고용한 자객이었다. 전제는 광의 정적을 암살하고는 그 자리에서 기꺼이 비장한 최후를 맞이했다. 전제의 희생으로 광은 오나라 왕 합려가 되어 춘추오패가 되었다. 조귀는 노나라 장수였다. 그는 강대국인 제나라와 국경을 정하는 회담에서 제나라 환공을 비수로 위협해 빼앗긴 영토를 되돌려받았다.

이수스 전투에서 알렉산더 대왕은 당대 최고의 강국 페르시아 대군을 물리쳤는데, 그때 사용한 전략은 기병대로 적의 중심부를 타격하는 것이었다. 적진, 즉 적의 중심부란 클라우제비츠의 전술 개념으로 말하면 적이 가진 파워의 원천Center Of Gravity이다. 그 중심부에서 싸울 때 적군으로서는 일순간 전부를 상실한다는 최고의 당혹감에 휩싸이고, 아군으로서는 단번에 전멸시킬 수 있다는 승리감에 도취된다. 이처럼 묘한 긴장감이 엇갈리는 적진에서는 모든 역량을 집중할 수밖에 없다.

내면의 잠재력을 유감없이 발휘하게 되는 이런 상태를 미하이 칙센트미하이Mihaly Csikszentmihalyi 교수는 몰입flow이라는 개념을 들어 설명했다. 그는 심리적 몰입 상태가 되면 목표를 향한 도전 의지와 잠재능력이 최고조로 구현된다고 보았다. 자의식에서 목표 활성화에 방해되는 요소가 배제되기에 그렇다. 적진 깊숙이 들어가 싸울 때도 완벽한 심리적 몰입 상태가 된다. 어느 사회나 조직이나 힘의 중심은 있기 마련이고 그 중심을 기준으로 여타 라인이 형성된다. 그 중심이 한번 붕괴되면 회복하기가 쉽지 않다.

독일 서쪽에 네덜란드와 벨기에 국경을 맞댄 아르덴Ardennes고원이 있다. 그 경사지에 있는 아헨Aachen이라는 도시는 프랑크 제국의 샤를마뉴 대제가 로마 제국의 부흥을 꿈꾸며 수도로 삼은 곳이기도 했다.

그로부터 1천여 년이 지난 제2차 세계대전 초반에 아르덴이 다시 부각된 일이 있었다. 그 배경은 이렇다. 1939년 9월 연합군이 선전포고를 한 이후 작은 충돌 외에 아무 일도 발생하지 않았다. 이를 본 종군기자들이 '기묘한 전쟁'이라고 했다. 그 기묘한 전쟁의 양상은 8개월 만에 독일 기갑부대가 아르덴고원을 돌파하며 깨졌다.

당시 연합군은 프랑스와 독일의 국경선에 지뢰와 포대 등 방어선을 구축해놓았다. 독일 기동부대가 천연 요새인 아르덴으로 침입하기는 불가능하다고 보고는 소수의 병력만 거기에 남겨두고 거의 모든 병력을 벨기에 북부에 집중 배치했다. 당시 프랑스와 독일의 국경선에 구축한 방어선을 프랑스 육군 장관이었던 앙드레 마지노André Maginot의 이름을 따서 마지노선이라고 불렀다. 현재는 버틸 수 있는 마지막 한계선이라는 뜻으로 일반화해서 쓴다.

당시 독일군 전략가들은 그 마지노선의 고정관념을 깼다. 일부 독일군들이 네덜란드와 벨기에를 공격하는 척하는 사이에 에리히 폰 만슈타인Erich von Manstein 장군이 이끄는 독일 기갑부대는 아르덴 삼림지대로 우회해 곧바로 프랑스 내부로 향했다. 이로써 마지노

심리학으로 읽는 손자병법

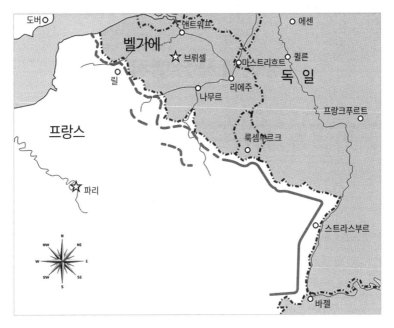

프랑스-독일 국경에 쳐진 파란색 실선이 마지노선이다.

선은 간단히 무너졌고 영프연합군은 도버해협을 넘어 영국으로 철수했다.

독일군이 아무도 예상하지 못한 방식으로 승리를 거두자 서방언론은 마지노선이 무너졌다고 개탄했다.

상산에 사는 뱀처럼

"상산에 사는 뱀 솔연처럼 머리를 치면 꼬리로 덤비고 꼬리를 치면
머리가 덤빈다. 허리를 치면 머리와 꼬리가 동시에 덤벼든다."
비여솔연 솔연자 상산지사야 격기수족미지
譬如率然 率然者 常山之蛇也 擊其首則尾至
격기미족수지 격기중족수미구지
擊其尾則首至 擊其中則首尾俱至

상산常山은 중국의 오악五岳 중 하나이다. 그 산에 솔연이라는 불사
의 뱀이 사는데, 워낙 사납고 용맹스러워 누구와 싸워도 지지 않는
다. 상대가 머리를 치면 꼬리로, 꼬리를 치면 머리로, 허리를 치면
머리와 꼬리로 상대를 제압해버린다. 뱀은 꼬리를 잡으면 물기 때문
에 반드시 머리를 잡아야 한다. 그러나 상산의 뱀은 예외여서 만일
머리를 잡으면 곧바로 꼬리로 일격을 가한다. 여기서 손자는 또다시

질문을 던지고 답을 한다.

"감히 묻건대 병력을 솔연처럼 가동할 수 있는가?"

"그렇다. 오월동주吳越同舟 같은 상황을 만들어주면 된다."

오월동주는 오나라와 월나라가 한배를 탔다는 뜻의 고사성어다. 오나라와 월나라는 장강 이남에 서로 이웃한 국가였다. 오나라는 주나라 후손으로 나름대로 문명국이라는 자부심이 있었다. 반면, 월나라는 주나라가 멸망시켰던 한나라의 후손이었다. 당연히 두 나라의 사이가 좋을 수 없었다. 오와 월은 장강 유역의 비옥한 농토를 서로 차지하려고 수시로 다투었다. 와신상담臥薪嘗膽이라는 고사성어에도 오왕 합려와 월왕 구천 사이의 원한이 서려 있다.

그러던 어느 날 같은 배에 오월 사람들이 함께 탔다. 두 나라 사람들은 서로 얼굴도 보지 않고 무시하고 있는데 심한 풍랑이 일어 배에 물이 들어왔다. 그러자 두 나라 사람들은 언제 그랬냐는 듯 힘을 합쳐 배에서 물을 퍼냈다. 비록 원수지간이었지만, 부득이한 상황이 되자 단합할 수밖에 없었다.

이처럼 병사들도 단결할 수밖에 없는 부득이한 상황을 조성해주면 솔연 같은 군대가 될 수 있다고 손자는 말한다. 생존 본능이 작동되는 상황이 되면 우선 살고 봐야 하기 때문에 단합하지 않을 수 없다. 다만, 그런 상황은 억지 연출이 아닌 자연스럽게 형성되어야 한다.

병사가 도망가지 못하도록 말을 묶어두고 수레바퀴를 땅속에 묻어두는 '방마매륜方馬埋輪'식으로 규제하면 만족스러운 결과를 얻지 못한다. 전군을 통제해 용감하게 하나로 일치단결하게 만드는 군정軍政과 강한 자, 약한 자를 막론하고 모든 병사를 수족으로 만드는 '지지리야地之理也'가 필요하다. 즉 장수의 지도력과 혼신의 힘을 기울여 싸울 수밖에 없는 지형을 조성하는 것이 전쟁의 승패를 가르는 관건이다.

인간의 뇌는 두 가지 원칙으로 설계되어 있는데, 그중 하나는 편한 길 원칙이다. 따라서 목숨 걸고 싸우는 것 외에 대안이 없어야 적극적으로 싸운다. 다른 하나는 보상의 원칙이다. 이 원칙에 따라, 목표를 성취했을 때의 실제적 성과를 뇌에 각인시켜주어야 상상의 뱀 솔연처럼 각인 효과를 따라 적극적으로 싸운다.

어느 날 나폴레옹에게 패배한 적장이 왜 자신이 졌는지 의아해하자 나폴레옹이 이렇게 말했다.

"당신은 전쟁하기 전에 작전을 짠다. 그때 어떻게 내 동태를 안다는 말인가? 하하하."

나폴레옹은 적장의 단점이 현장성과 유연성 부족임을 정확히 꿰뚫고 있었다. 그래서 상산의 뱀 솔연처럼 어떤 공세에도 그에 적합한 용병술을 써서 적을 무찔렀다.

'중국의 이순신'이라 불리는 명나라 장수 척계광도 상산의 솔연

전략을 이용했다. 명나라 해안지대에 중앙 정부의 통제력이 미치지 못하자 왜구가 극성을 부렸다. 1백여 명도 안 되는 왜구가 농민 징집군 5천 명을 살해하기도 했다. 점차 대담해진 왜구는 내륙까지 휩쓸더니 명나라 제2의 도성인 남경에 출몰했다. 충격을 받은 명 황실이 1559년 척계광을 절강지구 사령관으로 임명했다.

척계광은 우선 3천 의용군을 모집한 후 그동안 중국인이 겁먹었던 일본도와 조총을 극복하는 진법을 고안했는데, 이른바 원앙진이었다. 짝이 죽으면 따라 죽는 원앙처럼 같은 대원끼리 생사를 같이하는 진형이었다.

원앙진은 대장 포함 12명을 한 팀으로 구성했다. 등패수 2명이 선두에 섰고 그들 사이 조금 뒤로 대장이 선다. 다시 뒤에 8명이 각양의 장창을 들고 서고 맨 뒤에 취식 등을 담당하는 화병火兵 1명이 선다. 각 무기가 서로의 단점을 보완하며 시간차 공격을 하는 방식이 원앙진인데, 척계광 부대는 이 원앙진으로 왜구와의 백병전에서 연전연승을 거두었다.

마오쩌둥도 상산의 뱀 전략을 썼다. 상대 주력군의 공세를 받으면 외곽으로 돌면서 상대의 약한 고리를 찾아냈다. 각 부대들을 집결해 꽹과리와 북과 징을 치며 역공했다. 그 소리에 상대가 기겁하면 도주하도록 한쪽 퇴로만 열어주었고, 줄행랑친 상대가 엄청난 대군에게 당했다고 소문을 냈다. 그 후에도 마오쩌둥 부대는 자기 병력의 100배가 넘는 상대를 꽹과리와 징, 북을 두들겨서 격퇴하곤 했다.

장수의 존재 이유

"삼군을 취해 결전장으로 투입하는 것이
장군의 역할이다."
취삼군지중 투지어험 차위장군지사야
聚三軍之衆 投之於險 此謂將軍之事也

왜 장수가 필요한가? 병사들이 충실히 전쟁에 임할 수 있도록 하는
일이 장수의 존재 이유이다. 조직마다 본연의 임무가 있는데, 조직
은 크게 지연, 혈연 등 자연발생적으로 모이는 '공동 조직'과 개인의
의지적 선택으로 조성된 '목적 조직'으로 나눌 수 있다.

목적 조직은 자기 의지로 모인 구성원들의 사기를 통해서만 성
과가 나타난다. 팀 역량이란 구성원 사기의 총합이기 때문이다. 장
수의 리더십은 결국 목적한 성과의 창출로 평가받는다. 욕구가 다
양한 구성원들이 조직의 목표를 위해 각자 역할을 감당해 바람직한

성과를 만들어낼 때 장수 또한 존재 가치가 있다.

손자는 병사들이 본연의 임무에 매진할 수 있도록 장수의 바람직한 처신을 세 가지로 정리했다.

첫째, 어떤 악조건에서도 장수가 심산유곡처럼 고요하고 반듯해야 한다(정이유靜以幽 정이치正以治). 그래야 부하들이 동요하지 않는다.

진시황제의 중국 통일에서 주역은 백전노장 왕전이었다. 기원전 224년 왕전이 진나라 최대의 적인 초나라를 제압하러 갔다. 그 직전 해에 진나라 장군 몽무의 20만 군사가 초나라와 싸웠으나 초나라 장수 항연에게 크게 패한 일이 있었다. 이 때문에 결전장에서 마주 선 초나라군의 사기는 최고조에 달했고, 반대로 진나라군은 사기가 크게 꺾여 있었다. 이런 상태에서 진나라가 초나라와 싸워봐야 패할 것이 분명했다.

그래서 그랬을까? 왕전은 지형지물을 이용해 보루만 쌓아놓고 웅거한 채 좀체 싸우려 하지 않았다. 기세등등한 초나라 병사들이 수시로 싸움을 걸었으나 왕전은 전혀 응하지 않고 보루 안에서 군사들이 편히 쉬고, 잘 먹고, 잘 씻고, 잘 자게 했다.

기죽어 있던 진나라 병사들은 왕전의 배려에 처음엔 몸 둘 바를 몰라 하더니 원기를 회복한 다음부터는 왕전이 지시하지도 않았는데 앞다퉈 투석, 격투, 초거超距 따위 게임을 시작했다. 그 함성이 보루를 넘어 초나라 진영까지 뒤흔들었다. 이제 됐다고 판단한 왕전이 출전 명령을 내리니, 이미 기세를 상실한 초나라는 퇴각을 서둘렀다.

왕전의 군대는 그 뒤를 맹렬히 추격해 마침내 기蕲에서 초나라 군대를 무찌르고 장수 항연까지 죽였다. 그리고 1년 후 초나라 영토가 진나라 군현으로 편입되었다. 진나라 병사들이 패전 경험으로 기가 죽어 있을 때 왕전이 담담한 태도로 전군의 사기를 회복시켜 승리를 따낸 것이었다.

일본의 전설적인 검객 미야모토 무사시는 상대를 불안하게 하는 전략에 능했다. 결전하기로 약속한 시각에 상대가 나타나 잔뜩 긴장한 채 미야모토를 기다리는데 미야모토는 일부러 나타나지 않는 식이었다. 그 기다림의 시간이 길어질수록 상대는 초조함을 감추지 못한다. 그때 이미 승부는 결정 나는 것이다. 담담한 상태로 나타난 미야모토는 좌불안석인 상대를 단칼에 베어냈다.

둘째, 장수는 중요한 정보가 누설되지 않게 해야 한다. 작전 비밀을 병사들이 모르도록, 일부러 여러 가지 일을 벌이고 수시로 계획을 변경해야 한다(능우사졸지이목 사지무지 역기사 혁기모能愚士卒之耳目 使之無知 易其事 革其謀). 병사들이 알아야 할 정보라면 공유해야 하겠지만, 기밀을 요하는 정보는 철저히 차단해야 한다는 것이다. 기밀을 병사들이 알게 되면 적도 곧 알게 되고, 병사들은 심란해져 전투에 전념할 수 없게 된다.

셋째, 장수는 굽힐 때와 펼 때의 이득과 병사들의 심리 변화를 잘 살펴야 한다(굴신지리 인정지리 불가불찰야屈伸之利 人情之理 不可不察也). 왕전 또한 병사들의 억눌린 기세를 읽었기에 항연의 비웃음에도 불구하고 우선 병사들의 기를 살려주는 일에 집중했다. 그 결과 전쟁의 주도권을 쥐게 되었다.

사회적 직관의 천재 패왕의 군대

"굳이 천하 모든 나라와 외교를 맺으려 다투지 말고, 천하 강자가 되려고
이리저리 행군하지 말고, 오직 자기 힘으로 적에게 위엄을 보이라."
부쟁천하지교 불양천하지권 신기지사 위가어적
不爭天下之交 不養天下之權 信己之私 威加於敵

이익을 놓고 다투는 세계에서는 영원한 적도 영원한 동지도 없다.
시세에 따라 친소 관계는 변화한다. 손자는 다른 나라들과 외교적
우호 관계를 맺으려고 다투거나 천하의 패권 장악에 매달리는 대신
먼저 아군의 힘을 기르라고 한다. 힘이 있으면 외교도 천하 패권도
순리대로 이루어진다. 자신의 역량을 강화하면 당나라 임제 선사의
말처럼 "수처작주隨處作主 입처개진立處皆眞"할 수 있다. 풀이하면 "내
가 현재 처해 있는 곳에서 주인이 되면 내가 서 있는 모든 곳이 진
실될 것"이라는 뜻이다.

심리학으로 읽는 손자병법

무작정 전쟁에 뛰어들기 전 다음 세 가지를 실천해 아군의 역량을 강화해나가야 한다.

　　첫째, 주변국 제후들의 책략을 알아야 한다(지제후지모知諸侯之謀). 인접국의 속사정과 꾀를 알아야 거기에 맞춰 관계를 정립해나갈 수 있다. 둘째, 목표로 삼고 있는 지역과 관련된 산림, 험지, 늪지대, 습지 등 지형을 잘 알아야 한다(지산림험조저택지형知山林險阻沮澤之形). 그래야 안전한 동선을 결정하고 행군할 수 있다. 셋째, 그 지역 사람을 길 안내자로 삼아야 한다(용향도用鄕導). 그래야 그 고장의 지리地利를 활용할 수 있다. 아군의 전략적 역량은 '상대의 책략' '조성된 여건' '현지에 대한 이해'로 길러진다. 이 셋 중 하나만 몰라도 패왕의 군병이라 할 수 없다.

　　자! 패왕의 군대는 어떻게 적을 공략할까? 지금까지 말한 세 가지 사실을 실천하는 것이다. 그러면 적국은 군대를 집결하지 못하고, 타국과도 동맹하지 못하게 된다.

　　정보 수집이 중요하지만 그게 전부는 아니다. 객관적 데이터를 참조해 장차 어떤 행동을 취해야 할지 결단해야 한다. 이때 의사결정 그룹의 직관intuition이 크게 작용한다. 그래서 같은 자료를 놓고도 각기 다른 전략이 나오는 것이다. 어떻게 해야 유효한 직관의 힘을 기를 수 있을까?

　　우선 유효한 직관은 종교적 직감이 아닌 사회적 직관을 말한다.

뇌 신경을 중심으로 감정을 연구한 위스콘신대학의 리처드 데이비슨Richard Davidson 교수는 정서emotion의 유형을 주의 집중attention, 회복력resilience, 관점outlook, 사회적 직관social intuition, 자기인식self-awareness, 상황 파악력sensitivity to context 여섯 가지로 분류했다.

여기에 비추어 정보 수집은 주의 집중에 해당한다. 수집된 정보가 무엇을 가리키든지 간에 문제를 간과하지 않으면서 회복해나갈 멘탈이 필요하다. 그 바탕에서 목표 지향적 관점으로 정보가 지닌 의미를 기회와 위험 관점에서 재해석하면 돌파할 수 있는 사회적 직관력이 생긴다.

본래 직관은 비언어적이며 맥락적이다. 설령 수집 데이터가 최악의 지표를 나타내더라도 상호작용을 어떻게 하느냐에 따라 기회가 창출된다. 바로 그 기회를 맥락적으로 찾아내는 감각이 직관이다. 사회적 직관은 지능과 달리 후천적 요소가 더 강하다. 달리 말해 여러 케이스를 고찰하고 필드 스터디로 직관력이 늘어난다. 직관을 담당하는 뇌의 회로가 가소성可塑性이 크기 때문이다.

'전략적 직관의 천재' 하면 나폴레옹을 빼놓을 수 없다. 나폴레옹 혁명이 일어난 후 유럽의 모든 나라가 혁명의 영향을 받지 않기 위해 프랑스를 적대하기 시작했다. 그런데도 젊은 나폴레옹은 열악한 부대를 지휘하며 뛰어난 전략적 직관만으로 유럽 열강을 하나씩 무너뜨리기 시작했다.

유럽의 전략가들이 나폴레옹의 전쟁 수행 능력의 원천을 궁금

해하기 시작했다. 그때 나폴레옹과의 전쟁에서 패한 적이 있던 클라우제비츠가 그 대답을 내놓았다. 그것은 '쿠데이유coup d'oeil' 즉 눈짓이었다. 나폴레옹은 눈짓 한 번으로 전쟁터의 상황과 적의 움직임을 파악하고 아군에게 유리한 위치와 행동을 취할 줄 아는 사람이었다. 말하자면 전략적 직관이 발달한 사람이었다. 그와 동시에 나폴레옹은 자신의 전략적 목표를 적이 눈치채지 못하게 했다.

나폴레옹의 전략적 직관은 어디에서 나왔을까? 전쟁터에서 보여준 나폴레옹의 모습에서 그 답을 찾을 수 있다. 그는 늘 옆구리에 전쟁 사례에 관한 두툼한 서적을 끼고 다녔다. 수많은 사례를 비교, 연구하며 전략적 통찰력을 길렀다.

전략적 직관을 갖춘 장수와 병사들이 곧 패왕의 군대이다. 손자는 거기에 하나를 덧붙여, 부하들에게도 이따금 파격적인 상을 주라고 했다. 규정에도 없는 큰 상을 주고, 규정에도 없는 엄명을 내리면 전 군사를 한 사람 다루듯 할 수 있다(시무법지상 현무정지령 범삼군지중 약사일인施無法之賞 懸無政之令 犯三軍之衆 若使一人).

적의 의도를 알고도 모르는 척하라

"적의 의도를 소상히 파악하고도 짐짓 따라가는 모양으로
천 리를 가면 적장도 죽일 수 있다. 그것이 교묘한 승리이다."
재어순상적지의 병적일향 천리살장 차위교능성사자야
在於順詳敵之意 幷敵一向 千里殺將 此謂巧能成事者也

'순상적지의'에서 순상順詳은 있는 그대로 상세하게 고찰한다는 뜻이
다. 적의 의도를 사실 그대로 낱낱이 파악하는 것이 승리의 기본이
라는 말이다. 조조는 이 문장에 대한 주석을 이렇게 달았다. 적이
공격하면 물러나 매복하고 적이 후퇴하면 적을 분산시켜 공격해야
한다(피욕진 설복이퇴 피욕거 개이격지彼欲進 設伏而退 彼欲去 開而擊之). 병적일향幷敵
一向에 대해서는 '병병향적幷兵向敵'으로 풀이해 적을 타격할 때 아군
은 하나로 뭉쳐야 한다고 했다. 요컨대, 적은 분산하고 아군은 집결
해야 한다는 것이다.

심리학으로 읽는 손자병법

클라우제비츠는 전술과 전략에서 공간적 집중concentration of fores in space과 시간적 통합unification of fores in time을 강조했다. 부차적인 곳을 공격하는 데 시간을 낭비할 필요가 없다. 결정적인 곳에 전투력을 집중해야 승리할 수 있다.

적국이 성문을 여닫을 때 재빨리 침입해 적이 소중히 여기는 곳, 즉 적의 요충지를 차지해야 한다(적인개합 필극입지 선기소애敵人開闔 必亟入之 先其所愛). 이때 처녀처럼 고요하게 관찰하다가 적이 틈을 보이면 그물을 벗어난 토끼처럼 신속하게 몰아쳐야 한다(시여처녀 후여탈토始如處女 後 如脫兔).

평소 나폴레옹이 제일 존경한 인물은 프로이센의 왕 프리드리히 2세(프리드리히 대왕)였다고 한다. 나폴레옹은 프로이센과 오스트리아 사이에 있었던 로이텐 전투(1757년 12월)를 전쟁사에서 최고 걸작으로 평가했다. 총사령관 프리드리히 2세는 3만 군사를 이끌고 8만 오스트리아 대군과 로이텐 전장에서 맞부딪쳤다.

병력 수뿐만 아니라 무기와 지형 모든 게 열세였던 프로이센이 오스트리아를 무찔러 승리를 거두었다. 승리의 비결은 전통적인 행군 대열의 공식을 깬 데 있었다. 프로이센군은 횡렬로 행군하다가 갑자기 종렬로 대열을 바꾸었다. 송곳처럼 돌격하는 모양새로 오스트리아군의 좌익을 신속하게 치고 올라갔다. 열병閱兵했다가 분열分列하는 식이었다. 오스트리아군은 상상조차 하지 못했던 그런 전투

방식에 고스란히 당했다.

일본은 대륙 침략의 발판으로 1931년 만주를 점령해 그곳을 식민지화했다. 이후 중국 내륙을 공격하기 위해 기회를 엿보다가 1937년 7월 작은 사건을 계기로, 일본의 일방적인 공격이 시작되었다. 그리하여 중국 전역에서 전투가 전개되었는데, 이른바 중일전쟁이었다.

당시 공산당과 국민당 사이에 내전이 한창이던 중국은 우선 일본의 침략부터 막고 보자며 국공합작國共合作을 이루어냈다. 일본은 주요 도시를 대부분 점거하며 전선을 베이징, 톈진, 난징, 상하이 등으로 확대해나갔다. 그 바람에 중국 내 전선이 광범해진 데다 동남아시아로까지 전선이 확대되었다. 일본은 여기서 그치지 않고 급기야 하와이 진주만을 기습하며 태평양전쟁으로 전선이 확대되었다.

그때까지만 해도 연전연승하던 일본은 미군의 참전으로 전쟁의 주도권을 빼앗기기 시작했다. 그러나 중국 내 산재한 전선에 일본군 100만이 묶여 있어서 전력을 집중할 수 없었다. 거대 병력이 있었는데도 사방에 분산되는 바람에 일본은 힘을 얻지 못하고, 결국 1945년 8월 15일 항복을 선언하는 동시에 중국에도 항복했다.

섬에만 갇혀 있던 일본이 광활한 대지로 나오면서 전쟁의 기본인 '집중'을 망각했던 걸까?

중국에서 국민당이 공산당에 패한 것도 마찬가지였다. 자금, 무기, 병력 모든 면에서 열세였던 공산당은 병력을 집중함으로써 승리를 거머쥐었다. 마오쩌둥이 이끌었던 홍군紅軍은 강력한 장제스의 국민당군을 피해 3만 리 대장정을 하는 가운데 마오쩌둥이 개발한 십육자결十六字訣을 주문처럼 외우고 또 실천했다. 국민당과의 대장정에서 마오쩌둥이 체득한 전술의 기본은 분산하면 패하고 집중하면 승리한다는 것이었다.

제12편

화공 火攻

· · · · · · · · ·

득이 없으면
나서지 마라

제12편 화공에서는 불로 하는 공격을 이야기한다. 손자는 화공이 낮은 것 중에서도 가장 낮은 수준의 계책이라고 본다. 불을 이용한 공격은 매우 위험한 전략이라서 적뿐만 아니라 우리 편도 위험해질 수 있으니 달리 방법이 없을 때 사용하고, 날씨와 조화를 이루어야 하며, 수공 또한 후속 조치를 할 막강한 군대가 뒷받침되어야 한다.

화공의 5가지 타깃

"화공에는 다섯 가지가 있다. 첫째 적병을 불로써 공격하고,
둘째 적의 군수물자를 태운다. 셋째 적의 수송대를,
넷째 적의 창고를, 다섯째 적의 주둔지를 불태운다."
일왈화인 이왈화적 삼왈화치 사왈화고 오왈화대
一曰火人 二曰火積 三曰火輜 四曰火庫 五曰火隊

'삼왈화치'에서 치輜는 운송, '사왈화고'에서 고庫는 보관을 뜻한다.
'오왈화대'에서 대隊는 무리를 뜻하며 주둔지의 비유다. 손자가 화공
의 타깃으로 삼은 "인人, 적積, 치輜, 고庫, 대隊"이 다섯 가지는 유기
적으로 연결되어 있다. 이들의 상호작용에 따라 전쟁의 승패가 결정
된다. 이들 다섯 가지는 군대뿐만 아니라 인간의 모든 조직에서도
동일하게 발생한다.

하버드대학 교수이자 경쟁 전략의 최고 권위자인 마이클 포터

심리학으로 읽는 손자병법

Michael Eugene Porter는 기업 활동의 가치 사슬Value chain 개념을 제시했는데, 이 또한 손자가 언급한 화공의 다섯 가지 타깃과 맥을 같이한다. 예를 들어 인人은 인적 자원, 적積은 내부 물류, 치輜는 마케팅, 고庫는 물류 투입, 대隊는 서비스, 즉 기업 인프라에 해당한다. 이런 가치 사슬마다 각 활동 영역이 있지만, 사슬처럼 연결되면서 기업의 핵심 역량이 상승한다.

개인의 삶이나 개인이 모인 조직 활동도 마찬가지다. 여러 분업 구조가 각자의 가치를 지닌 채 사슬처럼 구축돼야만 성장하는 것이다. 그것이 성공적인 조직의 집단 심리에 나타나는 과정 지향성 Process-oriented이다. 따라서 가치 사슬을 바탕으로 조직을 분석하고 이를 기반으로 각 분업 간의 관계를 점검한 후 개선도 하고 전략적 의사결정을 내리기도 한다. 항시 이 다섯 가지 가치 사슬이 잘 연결되어야 한다. 이 고리가 끊기면 경쟁력을 상실한다. 군대도 마찬가지다. 병사, 물자, 수송, 물류창고, 주둔지 중 한 대상만 불에 타도 전쟁을 수행하기 어렵다.

손무 이후 그의 집안에 백 년 만에 병법의 대가 손빈이 태어났다. 손빈은 귀곡자에게 수학할 때 특출난 재능을 보였는데 이를 시기한 방연이라는 동문이 있었다. 방연은 위나라에 가서 손빈보다 먼저 출세하더니 손빈을 초청해 제나라 간첩으로 모함하고는 그의 무릎뼈를 잘라내고 돼지우리에 처넣었다. 이후 손빈이 미친 척 연기하자 방연은 안심하고 그를 방치했다.

그런 손빈을 제나라 사신이 몰래 데려갔다. 그 후 손빈이 제나라의 책사가 되어 위나라 방연과 대결하며 마릉의 낭떠러지길로 그를 유인했다. 손빈은 길 좌우에 궁수弓手들을 숨겨두고 큰 나무의 껍질을 벗겨 "방연이 이 나무 아래서 죽는다(방연사어차수지하龐涓死於此樹之下)"라고 써놓았다.

산속의 밤은 일찍 찾아온다. 방연의 군대가 손빈의 군대를 추격하며 마릉에 이르렀을 때 해는 이미 져 있었다. 큰 나무에 적힌 글을 본 방연이 말을 멈추자 좌우에서 불화살이 날아들었다. 위나라 병사들이 불화살에 맞아 속속 쓰러지는 가운데 방연은 '수성수자지명遂成豎子之名'이라 소리 지르며 자결했다. "내가 그 더벅머리놈을 유명하게 해주는구나"라는 뜻이다. 손빈이 화공으로 승리를 거둔 순간이었다.

중국 후한 말 있었던 관도대전 때는 고전하던 조조가 원소의 병참기지 오소에 화공을 가함으로써 단숨에 열세를 극복했다.

적의 진영에 불을 질러 승리한 경우도 있었다. 전국시대 제나라의 장군 전단이 그랬다. 기원전 284년 연나라의 명장 악의가 제나라를 침략해 제나라 왕까지 죽이고 70여 성을 빼앗는 등 큰 피해를 주었다. 그런 세월을 5년이나 보낸 후, 제나라는 하급관리 전단을 제나라를 구원할 장군으로 추대했다. 마침 연나라에 악의를 싫어하던 혜왕이 즉위하면서 전단이 퍼트린 헛소문에 넘어가 악의 대신 기겁을 대장군으로 임명했다. 그런데도 연나라 군사들은 과거의 승리에 고무되어 있었고 머지않아 완승하리라는 단꿈에 취해 있었다. 이들이 잠든 야심한 밤에 전단은 소 여러 마리의 꼬리에 기름을 듬뿍 적신 짚단을 매달았다. 전단의 군대가 소를 앞세우고 징과 북을 치며 연나라 주둔지로 달려갔다. 이 기발한 화우진火牛陣 작전으로 제나라는 70여 성을 다시 수복했다.

노르망디 상륙 작전에서도 기관총 대신 화염방사기를 장착한 크로커다일 전차가 먼저 상륙했다. 이 전차의 화염이 독일의 토치카나 보병을 제압하는 데 큰 역할을 했다.

날씨와 조화해야 한다

"화공을 펼칠 때는 반드시 필요한 조건이 있으니, 미리 도구를 준비하고
있어야 한다. 불을 놓을 시간이 있으며 불을 지필 날이 있다."
행화필유인 연화필소구 발화유시 기화유일
行火必有因 煙火必素具 發火有時 起火有日

화공은 매우 위험한 전략이다. 자칫 아군도 큰 해를 입을 수 있고,
화공이 휩쓴 지역은 황무지가 되어 점령 후에도 사용 가치가 적어
지기 때문이다. 따라서 화공은 달리 방법이 없을 때만 사용해야 하
고 그것도 적당한 때에 써야 한다. 손자는 적당한 때란 '천지조 풍
기天之燥 風起'라고 했다. 날씨가 건조하고 바람이 크게 부는 날이라는
뜻이다. 날이 습하면 불이 잘 안 붙고, 바람이 불지 않으면 불이 잘
번지지 않는다. 발화가 잘되고 불이 잘 번질 수 있을 때가 바로 화
공을 할 기회인 것이다.

화공 방법은 다음 다섯 가지이다.

첫째, 적진 내부에서 불이 났다면 즉시 외부에서 호응해야 한다(화발어내火發於內 즉조응지어외則早應之於外).

둘째, 불이 났는데도 적진이 조용하면 공격하지 말고 기다렸다가(화발이기병정자 대이물공火發而其兵靜者 待而勿攻) 불길이 더 거세질 때 공격하거나 여의치 않거든 놓아두어야 한다(극기화력 가종이종지 불가종이지極其火力 可從而從之 不可從而止).

셋째, 외부 방화가 가능할 때는 적의 내부 상황을 기다리지 말고 공격한다(화가발어외 무대어내 이시발지火可發於外 無待於內 以時發之).

넷째, 순풍일 때 공격하고 역풍일 때 공격하지 않는다(화발상풍 무공하풍火發上風 無攻下風).

다섯째, 낮에 바람이 거세면 대개 밤에는 바람이 멈춘다(주풍구야풍지晝風久 夜風止).

불은 적과 아군을 구별하지 않고 바람 따라 번져간다. 따라서 바람을 안고 공격하면 아군이 불에 탄다. 바람이 적을 향해 불 때만, 즉 바람과 함께 불을 날려 보낼 수 있을 때만 불을 질러야 한다.

제갈량이 적벽대전에서 천하의 형세를 화공으로 결정 지을 때 바로 풍향을 이용했다. 화공이라면 조조도 일가견이 있었으며 본인도 화공에 수차례 당한 바 있었다. 조조가 장수의 항복을 받고 완성에 주둔할 때였다. 조조가 장수의 숙모를 농락하고 잠을 자는데,

이를 알게 된 장수가 화가 나서 은밀히 조조의 막사에 불을 지르고 습격하는 바람에 조조는 불에 그을린 채 알몸으로 도망쳐야 했다. 그런지라 조조는 어디를 가든 화공을 염두에 두고 지형을 살폈다.

적벽대전 때 조조가 장강을 살펴보니 바람이 서쪽에서 동쪽으로 부는 편서풍 지대인 데다가, 겨울철이라 바람 방향이 바뀌더라도 북풍이지 더더욱 동남풍은 불지 않으리라 확신하고 북안에 정박한 자신의 대함대를 연결해두었다.

남안에 정박 중인 촉오 연합군은 화공만이 조조의 기세를 꺾을 수 있다고 보았다. 문제는 바람의 방향이었다. 동남풍이 불어야지 이대로라면 화공을 해봐야 촉오군만 해를 입을 뿐이었다. 제갈량이 동남풍을 기원한다며 목욕재계하고 산 위에 만든 칠성단七星壇에 올라 기원하기 시작했다. 과연 얼마 후 전함의 깃발들이 방향을 바꾸어 휘날리기 시작했다. 바람이 동남풍으로 바뀐 것이다.

장강은 겨울에 주로 북풍이 불지만, 드물게 남풍이 불기도 했다. 제갈량은 이 점을 미리 파악하고 있었다. 갑자기 동남풍이 불자 오나라 주유가 황개에게 출전 명령을 내렸다. 황개는 전함 10척에 마른 풀과 장작을 가득 채우고 기름을 부은 후 커다란 백기를 꽂아 항복선처럼 위장했다. 그리고 황개가 10척의 배를 뒤따랐다. 조조는 적선이 항복하러 온다며 다가오도록 방치했다. 드디어 조조의 선단에 다가갔을 때 황개가 부하들에게 앞의 배 10척에 불화살을 쏘라 명했다. 이로써 조조의 선단은 불덩어리가 되었다.

수공과 화공의 장단점

"불로써 공격을 도우면 효과가 명백히 좋고, 물로써 공격을 도우면
효과가 강력히 나타난다. 수공으로 적의 교통은 차단할 수 있지만
모든 것을 탈취할 수는 없다."

화좌공자명 이수좌공자강 수가이절 불가이탈
火佐攻者明 以水佐攻者强 水可以絶 不可以奪

《손자병법》의 여러 계책 중 화공은 하지하책下之下策이다. 낮은 것 중
아주 낮은 수준의 계책이 화공이라는 말이다. 수공은 화공 바로 위
의 계책이라 할 수 있다. 그만큼 화공에 신중해야 한다.

인간은 본능적으로 불과 물 중 어느 것을 더 두려워할까? 물론
불이다. 물은 마시기도 하고 유영할 수도 있으나 불은 다르다. 불은
직접 접촉하기 어려우며 에너지원으로 활용할 뿐이다.

불을 발견하며 인류 문명이 시작되었다. 문명이 고도화될수록,

에너지 자원으로 불은 더 필요해지는데 그만큼 생태계가 파괴되는 양면성도 있다. 불 활용에 서툴렀던 원시인들은 불을 신으로 섬겼으며 그 흔적이 현대 종교에까지 남아 불을 신의 상징으로 보는 종교도 있다. 이처럼 인간의 무의식에 불은 경외와 공포의 대상으로 각인되어 있다.

미지의 공포를 합리적으로 해소하려는 것이 과학이라면, 종교는 미지의 영역을 신비감과 경외감으로 달래려고 한다. 포로가 공포감을 이기지 못하고 인질에게 동조하는 스톡홀름 콤플렉스와 흡사하다. 마찬가지로, 불을 전쟁의 도구로 쓰려면 장수가 현명해야 한다. '화좌공자명'에서 명明은 사리를 합리적으로 밝힌다는 뜻이 있다.

장수가 불을 합리적으로 이용하지 못하면 두 가지 역기능이 나타난다. 첫째, 역화Back-Fire 발생이다. 역화는 불이 원하는 곳에서 타지 않고 거꾸로 아군에게 피해를 주는 것을 말한다. 둘째, 방화광pyromania이 될 수 있다. 방화광은 불을 지른 후 공포에 빠진 사람들을 보며 쾌감을 느낀다. 방화광은 습관성 충동 장애의 일종으로 보통 3개월에 한 번씩 방화를 저지르는 것으로 보고되고 있다. 그만큼 화공은 그 자체로 지나치게 위험한 방식이다.

화공 다음으로 수공도 파괴력이 큰 공략 방식이다. 수공은 많은 물을 모았다가 적이 그 하류에 주둔하거나 도하할 때 일거에 쏟아지게 하는 것이다. 수공은 적의 보급로와 행군로 등을 절단낼 수는 있지만, 그 외 적이 험지에 숨겨놓은 군량미와 말의 꼴까지 없앨 수는 없다. 따라서 모든 것을 잿더미로 만드는 화공과 달리 수공은 그래도 버텨볼 수 있다. 그래서 수공을 할 때는 후속 조치를 취할 수 있는 강력한 군대가 뒷받침되어야 한다.

조조가 198년 11월 하비성의 여포를 공략할 때 두 강의 물줄기를 성내로 돌렸다. 강물로 하비성이 무릎까지 차오르자 견디다 못한 여포는 결국 조조의 포로가 되었다. 을지문덕과 강감찬의 살수대첩과 귀주대첩도 강물을 막았다가 터트린 수공이었다.

한나라 장군 한신이 제나라를 공격할 때, 제나라를 구원하려고 초나라 장군 용저가 20만 병력을 몰고 유수濰水 하류로 달려왔다. 상류에 진을 치고 있던 한신은 모래주머니 1만 개를 만들어 강물을 막았다가 일시에 터트리는 수공을 펼쳤다. 그 결과 용저의 군사 태반이 수장당했다. 용저도 한신의 공격을 받아 전사했다.

당태종도 낙수 상류를 막아놓고 유흑달의 반란군을 유인한 뒤 터트리고는 후속 병사를 보내 평정한 바 있다.

실속 있는 승리여야 한다

"전쟁에 승리하고 성을 차지했어도
이득이 없으면 흉한 것이니 이를 비류라 한다."
전승공취 이불수기공자흉 명왈비류
戰勝攻取 而不修其功者凶 命曰費留

화공은 일거에 적을 소멸시킨다는 장점이 있지만 부작용도 크다. 자
칫하면 전리품이라고는 잿더미밖에 남지 않는다. 화공이 하지하책
인 이유이다. 이처럼 승리하고도 아무 결실이 없다면? 승리는 곧 흉
사凶事가 된다. 다시 말해, 화공은 자기잠식cannibalization을 자초할
수 있다. 자기잠식은 동족 살인을 뜻하는 카니발리즘에서 비롯한
말로, 예를 들어 한 회사에서 공들여 만든 제품이 같은 회사의 다
른 상품을 잠식하는 현상과 같다. 손자는 이를 '비류費留', 즉 소모적
주둔이라 했다.

기원전 209년 진나라에서 농민 진승과 오광이 "왕후장상의 씨가 따로 없다"라며 난을 일으켰다. 중국 역사상 최초의 농민 반란이었다. 이 반역 이후로 항우와 유방도 군대를 일으켰다. 당시 진나라의 실권을 쥐고 있던 환관 조고가 진시황제의 아들 이세황제 호해를 죽게 만들고 진시황제의 손자 자영을 후계자로 추대했다.

자영은 자객을 시켜 조고를 제거했으나 이미 진나라는 통일제국으로서 면모를 상실한 상태였다. 자영은 마침 진나라 도성 함양에 제일 먼저 밀고 들어온 유방을 찾아가 옥새를 바쳤다. 그즈음 함양으로 달려온 항우는 옥새를 차지한 유방을 공격하려 했다. 유방은 항우에 비해 워낙 열세였던 터라 항우를 찾아가 홍문연회에서 큰절을 올리며 사죄를 청했다.

항우의 책사 범증은 유방을 죽이려고 항우의 사촌동생 항장에게 검무를 추게 했다. 그러나 항우는 유방을 평범한 인물로 보고 놓아주었다. 항우는 진왕 자영을 살해하고 그 죽음을 슬퍼하는 백성들까지 죽이며 아방궁 등 호화찬란한 도성에 불을 질렀다. 그 불이 3개월 동안 타올랐다.

그 후 항우는 민심을 잃었다. 초패왕이라 자처하며 초나라 팽성에 도읍지까지 정했지만 제후들에게 외면을 받고 끝내 유방에게 몰려 자살로 생을 마감했다. 진나라를 멸망시킨 것은 항우였지만 그 열매는 유방이 가져갔다. 이를 두고 전쟁에서는 항우가 이겼지만, 정치에서는 유방이 이겼다고 한다. 항우가 무분별한 화공으로 스스로 카니발리제이션의 함정에 빠졌던 것이 근본적인 원인이다.

현명한 군주[明主]나 훌륭한 장수[良將]는 다음 세 가지 원칙을 지킨다.

첫째, 이롭지 않으면 움직이지 않는다(비리부동非利不動).

둘째, 소득이 없는 용병은 하지 않는다(비득불용非得不用).

셋째, 위기가 아니면 싸우지 않는다(비위부전非危不戰).

달리 말해, 현명한 군주나 훌륭한 장수는 이로우면 행군하고 득이 있으면 용병하고 위태로우면 싸운다. 이런 전쟁의 원칙이 확고할 때 군주는 격노로 군대를 일으키지 않고(주불가이노이흥사主不可以怒而興師), 장수는 화가 난다고 전투를 벌이지 않는다(장불가이온이치전將不可以慍而致戰). 오직 나라의 이득에 부합하면 움직이고, 아니면 멈춘다(합어리이동 불합어리이지合於利而動 不合於利而止). 여기서 노怒와 온慍은 둘 다 분노한다는 뜻이지만, 노는 외부를 향한 분노인 반면, 온은 속에서 끌어오르는 서운한 감정, 즉 원망 같은 것이다.

앞에서도 언급했지만, 사람은 자신이 감당 못할 공포의 대상을 접했을 때, 일단 회피하면서 극복방안을 찾는 것이 합리적인 대응이다. 이때 그 대상을 경외하는 것은 비합리적인 대응이다. 그래서 원시사회에서 불, 맹수, 번개 등을 신으로 숭배한 것이다.

마찬가지로 분노가 일 때 합리적인 해결안을 찾는다면 주체적

심리학으로 읽는 손자병법

역량이 강화되겠지만 비이성적으로 즉자적 만용을 부린다면 개인의 역량이 저하된다. 실제로 분노하며 행동할 때 인지 능력과 판단 능력이 저하된다. 나라에도, 조직과 개인에게도 이득이 없는데 화풀이로 싸우면 이기더라도 상처만 남는다. 상처뿐인 영광을 '피로스Pyrrhus의 승리'라고 하는데, 그 유래는 다음과 같다.

기원전 3세기경 그리스 북부에 에피로스의 왕 피로스가 있었다. 피로스는 알렉산더 대왕의 명성을 능가하고 싶었다. 실제로 피로스 왕은 알렉산더 대왕에게 견줄 만한 지략과 용기도 갖추고 있었다. 그는 싸울 때도 알렉산더 대왕처럼 최전선에 섰다. 발칸반도를 휘돌아다니며 로마를 두 번이나 물리쳤다. 그런 빛나는 승리 뒤에는 뛰어난 장수들의 희생과 엄청난 군비의 손실이 있었다. 피로스 왕은 결국 소규모 전투에서 전사했다. 개별 전투에는 능하지만, 전략적 실력이 부족할 때 이처럼 상처뿐인 승리를 맛보게 된다.

망하는 조직의 공통점: 분노에 휩싸인 리더

"격노는 기쁨으로 변할 수 있고, 분노도 즐거움으로 바뀔 수 있지만,
나라가 망하면 다시 설 수 없고 죽은 사람도 다시 살아날 수 없다."
노가이복희 온가이복열 망국불가이복존 사자불가이복생
怒可以復喜 慍可以復悅 亡國不可以復存 死者不可以復生

일시적 감정에 휘둘려 천추의 한을 남기지 말라고 손자는 말한다. 명주明主가 나라를 다스리고 양장良將이 군대를 지휘해야 한다. 명주는 백성의 신망이 높은 군주이고, 양장은 위엄과 덕망이 뛰어나 병사들의 충성심이 깊은 장수다. 그 반대로 암주暗主는 어리석어 민심을 사분오열시키고 졸장拙將은 병사들의 사기를 완전히 꺾어놓는다. 제갈량 등의 견해를 빌리면 졸장은 다음 네 부류이다.

하나, 성미가 급하고 용맹이 지나쳐 무모한 자

둘, 그와 반대로 비겁하고 탐욕만 많은 자

셋, 지나치게 인자해 신상필벌이 분명하지 못한 자

넷, 현실성 없는 모략만 즐기며 결단력이 없는 자

암군과 졸장의 공통점은 감정의 기복이 심하고 사소한 자극에도 과민반응을 보인다는 것이다. 감정 기복이 지나치게 큰 요인 중 하나로 성장 과정에서 형성된 무의식적 유기 불안을 들 수 있다. 즉 버림받는 것에 대한 두려움 때문에 별것 아닌데도 자존심이 상하고 분노한다.

유기 불안은 일종의 경계성 성격으로, 그런 이들은 항시 자신을 안심시켜줄 상대를 찾는다. 조금만 잘해줘도 금세 일방적으로 의존한다. 이때 상대가 조금만 부담스러워해도 크게 실망한다.

이런 유기 불안의 원인은 성장 과정에서 타인에 대한 기본신뢰Basic trust가 확립되지 않아서일 수 있다. 기본적 신뢰감이 없으면 중용의 가치를 잘 모른다. 매사에 전부 아니면 전무식으로 대응한다. 작은 일로 깊은 호감을 표시하고, 사소한 문제로 금세 돌변한다. 만약에 이런 사람이 군주나 장수라면 심각한 언어폭력을 행사할 가능성이 크고, 그 나라와 부대는 사분오열되기 십상이다.

다행히 자신의 심한 감정 기복이 유기 불안에서 비롯되었다는 사실을 알기만 해도 감정 기복은 서서히 해소된다. 화가 난 상태에서 행동한 이후에 벌어질 일을 상상하면 감정 기복을 다스리는 데 큰 도움이 된다. 한때 유기 불안에 시달리던 사람들도 명주나 양장이 되는 경우가 많다. 자기 내면을 직시하고 분노 후 벌어질 상황을 예측하는 자성 과정을 거친다면 가능한 일이다.

　제2차 세계대전 때 노르망디 상륙 작전을 지휘해 성공을 이끌어낸 드와이트 아이젠하워Dwight David Eisenhower가 그 모범이다. 아이젠하워 장군은 평소 부하를 아끼고 부하의 사랑을 한몸에 받기로 유명했다. 그는 늘 작전 개시 하루 전날이면 부대를 시찰했다. 불안해하는 병사를 만나면 등을 두드려주며 용기를 주었다. 이처럼 장수의 역량이란 병사들과 함께 문제를 해결하는 것이다. 아이젠하워 장군은 훗날 미국의 34대 대통령이 된다.

　군대가 적과 부닥치며 맞닥뜨리는 문제는 장수가 기분대로만 해서는 결코 해결되지 않는다. 그런 문제는 장수가 병사들과 소통함으로써 해결해나가야 한다. 군주는 민심을, 장수는 군심을 사로잡는 일을 자기감정을 해소하는 것보다 더 중시해야 한다. 그것만이 나라를 지키고 군대를 지키며 전쟁을 대비하는 길이다.

제13편

용간 用間

· · · · · · · ·

첩보전의 승자가
최후에 웃는다

제13편 용간에서는 첩자를 활용하는 방법을 이야기한다. 손자는 간첩의 종류를 향간, 내간, 반간, 사간, 생간 다섯 유형으로 나누고 적지에 첩자를 두어 운영하는 일의 중요성을 설파한다. 첩자가 하는 이간책은 이간질과 다르며 현명한 군주라야 뛰어난 첩자를 지혜롭게 이용해 위대한 공을 이룰 수 있고, 이것이 곧 병법의 요체이다.

첩자를 통해
적의 두뇌를 들여다보라

"많은 공을 세우는 자는 먼저 알기 때문이고, 먼저 안다는 것은

귀신의 도움도 아니요, 개인 경험 때문도 아니요, 별자리 때문도 아니다.

오직 사람을 취하여 적의 실정을 알아내는 것뿐이다.

성공출어중자 선지야 선지자 불가취어귀신 불가상어사

成功出於衆者 先知也 先知者 不可取於鬼神 不可象於事

불가험어도 필취어인 지적지정자야

不可驗於度 必取於人 知敵之情者也

전쟁은 심리전이고 심리전의 최고봉은 스파이 전쟁이다. 《손자병법》
의 기본이 지피지기知彼知己인데, 적을 정확히 알려면 간첩을 활용해
야 한다. 그렇지 않고 장수가 개인 경험만 의지한다거나, 종교나 점
성술에 기대면 큰 착오가 발생한다.

북송의 황제 흠종은 종교에 기대었다가 나라를 망하게 했다. 흠

종은 수도 개봉이 1125년 금나라 대군에게 포위당한 후 도교 술사의 조언을 받고 육갑신술六甲神術로 적을 퇴치하기로 결정한다. 같은 날 태어난 병사 7,777명을 모아 신병神兵이라 부르며 일주일간 함께 하늘에 제사를 지냈다. 그런 다음 흠종과 조정 대신들은 성루 위에 앉고는 성문을 열었다. 이어서 흰옷을 입은 신병들이 금나라 군대를 향해 돌격했다. 그러나 흠종이 기대했던 기적은 일어나지 않았다. 도리어 금군이 신병을 무참히 도륙하고 흠종과 황후, 황족, 귀족들까지 포로로 묶어버렸다.

중세기 십자군 전쟁도 같은 양상이었다. 교황 우르바누스 2세 Urbanus Ⅱ가 조직한 십자군이 예루살렘 성지의 모슬렘을 축출한다는 미명으로 찬미가를 부르며 이스라엘로 쳐들어가 회당을 불사르고 유대인을 학살했다. 8차에 걸쳐 200년간 진행된 십자군 전쟁은 성공하지 못했을 뿐만 아니라 그 상처가 기독교와 모슬렘 사이의 증오로 남아 오늘날까지 이어지고 있다.

인간은 심리적 동물이기 때문에 전쟁 같은 극한의 현실 앞에서도 객관적 대책보다 신비한 기적 같은 것을 바랄 수 있다. 손자는 이를 경계했다. 참혹한 전쟁 앞에서 주관적인 추상화, 관념적 신비화에 빠지지 말라는 것이다. 주관적 오류가 개인 경험의 과도한 집착에서 비롯된다면, 비합리적 오류는 종교나 점성술을 기대는 데서 비롯된다.

'불가상어사'에서 상象은 개인 경험에 비추어 추리한다는 것이고 '불가험어도'에서 도度는 별자리라는 뜻으로 점을 친다는 뜻이 있다.

적과 대결 중 제대로만 활용한다면 출혈 없이도 기선을 제압할 수 있는 영역이 무엇일까? 적의 민심을 파악하고 이용하는 것이다. 군주가 배라면 백성은 물(군주인수 수능재주君舟人水 水能載舟)이니 물은 능히 배를 띄울 수도 있고 가라앉힐 수도 있다(역능복주亦能覆舟). 이는 아군이든 적군이든 똑같이 적용되는 내용이다. 따라서 아군은 다독이고 적군은 분열시켜야 한다. 적을 분열시킬 때 군주와 장수, 군주와 국민, 장수들 사이, 장수와 책사 사이에서 용이한 곳을 먼저 공략해야 한다. 아무리 물리적 파워가 강한 적도 그 조직의 두뇌를 마비시키면 수월하게 이길 수 있다.

영국의 군사 전략가 존 프레더릭 풀러J. F. C. Fuller도 두뇌 전쟁 brain warfare을 강조했다. 손자도 일찍이 물리적 전쟁의 폐해를 지적하며 스파이전의 중요성을 강조했다. 그는 다음과 같이 이야기했다.

첫째, 십만 군사를 동원해 천 리 먼 길을 출정한다고 해보자. 하루에만 나라와 백성의 부담이 천금을 넘는다. 어디 그뿐이랴? 온 나라가 전쟁의 소용돌이에 빠지고 백성들이 마소[馬牛]처럼 군수물자 수송에 나서는 바람에 생업을 포기하는 가구가 70만 호에 이르게 된다. 그렇게 시작된 전쟁이 수년간 지속되더라도 승패는 하루아침에 결정 난다. 그러므로 물리적 전쟁에 앞서 두뇌 전쟁에서 승리해야 한다.

그런데도 군주가 벼슬과 봉급을 아끼려고 적의 정보 수집을 등한히 하면 어리석음의 극치(이애작록백금 부지적지정자 불인지지야而愛爵祿百金 不知敵之情者 不仁之至也)를 보여주는 것이다.

간첩을 잘만 활용하면 군이 전쟁하지 않아도 적의 기세를 꺾을 수 있고, 설령 전쟁이 났다 해도 일거에 전세를 뒤엎을 수 있다. 현명한 군주와 뛰어난 장군은 군대를 이동하며 승리를 창출하는데, 적의 내부 사정을 먼저 알기에 그렇다(명군현장 소이동이승인 성공출어중자 선지야明君賢將 所以動而勝人 成功出於衆者 先知也). 따라서 어떤 경우에도 군주는 정보 공작비만큼은 아끼지 말아야 한다.

적의 두뇌들의 책략을 분열시켜 천하통일로 성큼 다가간 나라가 진나라였다. 서쪽 진나라가 차츰 강해질 무렵, 산동 근처의 6개국 대표가 조나라에 모였다. 서로 합종合從하여 진나라를 공격하기 위해서였다. 이 소식을 들은 진나라 소왕이 걱정하자 재상 범저가 "대왕, 걱정하지 마십시오"라며 그를 안심시켰다. 그리고 마당에서 사이좋게 뛰노는 개들을 가리키며 이렇게 말했다. "투지일골投之一骨 경기상아輕起相牙." 저 개들에게 뼈다귀 하나만 던지면 뜯어먹겠다고 서로 으르렁댄다는 뜻이다.

그제야 소왕은 마음을 놓았다. 범저는 당저를 불러 5천 금을 실은 수레를 내주고는 악대와 함께 조나라로 보냈다. 그는 이렇게 이야기했다. "이 금을 누구에게 주든 불문에 부치겠다. 다 쓰는 것이 네가 할 일이다. 내가 또 5천 금을 뒤따라 보낼 것이다."

당저 일행이 조나라 무안에서 초호화 연회를 베풀고 6개국 대표는 물론 천하의 책사들을 모두 초청했다. 당저는 공작비를 줄 만한 자를 구분해 주면서 경우에 따라 액수를 늘려갔다. 그랬더니 3천 금도 쓰기 전에 서로 황금을 더 가져가려고 하는 바람에 천하 책략가들의 의견이 분열되고 말았다. 진나라는 황금 매수 책략으로 전국시대 최고의 두뇌 집단을 마비시켜 6국의 합종책을 흔들었다.

심리학으로 읽는 손자병법

다섯 종류의 스파이

"간첩은 다섯 가지가 있는데
향간, 내간, 반간, 사간, 생간이 그것이다."
고용간유오 향간 내간 반간 사간 생간
故用間有五 鄕間 內間 反間 死間 生間

스파이의 종류에는 향간, 내간, 반간, 사간, 생간 다섯 유형이 있다.

첫째, 향간鄕間은 적 진영에 거주하는 스파이를 말한다. 베트남은 1884년 프랑스의 식민지가 된 이래 끈질기게 독립 투쟁을 벌였지만 뚜렷한 성과가 없었다. 그런데 모스크바에서 귀국한 호찌민이 북부에 독립동맹회 베트민Việt Minh(월맹)을 창설하면서부터 독립 투쟁에 활기를 띠기 시작했다.

호찌민은 제2차 세계대전 중 베트남에 들어온 일본군과도 싸운다. 이때는 미국도 호찌민을 지원했다. 제2차 세계대전이 끝난 후 프랑스군이 다시 남부를 식민지로 지배하려 든다. 그래서 일어난 전쟁이 1947년부터 벌어진 7년 전쟁이다. 이 전쟁은 프랑스 공수대원들을 북부의 요충지 디엔비엔푸로 투하해 벌인 전투로 결말을 맺는다. 디엔비엔푸를 점거한 프랑스 정예병들이 사방에서 날아드는 월맹군의 포격을 견디지 못한 것이다. 그래서 1954년 7월 제네바 협정을 맺으며 프랑스는 완전히 철수했고, 북위 17도를 선으로 남부에 월남이, 북부에 월맹이 자리 잡게 되었다. 그때 호찌민은 향간 3천여 명을 월남에 심어놓았다. 이들이 베트콩이었다.

1년 후인 1955년부터 월남과 월맹이 자본주의와 공산주의의 대리전 형식으로 전쟁을 시작했으며 1964년부터 미국 등 외국 부대가 본격 개입한다. 그러나 미국은 물론 월남조차 월맹의 내부를 알 수 있는 간첩이 전무하다시피했다. 이에 비해 월맹은 월남 각 분야에 심어놓은 간첩들로부터 내부 정보를 소상히 들여다보았다.

둘째, 내간內間은 적의 관리를 활용한 스파이를 말한다. 월맹은 분단 초기 구축했던 향간 조직이 차츰 번져 정치인, 종교인은 물론 대통령 고문까지 포섭하며 간첩 수가 2만을 상회했다. 월남의 고위 관료가 내간이 되어 월맹에게 정보를 건네주는데 어떻게 월맹을 이긴단 말인가? 월남전은 간첩 불균형 운용에 따른 정보의 비대칭이 극명했던 현장이었다.

심리학으로 읽는 손자병법

중국 대륙을 처음으로 통일한 진나라도 금품으로 내간을 만드는 데 일가견이 있었다. 제나라 건왕 때 진나라는 제나라 재상 후승에게 수시로 뇌물을 주었다. 후승은 답례로 제나라 인물들을 진나라 빈객賓客으로 보내주었다. 이들이 진나라에서 향응을 받고 간첩이 되어 다시 제나라로 돌아왔다. 그 결과 기원전 221년 진나라 군대가 제나라 수도 임치를 공격해도 나와서 싸우려는 사람이 없었다. 제나라 왕도 항복할 수밖에 없었다.

셋째, 반간反間은 아군에게 포섭당한 적의 스파이를 말한다. 말하자면, 이중 첩자로 적에게 거짓 정보를 누설하는 자이다.

이중 스파이의 대명사 마타하리

유명한 이중 스파이로 제1차 세계대전 때 프랑스 사교계의 스타였던 마타 하리Mata Hari가 있다. 마타 하리는 프랑스 고급 장교들뿐만 아니라 독일의 정보 장교와도 사귀면서 비밀문서와 정부 기밀을 빼돌렸다. 그녀를 재판한 판사는 이렇게 판시했다. "마타 하리는 연합군 병사 5만 명 목숨의 가치에 해당하는 기밀을 빼돌렸다."

상대가 적의 스파이인 줄 알면서도 모르는 척하며 이용하는 것도 반간계에 속한다. 요리사 출신으로 영국 스파이의 전설이 된 시드니 라일리Sidney Reilly는 러일전쟁 직전 여순항에 잠입해 러시아 해군의 동정을 탐지했다. 그는 이 정보를 영국과 일본에 제공해 일본의 승전에 기여했다.

라일리는 그 외에도 영국을 위해 레닌 암살 미수 사건, 이란 유전 개발권 확보 등 굵직한 사건마다 주요 역할을 했다. 그는 볼셰비키 혁명의 지도자이며 소련 비밀경찰 조직의 수장 펠릭스 제르진스키Felix Dzerzhinsky와 절친한 관계를 이용해 소련 정보국의 활동 내역을 파악하려고 모스크바로 잠입했다. 제르진스키도 라일리가 영국 비밀정보국Secret Intelligence Service인 M16의 요원임을 결국 알았지만 모른 척하고 그로부터 영국의 기밀을 캐내려 했다. 그 후 라일리의 행방은 묘연했다. 제르진스키가 라일리를 죽였다고도 하고, 라일리를 제거하는 척만 하고 호화 별장에 숨겨두었다고도 한다. 인생의 마지막까지 베일에 싸인 라일리는 영화 007의 모델로 세계에 알려지게 되었다.

넷째, 사간死間은 적장을 찾아가거나 적진으로 뛰어들어 목숨을 건 승부수를 던지는 스파이를 말한다.

영국에서 11월 5일은 400년도 넘은 사건을 기념하는 '가이 포크스Guy Fawkes 데이'이다. 가이 포크스는 1605년 잉글랜드에서 화약 음모 사건을 주동한 인물이다. 당시 잉글랜드 국왕이었던 제임스 1세는 신교인 성공회를 강요하며 구교탄압 정책을 폈다. 이에 구교도들이 단합해 제임스 1세를 적으로 규정하고 그 일행이 모이는 의사당을 적진으로 삼아 이들을 일거에 붕괴시키는 음모를 꾀했다. 이로써 가톨릭 체제를 회복하겠다는 뜻이었다.

거사의 주동자는 로버트 캐츠비Robert Catesby였는데, 그가 선정한 비밀요원 8명 중 포크스는 폭탄을 잘 다루는 사람이었다. 이들은 1년 6개월에 걸쳐 의사당 아래로 긴 터널을 팠고 포크스의 과업은 의회가 개원하는 날 화약에 점화하는 것이었다. 그런데 비밀요원 중 한 명이 구교도 의원 한 명에게 개원식 때 의사당에 가지 말라는 편지를 보냈다. 이 편지는 곧 왕의 손에 들어갔다.

그런 줄도 모르고 포크스는 1605년 11월 5일 자정 무렵 성냥을 들고 홀로 의사당 지하로 갔고, 곧바로 그를 기다리던 궁정 수비대에게 포박당해 다른 요원들과 함께 극형을 받았다. 그 후 왕은 11월 5일을 축제일로 정했지만 구교도들은 이를 비웃었다. 그러다 그날이 폭압에 대한 항거의 상징으로 지켜지기 시작했다.

이처럼 사간은 첩보 전달에 주력하는 다른 스파이들과 달리 적의 심장부에서 전부 아니면 전무식의 승부수를 던진다.

고구려는 동천왕 때 위나라 관구검의 침략으로 건국 이래 최대 위기를 맞았다. 수도인 환도성까지 함락돼 동천왕은 옥저로 대피해야 했다. 그때 유유 장군은 동천왕에게 사간이 되겠다고 자청했다. 그는 이렇게 말했다. "제가 적진으로 가서 항복하는 척하며 적장을 죽일 테니 대왕께서는 그 기회를 노리시기 바랍니다."

달리 방법이 없던 동천왕은 마지못해 승낙했다. 유유가 백기를 들고 위군 진영으로 찾아갔다. 위군 장수는 기뻐하며 유유가 바치는 음식 그릇을 받았지만, 그 속에 감춰둔 칼을 빼든 유유에게 죽임을 당했다. 이어서 유유도 자결했다. 유유의 사간 전략 덕분에 동천왕은 위나라 군대를 물리칠 수 있었다.

끝으로, 생간生間은 적국에 들어갔다가 기밀을 탐지해 돌아와 보고하는 자들을 말한다.

미국 남북전쟁 때였다. 노예 소유주의 딸로 태어난 이사벨라 보이드Isabella Maria Boyd, 일명 벨 보이드Belle Boyd는 버지니아주에서 호텔을 운영하며 북군 장교들로부터 빼낸 기밀을 남부군에게 넘겼다. 그러다 발각되어 수차례 체포되기도 했지만 북군 사령관 등의 호의로 풀려나며 위기를 넘겼다. 구금만 되면 북부군 장교를 유혹해 그의 도움으로 석방되는 식으로 체포와 석방을 거듭하던 벨 보이드는 북부군 해군 대령 사무엘 하딘지Samuel Wylde Hardinge를 만나 진정한 사랑에 빠져 함께 런던으로 망명했다.

심리학으로 읽는 손자병법

후대와 극비
그리고 정보 분석의 틀

"군대 업무 중 장수와 첩자가 친밀한 것보다 중요한 일이 없고,
첩자에게 주는 상은 후해야 하며, 첩자 운영은 비밀스러워야 한다."
삼군지사 막친어간 상막후어간 사막밀어간
三軍之事 莫親於間 賞莫厚於間 事莫密於間

목숨보다 더 소중한 것이 있으랴? 스파이는 그 목숨을 담보 잡힌 자들이다. 군주는 그들에 대한 포상을 아끼지 말아야 하고 누구보다 은밀한 관계를 유지하며 친밀하게 지내야 한다. 만천하에 공개된 첩보는 더는 사용 가치가 없듯, 스파이의 활동은 극비여야 한다.

누가 뛰어난 스파이를 잘 활용할 수 있을까? 사람을 알아보는 '지혜'가 있어야 한다. 그렇지 않으면 좋은 첩자를 이용할 수 없다(비성지불능용간非聖智不能用間). 또한 '인자함과 의로움'을 겸비해야 한다(비인의불능사간非仁義不能使間). 첩자를 이용하면서도 '미묘한 분석력'이 없다

면 효과를 낼 수가 없다(비미묘불능득간지실非微妙不能得間之實). 스파이를 운용하려면 기본적으로 '지혜와 인의'를 갖추고, 운용의 실효를 거두려면 '미묘한 분석력'을 구비해야 한다는 것이다. 스파이 활동은 그야말로 심리전이다. 아군과 적군, 그 사이로 오가는 스파이들의 심리가 미묘하게 얽혀 있다.

스파이 본인도 기밀을 취득할 때 중요성, 긴급성을 살펴야겠지만 그 기밀을 받은 측도 역이용당하지 않으려면 참과 거짓을 구분할 줄 알아야 한다. 즉 정보에서 수집보다 더 중요한 것은 제대로 된 분석이다. 정보의 실패보다 분석의 실패가 더 위험하다.

미 CIA에서 45년간 정보 분석을 담당했던 리처즈 휴어 주니어 Richards J. Heuer, Jr.는《CIA 심리학》을 펴냈다. 그는 정보 분석 방법으로 경합 가설 분석analysis of competing hypotheses, ACH을 정리했는데, 스파이들로부터 많은 데이터를 취합한 후 추론할 때 인지적 오류를 최소화하려는 것이었다.

아무리 고급 정보가 많아도 제대로 분석하지 않으면 쓰레기에 불과하다. 정확히 분석된 정보만이 승리의 초석이 된다. 따라서 정보 분석 과정에서 관점이 다른 사람들과 브레인스토밍을 한다든가 추론에 대한 반증 가능성을 상정하고 그에 대한 추가 데이터를 수집해 분석할 필요가 있다. 그 과정에서 가장 일관성 있는 추론을 도출해야 한다.

예를 들어 수집한 데이터 등으로 여러 가설을 세우되, 각 가설에 대한 반박 증거를 수집해본다. 그중 가장 유력한 가설들을 골라내고, 유용한 증거를 가장 많이 확보한 가설을 상정하는 것도 좋은 방식이다. 물론 그때도 군주나 장수의 기본적 식견이 제일 중요하며 이 모든 과정은 극비로 해야 한다.

열반경涅槃經에 군맹무상群盲撫象이라는 말이 나온다. 직역하면 맹인들이 코끼리를 어루만진다는 뜻으로, 속뜻은 같은 대상을 놓고도 각자의 관점대로 달리 말한다는 의미다. 맹인들에게 코끼리를 만지게 했더니 각자 소견대로 코끼리는 큰 기둥이다, 담벼락이다, 절구통이다 따위로 묘사했다는 이야기다.

장수는 군맹무상의 편견에 빠지지 않도록 주의해야 한다. 장수만의 관점으로 첩보를 취사선택하고 분석할 때 필시 아부하는 측근이 맞춤식 근거를 대주기 마련이다. 그러면 장수의 편견은 확증 편향으로 자가 발전하게 되어 있다. 장수는 늘 율리우스 카이사르Julius Caesar가 언급한 것처럼 '보고 싶은 것만 보고 믿고 싶은 것만 믿으려는 경향'을 경계할 필요가 있다. 그래야 유능한 첩자를 부리고 요긴한 정보를 얻어 유효한 책략을 시행할 수 있다.

역사상 강국을 만들었던 군주의 뒤에는 언제나 유능한 스파이가 있었다. 잉글랜드의 국왕 엘리자베스 1세도 그랬다. 엘리자베스 1세는 여성 군주라는 시대적 편견을 깨고 당시 세계 최강 스페인

무적함대를 격파하며 영국을 해가 지지 않는 제국으로 만들었다.

엘리자베스 1세의 밀명으로 정보기관을 창설한 프랜시스 월싱엄Francis Walsingham이 있다. 월싱엄은 점술사, 작가, 상인 등 다양한 직종에서 비밀요원을 선발해 체계적으로 훈련했다. 그는 이 요원들을 국내뿐만 아니라 해외로 파견함으로써 세계적 정보망을 구축했다. 그들을 통해 스페인 무적함대의 동향을 미리 알아냈고 나아가 여왕의 정적인 스코틀랜드 여왕 메리 스튜어트를 제거하기도 했다. 엘리자베스 1세가 유능한 스파이를 부릴 줄 아는 현군이었기에 변방의 섬나라를 세계 최강으로 만들 수 있었다.

손자는 "군주가 첩자를 관리하는 것이 미묘하고도 미묘하여 사용되지 않는 곳이 없도다(미재미재 무소불용간야微哉微哉 無所不用間也)"라고 한 바 있다. 그러나 기밀이 미리 누설될 경우 첩자는 물론 누설자까지 제거해야 한다(간사미발이선문자 간여소고자개사間事未發而先聞者 間與所告者皆死).

첩자가 하는 이간책은 이간질과 다르다

"공격하려는 군대, 공략하려는 성, 제거하려는 인물이 있거든

먼저 수장과 좌우 측근, 심부름꾼, 문지기, 식객 등까지

신상을 알아야 한다. 아군의 첩자에게 바로 그 일을 하게 해야 한다.

범군지소욕격 성지소욕공 인지소욕살 필선지기수장좌우

凡軍之所欲擊 城之所欲攻 人之所欲殺 必先知其守將左右

알자문자사인지성명 영오간필색지지

謁者門者舍人之姓名 令吳間必索知之

첩자에게 일을 맡길 때 먼저 공략 목표가 명확해야 한다. 첩자는 그 공략 목표의 기본 정보를 정확히 알아내야 한다. 성명姓名은 명확한 기본 정보를 망라한다. 이름뿐만 아니라 취미, 습관, 장단점 등 기초 정보가 확실할수록 작전 수립의 오류를 최소화할 수 있다.

일제강점기가 시작된 이후 일제는 조선의 독립운동 와해를 핵

심 정책으로 정한 후 많은 밀정을 동원한다. 그것도 모자라 조선인의 동태를 파악하기 위해 1913년 객주취체규칙客主取締規則을 공포했다. 그에 따라 여관 따위 숙박업소는 기거하는 손님의 주소와 행선지 등 인적사항을 기록한 후 곧바로 관할 주재소에 제출해야 했다. 이로써 조선총독부는 조선의 업소를 드나드는 모든 사람의 동선을 추적할 수 있게 되었다.

경쟁 상대를 공략하는 기본은 기초 정보를 파악하는 것이다. 이것이 부족할수록 직관에만 의지하게 되며 그럴수록 합리성이 아니라 우연성에 의지하게 된다. 아군의 첩자가 아군의 목표에 맞춰 적의 기밀을 탐지하려 하듯, 적군도 아군의 기밀을 탐지하려고 첩자를 보낼 것이다.

적군의 첩자를 반드시 찾아내야 하고 그런 다음, 가능하면 적의 첩자를 반간 또는 내간, 향간으로 역이용해야 한다. 그러려면 일단 적의 첩자를 발각하면 적군도, 아군도 모르게 큰 이익을 주어 매수하고는 적진으로 보내주어야 한다(인이리지因而利之 도이사지導而舍之).

그렇게 반간을 얻으면 적의 깊은 사정을 소상히 알게 되고, 적에게 거짓 정보도 줄 수 있으며 적국에 있는 아군의 향간이나 생간들보다 더 유용하게 활용하게 된다. 그래서 반간에게는 더욱 특별한 대우를 해주어야 한다.

반간의 주 임무는 이간책인데 이는 이간질과는 다르다. 이간질의 뿌리는 자기 열등감이다. 열등감에서 비롯된 자신감의 결여가 내부로 향할 때는 자기 학대로, 외부로 향할 때는 타인 학대로 표출된다. 그런 타인 학대 방식 중 하나가 이간질이다.

만일 스파이가 열등감에서 비롯된 이간질 성향을 그대로 가지고 있다면 업무를 성공적으로 수행하기가 어렵다. 임무 수행 과정에서 필요 이상으로 위축되거나 오버액션을 취하게 됨으로써 비밀 엄수가 잘 안 되기 때문이다.

사람이라면 누구나 열등감이 있지만 전설적인 스파이들은 자신의 열등감을 이미 직면하고 넘어선 자들로, 도리어 상대의 열등감을 간파하고 이간책으로 활용할 줄 알았다. 이간책의 고수는 내 속의 열등감에 휘둘리지 않는다. 그 대신 목표하는 상대의 열등감을 정확히 읽고 그 열등감과 연결된 소망적 사고wishful thinking를 자극해준다.

유능한 스파이는 개인의 심리뿐만 아니라 집단심리에도 능통해야 한다. 적국의 민심을 읽을 줄 알아야 하고, 향후 어떻게 민심이 바뀔지 예측하며, 어떤 방향으로 자극해야 자국에 유리한지를 파악할 수 있어야 한다는 뜻이다. 이 분야의 명저로 귀스타브 르 봉Gustave Le Bon의《군중심리학》이 있다. 개인의 개성이 집단 정서에 쏠리는 것을 군중심리라 한다. 개개인에게 심리가 있듯 군중 또한 집단정신이 있다는 관점이다.

누구든 어떤 군중의 일원이 되면, 그 군중의 집단정신이 평소 자신의 가치관이나 사고방식과 달라도 그대로 따라간다. 경제나 지적

수준, 라이프 스타일의 차이도 별 의미가 없다. 그래서 최고의 지성 인이라는 사람들도 사이비 집단에 빠지는 것이다.

개인이 군중의 일원이 되는 순간 사람들은 군중의 숫자만으로 도 압도당한다. 그때부터 개인은 익명의 군중이 되면서 고립된 개인 이었을 때의 자제력이 약화되며 군중심리에 휩쓸리게 된다.

군중의 무의식적 본능으로 충동성, 무비판적 과잉 추종성을 들 수 있다. 군중에게 도덕적 성실성moral integrity은 중요한 것이 아니라 는 에릭 호퍼Eric Hoffer의 말은 그런 의미로 해석할 수 있다. 고급 스 파이는 암시와 은근한 선동으로 적국의 군중심리를 무책임한 상태 로 만들어놓고 군주와 백성 사이를 벌려놓는다.

기원전 229년 진나라 왕전은 조나라 침공을 앞두고 깊은 고민 에 빠졌다. 조나라에 장수 이목이 버티고 있는 한 승리하기가 쉽지 않았던 것이다. 이목은 백기, 염파, 왕전과 함께 전국시대 4대 명장 으로 손꼽혔는데, 어떤 전투에서도 기어이 승리를 이끌어내는 뛰어 난 장수였다. 물론 진나라도 이목에게 수차례 패배했다. 조나라 백 성들도 이목을 절대적으로 신뢰했으며 만일 이목이 사라지면 조나 라가 망한다고 할 정도였다.

이런 이목을 제거하기 위해 왕전은 조나라의 간신 곽개를 내간 으로 지목했다. 곽개는 아부는 능하나 실력은 부족했다. 이목에 대 한 열등감이 컸던 만큼 왕에게 더 아부했다. 왕도 입안의 혀처럼 구는 곽개를 총애했고, 백성들에게 인기가 더 좋은 이목을 내심 질투하고 있었다. 이를 간파한 왕전이 첩자를 보내 엄청난 뇌물을 곽개에게 전달했다. 그러자 곽개는 이목이 반란을 획책한다고 거짓 소문을 퍼트렸고, 이에 속은 조나라 왕이 이목을 죽였다.

소련 출신의 전설적인 스파이 리하르트 조르게Richard Sorge는 1932년 독일 신문사 기자이자 친나치주의자로 위장해 일본에 갔다. 1931년 일본이 만주사변을 일으켜 만주를 병참 기지화하던 시기였다. 예민해진 소련이 조르게를 일본에 밀파해 독일-이탈리아-일본의 방공 협정, 독일-일본 협약, 진주만 공격 따위 정보를 수집했다.

조르게는 일본에서 외국 간첩을 잡는 고등경찰청 바로 앞에 숙소를 정하고 주일 독일대사와 교분을 나눴다. 그런 후 이시아 하나코와 사귀며 아사히 신문사 오자키 호츠미 기자를 포섭하는 등 탄탄한 스파이망을 구축했다.

그때 마침 오자키 기자는 일본 수상 고노에 후미마로 내각에 참여하게 되었다. 이에 조르게는 오자키 기자를 통해 일본 정부의 최고급 정

리하르트 조르게

보를 그대로 입수해 소련에 전달할 수 있게 되었다. 마침내 조르게는 히틀러의 소련 침공 계획 문서까지 손에 넣어 소련에 긴급 타전했다.

그 문서에는 개전일과 침략 규모까지 소상히 적혀 있었다. 그런데도 스탈린은 이를 무시했다. 표면적인 이유는 조르게가 모계는 러시아인이지만 부계가 독일인이라 믿을 수 없다는 것이었다. 그러나 속내는 따로 있었다.

당시 스탈린은 히틀러가 반드시 영국을 점령한 후에야 소련을 공격하리라고 보았다. 독일, 영국 두 나라가 함께 국력이 바닥을 칠 때 점령하려는 야심을 품었던 것이다. 독일 또한 스탈린의 그런 야심을 잘 알았기에 제2차 세계대전 직전 독소 불가침 조약을 체결했다. 공산당을 싫어하는 독일과 나치를 싫어하는 소련이 전격적으로 불가침 조약을 체결하자 전 세계가 경악했다.

그렇게 독일이 소련의 중립을 확보한 이후인 1939년 9월 1일 폴란드에 침입하면서 제2차 세계대전이 터지게 되었다. 그 후 독일군은 파리를 점령하고 영국 본토 상륙계획을 세웠으나 영국 공군을 제압하기 어려워지자 탱크를 소련으로 돌렸다. 바로 그 정보를 조르게가 입수해 스탈린에게 타전한 것이었다.

그러나 스탈린은 제2차 세계대전을 좌익을 반대하는 제국들의 전쟁으로 규정하고, 이들 제국이 서로 싸우며 자중지란으로 지쳐갈 때 급진적으로 개입해 공산혁명을 완수하려는 강력한 소망을 품고 있었다.

스탈린은 기억력이 좋은 데다가 편집증까지 있었다. 한번 품은 소망은 과거 사례를 유리하게 동원하면서까지 추진하는 성격이었다. 그래서 조르게의 부계 혈통까지 들먹이면서 역공작의 우려가 있다며 결정적 첩보를 무시하고 말았다.

독일은 스탈린의 기대를 무참히 짓밟았다. 독소 불가침 조약을 일방적으로 깨고 1941년 6월 모스크바, 레닌그라드, 키예프 등 세 방향을 향해 T-34 전차를 앞세우고 전격 공격을 감행했다. 소련의 붉은군대도 황급히 방어선을 쳤지만 200만 명 이상이 희생당했다. 스탈린의 오판이 빚은 참극이었다.

그 후 스탈린은 몽상에서 깨어나 '현실적 사고realistic thinking'로 돌아와 조르게가 타전하는 정보를 귀하게 다룬다.

독일 기갑부대가 태풍 작전을 펼치며 9월 30일이면 초스피드로 모스크바를 함락하려 했다. 그즈음 도쿄에 있던 조르게가 스탈린에게 결정적 정보를 타전했다. 일본이 소련보다 동남아를 먼저 공략하고자 한다는 내용이었다. 스탈린은 그 정보를 듣자마자 바로 일본군 침략을 대비하던 극동 지역 소련군 30개 사단을 독일군과 대치 중인 동부전선으로 투입했다. 그로써 개전 초기의 패배를 수습하고 독일군을 물리칠 수 있었다.

현명한 군주라야
뛰어난 첩자를 운용한다

오직 총명한 군주나 현명한 장수라야 능히 지혜롭게 첩자를 이용해

위대한 공로를 세울 수 있다. 이것이 곧 병법의 요체다.

유명군현장 능이상지위간자 필성대공 차병지요

惟明君賢將 能以上智爲間者 必成大功 此兵之要

첩자에게 필요한 역량이 있고, 군주에게 필요한 역량이 있으며, 장수에게 필요한 역량이 따로 있다. 그러나 첩자를 활용하는 역량만큼은 누구에게나 동일하게 요구된다.

유방은 군주로, 한신은 장군으로 뛰어났다. 항우도 뛰어난 장수였지만, 그가 유방에게 당한 것은 군주로서 정치력이 부족한 탓이었다. 전투력으로 보면 항우는 마지막 해하 전투 외에 패해본 적이 없는 천하무적이었다.

항우에 맞서 유방은 연전연패했다. 그때마다 유방은 만나는 사

심리학으로 읽는 손자병법

람들에게 "여하如何(어떻게 해야 할까)?"를 물었고, 항우는 "하여何如(어쩌냐)!"라며 자기를 과시했다. 이 여하와 하여의 말투가 유방과 항우의 성품을 잘 드러낸다. 다시 말해 유방은 다른 의견을 존중할 줄 알았고 항우는 자기 말만 주장하며 따르길 강요했다.

유방도 장수로서 자신의 역량이 항우에 미치지 못함을 잘 알고 있었다. 그런데도 항우를 이길 수 있었던 비결을 그는 다음과 같이 설명했다.

"나는 계책을 짜는 데는 장량에 미치지 못하고, 물자를 보급하고 나라를 안정시키는 데는 소하만 못하고, 백만대군을 통솔하는 능력도 한신에 미치지 못한다. 하지만 나는 이 세 사람을 다룰 줄 안다. 그런데 항우는 범증 한 사람도 못 다스렸으니 나한테 포로로 잡힌 것이다."

유방은 천하를 통일하기 직전까지 가장 두려운 상대가 항우였다. 그만큼 항우도 그의 군사들도 사나웠다. 오죽하면 항우 스스로 '역발산혜기개세力拔山兮氣蓋世'라고 했을까? 풀이하면, "힘은 산을 뽑을 만하고 기개는 세상을 덮는다"라는 뜻이다. 당시 형세만 보면, 천하통일의 주인공은 당연히 항우였다.

항우에게 기가 눌렸던 유방은 항우의 부하였던 진평을 측근으로 두면서부터 활기를 띠기 시작했다. 진평은 항우의 결정적인 단점을 알고 있었는데, 즉 의기신참意忌信讒형이었다. 의심이 많고 참언을 잘 믿는다는 것이다. 진평이 유방에게 다음과 같은 계책을 냈다.

"항우는 의심증이 심합니다. 측근이 조금만 실수해도 그를 의심해 좋은 부하들을 많이 떠나보냈습니다. 남은 측근 중 강직한 자는 범증, 종리말, 용저, 주은 등 불과 몇 사람 안 됩니다. 이들만 떼어놓으면 백전노장 항우라 할지라도 혼자서는 대업을 이루지 못할 것입니다."

"그럼 어떻게 해야 하는가?"

"제게 기밀비로 수만 황금을 주십시오."

"알았다. 쓰고 싶은 대로 써라. 어디에 썼는지 보고할 필요도 없다."

진평은 영리한 군졸들을 골랐다. 그들에게 항우와 사이를 떼어놓아야 할 측근들에 대한 기본 사항을 교육하고 황금을 두둑이 주어 초나라로 보내 두 단계의 유언비어를 퍼트리게 했다. 첫 번째는 이런 유언비어였다. "종리말이나 범증, 용저, 주은을 보면 참 불쌍하다. 항우를 위해 목숨 걸고 싸웠는데 대우도 못 받고 있다. 그러니 이들이 유방과 내통하려고 하는 것도 이해가 된다."

이 소문은 퍼져 결국 항우의 귀에까지 들어갔다. 다음 단계의 유언비어는 이랬다. "항우는 지금도 같은 항씨만 귀하게 여기고 있고, 천하를 통일하면 다른 장수들을 모두 토사구팽하려 한다."

그때부터 항씨 외의 다른 성을 가진 장수들은 항우를 불신하기 시작했다. 그즈음 항우 쪽 부하가 유방을 찾아왔다. 진평은 그를 쳐다보더니 일부러 유방의 귀에 대고 속삭였다. "범증이 보낸 인물인 줄 알았는데 아니오니다."

이 말을 엿들은 항우의 부하가 돌아가 항우에게 고해바쳤다. 그후 항우는 범증이 아무리 좋은 계책을 내놓아도 거절했다. 진평의 반간계에 속은 것이었다. 크게 실망한 범증이 항우를 떠나갔고 항우군의 사기도 바닥으로 떨어졌다. 한신도 원래는 항우의 부하였지만 계속 무시당하자 유방에게로 와서 사기를 잃은 항우의 군대를 해하 전투에서 눌렀다.

손자는 첩자 사용에 능해 위업을 남긴 사례를 다음과 같이 들었다.

"하나라가 기울고 은 부족이 일어날 때 은 부족의 이윤이 하나라에 첩자로 있었고(은지흥야股之興也 이지재하伊摯在夏) 은나라가 기울고 주 부족이 일어날 때 주 부족의 강태공이 은나라에 첩자로 있었다(주지흥야周之興也 여아재은呂牙在殷)."

은 부족의 이윤은 하나라 궁중 요리사로 위장 취업한 뒤 하나라 조정을 이간시키는 등 하나라를 혼란에 빠트렸다. 그리하여 은 부족이 하나라를 무너뜨리고 은나라를 세우도록 도왔다.

강태공도 비슷했다. 은나라 주왕이 폭정을 일삼으며 달기에게 빠져 있을 때, 강태공은 은나라의 속을 깊이 들여다볼 수 있었다. 강태공이 어느 날 위수에서 낚싯대를 던지고 있는데, 주나라 문왕이 찾아와 두 번 절하고 그를 책사로 영입했다. 결국 강태공 덕분에 은나라의 깊은 사정을 알게 된 주나라가 패권을 쥘 수 있었다.

이후 현명한 군주들은 뛰어난 첩자를 부릴 때 주 문왕이 강태공을 예우했던 사례를 참조한다. 첩자들은 자기의 본래 정체를 숨기고, 음지에서 양지를 지향한다. 그 양지는 국가 또는 조직이나 군주에 해당한다. 양지가 첩자에 대한 예우를 어떻게 하느냐에 따라 첩자는 자신이 하는 일에서 자기 가치를 확인한다self-affirmation. 은나라 탕왕이 이윤을, 주나라 문왕이 강태공을 나라의 인재로 예우하자 이윤과 강태공이 혼신을 다해 보답한 것은 그래서다.

역시 명군名君과 현장賢將만이 유능한 스파이를 부리며 위대한 업적을 남길 수 있다.

심리학으로 읽는 손자병법

심리학으로 읽는
손자병법

지은이 이동연
발행처 도서출판 평단
발행인 최석두
표지디자인 김윤남
본문디자인 신미연

등록번호 제2015-00132호
등록연월일 1988년 07월 06일

초판 1쇄 발행 2023년 01월 20일
초판 5쇄 발행 2024년 12월 12일

주소 (10594) 경기도 고양시 덕양구 통일로 140 삼송테크노밸리 A동 351호
전화번호 (02) 325-8144(代)
팩스번호 (02) 325-8143
이메일 pyongdan@daum.net

ISBN 978-89-7343-549-4 03190